# 工作何求？

## 如何追求有意义的工作

HOW TO THINK ABOUT MEANINGFUL WORK

[美] 麦庆谊　[美] 珍妮弗·托斯蒂-哈拉斯 ——— 著
黄延峰 ——— 译

IS YOUR WORK WORTH IT?

Christopher Wong Michaelson
Jennifer Tosti-Kharas

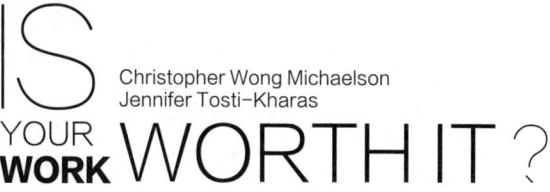

上海社会科学院出版社
SHANGHAI ACADEMY OF SOCIAL SCIENCES PRESS

献给那些为了我们的今天,不计付出是否值得的前人们。

# 前　言

告诉我，你打算如何度过令人激动且宝贵的一生？

——［美］玛丽·奥利弗[1]，《夏日》(*The Summer Day*)

设想你感觉自己的工作很有价值，以至自觉自愿地一直做下去，直至"你那令人激动且宝贵的一生"走到终点。那会是怎样的工作呢？是你现在正在做的吗？你打算将来做什么？想象不是难事吧？

大卫·罗伯特·琼斯[2]心脏病发作时，他已经从事自己的工作很长时间且成绩斐然。虽然那时已经步入职业生涯的巅峰期，他也只

---

1　玛丽·奥利弗（Mary Oliver），美国女诗人，美国国家图书奖和普利策奖获得者，出版过多部诗集。（本书脚注未经说明的均为译者注。）
2　大卫·罗伯特·琼斯（David Robert Jones），艺名大卫·鲍伊（David Bowie），他是英国摇滚音乐家、词曲创作人、唱片制作人和演员。

能放慢工作节奏。他放弃了原先承诺要做的、规划好的工作，减少旅行，并改掉了熬夜工作的习惯，因此有了更多的时间在晚上陪伴家人。

几年以后，他获得了终身成就奖，这是业内久负盛名的奖项。那时，他年近花甲，已经实现了财务自由，大多数人认为此时考虑退休是一个好时机。

然而，琼斯跟大多数人不一样。他曾说："如果感觉自己正在做的工作得心应手，无忧无虑，那你的工作领域就不是最佳选择。永远要迈向比你觉得力所能及的更深一点的水域。稍稍远离让自己感到舒适的深度，此时，你会觉得双脚踩不到底，但这恰恰表明你来到了适合做出令人激动之事的地方。"

对于这位形象多变的艺术家来说，扮演某个角色不会让他感到多大的焦虑。在其职业生涯里，他曾扮演过一个坠毁在地球上的星际旅行者。[1] 一段时间里，他曾滥交和吸毒成瘾，言谈举止就是一个"放浪不羁的年轻人"。他更是摇滚明星，乐善好施，却跟艺术界格格不入，忍受着名人效应带给他的煎熬。66岁时，这位21世纪最畅销的黑胶唱片艺术家发行了一张新唱片。专辑封面上的标题故意遮住了上一张专辑用的一张他年轻时的照片。随后，他借由一位男角色的"复活"[2]，创作了一部音乐剧，得以从人生愿望清单上画掉一项任务。用扮演过他的一位演员的话说，"他可能在为自己的离世做准备"。

---

1 指1976年琼斯出演的科幻电影《天外来客》(*The Man Who Fell to Earth*)。这是他出演的第一部电影，也被译为《天降财神》。
2 指根据《天外来客》改编的音乐剧。在剧中，琼斯扮演的外星人得以重生。

作为塑造了一位太空人形象的年轻人，人们推测，他会在嗑药"嗑嗨"时，将大量吸毒导致的迷幻感觉与专业艺术创作糅合在了一起，仿佛冒险就是其工作的一部分。等到上了年纪，他服用的倒是用来抗癌的处方药。

他对自己的诊断结果秘而不宣，只透露给了最要好的朋友和家人。治疗期间，这位"原创流行音乐的变色龙"仍在开辟新的创作领域，着手与人合作创作爵士乐。在得知自己已经病入膏肓后的那一周，他拍摄歌曲《拉撒路》(Lazarus)的音乐短片，摄影棚里的他显然躺在一张病床上。他这是决心工作到生命的最后一刻。

三个月后，在他69岁生日那天，大卫·鲍伊发行了专辑《黑星》(Blackstar)，广受好评，《拉撒路》就被收录其中。仅仅两天后，世人得知，这位不用整天做无聊工作的、超"酷"的摇滚偶像已经撒手人寰。这促使人们重新理解他的生活和工作，并对歌曲开头的那句"抬头看这里，我在天堂"进行了全新解读，吃惊地发现这不就是在跟世人告别吗？！

对于这位"不甘心一辈子只做摇滚明星"的人来说，工作从来不是一种选择，而是必须要做的事情。工作就是他的一切。正如他曾经说过的那样："永远不要忘记自己开始工作的初衷——你觉得自己的内心有某种东西，若能以某种方式将它表现出来，你就会更加了解自己，也了解自己如何生活在社会中。"

# 目录 Contents

前言     *1*

引言   你的工作值得做吗？     *1*

## 第一部分   工作

第一章   何为工作？     *17*

第二章   为何工作？     *42*

第三章   何时工作，工作多久？     *72*

## 第二部分   价值何在

第四章   为爱，还是为钱？     *113*

第五章   热爱工作就够了吗？     *139*

第六章   什么工作是社会不可或缺的？     *169*

## 第三部分　值得做的工作

第七章　你的工作有更高的追求吗？　　　　　　　　*195*

第八章　不工作如何还能活出价值？　　　　　　　　*215*

第九章　你的工作会留下什么遗产？　　　　　　　　*241*

致谢　　　　　　　　　　　　　　　　　　　　　　*268*

参考资料　　　　　　　　　　　　　　　　　　　　*275*

引 言

# 你的工作值得做吗？

> 生活变化很快。
>
> 生活瞬息万变。
>
> 你坐下来吃晚饭，而熟悉的生活就此终结。[1]
>
> ——［美］琼·狄迪恩（Joan Didion），
>
> 《奇想之年》（*The Year of Magical Thinking*）

## 世界变了

某个周二的早晨。一位男士在华盛顿市中心的酒店办理退房手

---

[1] 这几句话的背景是这样的：在新年夜的前一晚，夫妇俩从医院探望女儿归来，坐在桌边准备吃饭时，约翰突发了致命的冠心病。狄迪恩瞬间失去了共同生活了40年的丈夫。

续后，动身穿梭多个城市的差旅；他身着精纺羊毛西装，但天气已经转暖，这身行头显然太厚了。与此同时，在办公室里熬了一个通宵后，某位留着红色长发的女士在上东城的公寓里醒来，身上还穿着睡衣。我们并不相识，但都是管理咨询师，各自任职的公司都在纽约，彼此是竞争对手，却都在想：我的工作值不值得做？

我们机械地工作，积累资历，并且认为自己的职业生涯大致沿一个上升的轨迹，朝着合伙人的方向发展，只是没有人能保证必然得此结果。

我们有幸职位稳定，有明确的晋升目标，所以"工作值不值得做"这个问题算不上紧要。我们视其为多此一举，而不是一个必须回答的问题。如果我们做的是其他工作，又会怎样？思考这个问题没有什么害处，不予回答也没有什么风险。我们都认为自己还有时间，即使今天想不明白，明天总会想明白工作是否得失相当。

那天早上，我们得知"9·11"恐怖袭击事件的发生，它夺去了2 977条无辜者的生命，其中大部分跟我们住在同一个城市。自此，一切皆变。在随后的几个月里，《纽约时报》推出了一个系列报道，名为"悲恸的群像"，讲述受害者留在人们心中的印象。跟很多纽约人以及全世界的人一样，我们每周都会阅读这些文章。在那天的遇难者中，很多人都是早早来到工作岗位，跟我们一样，工作及其价值也是他们的基本关切。他们要规划自己的职业生涯，工作之外还需打理自己的生活。

在选择自己的工作和日常生活时，其中一些人是审慎的，帕特里夏·科迪（Patricia A. Cody）就是如此。她是一位风险管理主管，家住泽西海岸，虽然上下班路远，但"她觉得在靠近水的地方工作是值得的"；安杰洛·阿马兰托（Angelo Amaranto）是一位保安，当他开始在双子塔中的一栋大楼值夜班时，他说，"这很值得，因为这栋大楼更棒"；苏珊·博奇诺（Susan Bochino）很高兴担任保险客户专员，这是她的新职位。因此，某天狂风大作，她在92层的办公室里感到大楼微微摇晃，茫然无措的她仍然说这种"牺牲很值得"。

在选择自己的工作时，他们中的一些人明知有危险，却依然甘冒风险。那天，匆忙赶到的急救人员有400多人，当双子塔即将倒塌时，他们中仍有人爬楼梯，试图上去救人，彼得·布伦南（Peter Brennan）就是其中之一。他从小就立志成为一名消防员，16岁当志愿者，成年后加入了纽约消防局。那天，他是自愿放弃休假，替同事值班，没承想那是他生命的最后一天。布伦南去世后，他的妻子认为，他对工作的热诚值得他做出牺牲，并想象那是"他参加过的最大的救火现场，他是为自己所爱的工作而献身。我能看到他在消防车上兴奋的样子"。

不过，他们中大多数人从事的工作通常不会让其陷入相当大的危险之中。威达信集团（Marsh & McLennan Companies）是一家保险业巨头，那天失去了300多名员工和其他公司的委派人员[1]。迈克尔·韦伊（Michael H. Waye）是该公司的数据中心经理，职位逐步提升，而且正在兼修工商管理硕士课程，梦想着通过自己的努力有

---

[1] 其他公司的委派人员（contractor）指为保险公司工作但不是保险公司雇员的人，包括受雇于另一家公司，为保险公司提供咨询、保管、技术或其他服务的人员。

朝一日成为首席执行官。他去世后，其健在的配偶也在反思他在工作上取得的成绩和实现的抱负是否值得，是否有必要长时间远离妻子和年幼的儿子，现在母子二人再也得不到他的陪伴了。让她感到疑惑的是，"所有的成功，他所做的这一切，是为了什么？这一切发生之后，他永远地离开了"。

悲剧发生后，专业人士声称，"9·11"事件促使他们寻求压力较小的岗位，提前退休周游世界，或寻找更有意义的工作。在袭击发生后的一年左右，有记录显示，很多人纷纷离开平凡单调的工作，转而从事他们认为是自己的使命所在或对社会有贡献的工作。

"9·11"事件让包括我们在内的很多雇员开始扪心自问——自己的工作是否有价值。很少有人有能力更换工作或不再工作，但无论如何，他们可能会想，如果能够做出改变或甚至有自由提出这个问题，会是什么样子。那时我们并不知道，近20年以后，我们再次有能力提出这个问题，或许比以前更加感同身受，更想问，而且更加迫切。

"9·11"事件发生后的一年内，我们继续从事着不同的工作。在从事咨询工作之前，克里斯托弗获得了哲学博士学位，并第一次担任全职教师。他在宾夕法尼亚大学沃顿商学院教授企业责任课程，每周有一天去他的咨询公司工作，以便积累现实世界的经验，赚取更高的收入，同时防备晋升教授职位无望。珍妮弗毕业于沃顿商学院，获得学士学位，当时她正在申请沃顿商学院的组织行为学博士学位，打算专门研究有意义的工作和有使命感的工作。"9·11"事件发生几年后，在由一群研究意义和目的的学者举办的一次聚会上，我们彼此相识。组织者安排与会者到会场附近的山区集体徒步旅行,那时我们才成为朋友,并意识到彼此经历相似,且拥有不同的专业知识,这促成了我们几年后的第一次研究合作。

我们都在两个不同的领域工作过,经验加起来有 40 年之久。管理学者劳拉·恩普森(Laura Empson)称这两个群体属于"缺乏安全感却取得超出预料成就的成功者",从业者都是受过高等教育、雄心勃勃并且一心求胜的专业人士,他们不懈努力,以证明自己配得上在供职组织中的职位和社会地位。其中一个领域是管理咨询,我们观察到颇具潜力的同事为了当上合伙人而不辞辛苦,奔波劳碌;不无讽刺的是,最梦寐以求的回报却是提前退休。另一个领域是我们现在置身的学术界。虽然我们都已有望获得终身教职,仍然要承受一成不变的"无论文,便出局"的压力,即若无正式的论文或著作发表,就无教职晋升可言。

虽然我们在精英院校工作和学习过,有时还是顶级院校,但我们对工作的看法仍然源于自身的普通出身和经历。读研究生时,克里斯托弗就利用自己超快的打字速度在纽约市四处打零工,这一点与他的母亲如出一辙。他母亲 14 岁那年,外祖父从巴西把她送到美国学习,使其成为一名语言教师,但在那之前,他母亲就跟外祖父学会了一些有用的文秘技能。克里斯托弗的外祖父曾经干过电话公司的夜间接线员,开始工作时,他谎报了自己的学历,说是读到了八年级。他一生都在担心自己会因此遭到解雇。他最后一次领到的薪水还没有他儿子当律师第一个月的薪水多。

珍妮弗在宾夕法尼亚州斯克兰顿(Scranton)的郊区长大,后来那里成了热门电视剧《办公室》(*The Office*)的取景地,该电视剧的故事情节围绕着"毫无价值的工作"展开。该地虽然出了名,却是不好的名声，因为出于喜剧效果的考虑，剧中人物总是抱怨那里是"毫无吸引力的生活和工作之地"，导致人们认为那里真的就是那样的地方。珍妮弗从小就对周围大人的工作和努力工作的价值耳熟能详。她的父母和祖父母都从事过各种工作，从蓝莓分拣工到百货商店店员，从药剂师到煤矿工人，从教师到艺术家。珍妮弗最初也做过多个有薪工作，包括图书管理员、夏令营辅导员、女招待、送货员、档案员和电话接线员。不无讽刺意味的是，我们意识到因为我们的父母及其父母都在工作，所以我们才有幸询问自己的工作是否值得，却从未问过为什么。我们希望鼓励后代以及他们的后代去追求值得做的工作，如此，不仅让自己的生活更有意义，也让他人的生活更有意义。

## 世界再次发生变化

2020年3月12日，也就是世界卫生组织（WHO）宣布2019新型冠状病毒病（COVID-19，以下简称"新冠"）为全球大流行病的第二天、美国实施封锁措施的前三天，克里斯托弗给珍妮弗发了一封电子邮件，概述了他对研究内容的一些新想法，它们最终构成了本书的一部分。平时，我们每周都会给对方发几封类似的邮件。

但此时可不比平常。随着新冠造成的伤亡人数达到难以想象的程度，政府安排一批新的"必要工作者"进入医疗保健的第一线，其中就有洛杉矶的护士西莉亚·马科斯（Celia Marcos）和纽约的医生洛娜·布林（Lorna Breen）。在给一位受感染的病人施行紧急胸外按压后，西莉亚感染了致命的新冠病毒，而洛娜既要照顾受感染的病人，又要保护她所监管的医护和急救人员，这种矛盾的双重挑战使她不堪重负，最终自杀身亡。在第一波感染浪潮暴发时，医护人员被誉为英雄，但在每晚的鼓掌声[1]消失之后，他们照常继续默默无闻地工作，之后又暴发了几次感染，让他们精疲力竭。

银行出纳员、送货司机和肉类加工者等其他不知名的必要工作者经常被迫上班，若不听从安排，就有可能丢掉工作。即便新冠疫情暴发，苏福尔斯（Sioux Falls）猪肉加工厂仍然给照常上班的员工发放"尽责津贴"。奥古斯丁·罗德里格斯·马丁内斯（Agustin Rodriguez Martinez）"发着烧拖地板"，他成为该厂因病毒暴发而离世的第一位员工。最终，那些生病的员工因为无法上班反而收入减少，损失超过了500美元，甚至更多。他们多数是新移民，英语不流利，不工作日子就会更艰难。不无讽刺的是，在新冠大流行期间工作的危险程度往往与个人薪酬成反比。与体力劳动相比，白领的工作更适合远程办公。

很多人习惯了办公室单调乏味的生活，此时，他们发现自己被隔离在家中，穿着有领衬衫和睡裤，参加视频会议。与一线工人相比，他们没有多大的风险；但在 Zoom 视频会议[2]上窘态百出，业已成为新式笑料，他们会像真人秀般出现在镜头面前，既有不经意暴露在同事面前的记者，也有在视频听证会上用猫咪滤镜遮盖自己的脸却不知道如何关闭的律师。

---

1 抗击新冠大流行期间，美国市民每天晚上对离开医院回家的医生、护士和急救人员鼓掌，感谢他们的付出和他们家人做出的牺牲，比如每天晚上 8 点的西棕榈滩拍手致谢活动（West Palm Beach's Clapping Hands of Thanks）。

2 利用 Zoom 视频软件召开的视频会议。

这是工作方式的一种新常态,虽然有其方便之处,却也带来了诸多不便。有些人刚入职,却连一个同事的面都没见过。过去,不用上下班或是能在家里吃午饭会让人心里美滋滋的,但是现在,随着工作生活与家庭生活的融合,人们转而意识到:所有可利用的时间都变成了潜在的工作时间,闲暇时间的边界消失了,孩子们似乎也是无限期地"在家上学"。以前,同事突然闯入办公室别提令人多讨厌了,现在似乎很让人留恋。

　　"9·11"恐袭和新冠大流行事件不可逆转地改变了受害者及其亲属的一切。此外,这两场灾难让我们重新认识到救生工作的潜在价值,以及对于那些被低估的工作的潜在价值,我们并未给予充分的重视。虽然这两场灾难同时让我们思考工作是否值得做以及为什么值得做,但新冠疫情还让我们思考如何工作以及是否应该工作。2001年的"9·11"事件是发生在工作场所的悲剧,因为当时很多人仍习惯于去城市的摩天大楼上班,或乘飞机参加能与他人面对面交流的商务会议。新冠疫情过后,我们不得不质疑这些工作场所规范的必要性,甚至质疑工作本身的必要性。

## 活得有价值

　　1895年,哲学家、心理学家威廉·詹姆斯(William James)发表了题为"活得有价值吗"的演讲,他指出这个问题的答案取决于你是乐观主义者还是悲观主义者。大约一个世纪之后,世界大型企业联合会(The Conference Board)和盖洛普公司(Gallup)开始调查美国工人的工作是否值得做,发现在新冠大流行前的几十年里,约有一半的受访者对自己的工作感到满意，三分之一的受访者积极地投入工作。即使是乐观主义者，对工作生活的态度充其量也只是很勉强地赞同。无论如何，这些数据证实了一个普遍存在的问题：很多人认为不值得为工作做出牺牲，工作不具目的性，更谈不上对有价值的生活做出积极的贡献。

一项经济研究结果表明很多人正在浪费他们一生中最高效的时间，做着一些并不值得为之付出的工作，这进一步证实了工作及其价值问题的存在。在世界各地的市场中，人们的幸福感有高有低，在开始工作前、十几岁和20出头时达到顶峰，60多岁退休后再次登顶；40多岁时，满意度跌入谷底，但恰恰在那时，工人通常赚钱最多。因其呈现的形状，这一现象被称为"U形人生"。在谷歌上搜索"U-bend"，你看到的是排水管道的图像，即输送废水的管道，用它比喻工作年限再恰当不过了，因为废水往往是流进下水道后消失的。

我们的父母不无成见地认为工作是为家庭做出的牺牲，我们的孩子则声称通过工作追寻意义和目的，作为父母那代人的孩子和孩子这一代的父母，我们都有过怀疑自己工作价值的经历，也就是说，对自己的工作爱恨交加。新冠肆虐时，珍妮弗的孩子们还在读一年级和三年级，克里斯托弗的孩子们已经读初中、高中和大学了。珍妮弗的丈夫在一家与政府签约的实验室从事研发工作，很多工作只能在严格控制的环境下亲自完成，因此，他的工作很快就被认为是必不可少的。克里斯托弗的妻子正管理一个非营利项目，该项目将老年人与高中生结对子，由高中生教他们如何使用技术。这项工作比以往任何时候都更加重要，但她必须居家办公。

本书中的很多故事源于传世的文学作品，正如克里斯托弗在人文学科与商业的交叉领域中研究探讨的那样，我们可以以不同寻常的方式进入他人的内心世界，从而揭示他们为什么做现在做的工作，支持他们如此选择的信念和动机又是什么。其他故事则产生于新冠疫情猖獗期间和之后改变工作世界的各种力量，那时我们正在写作。还有些故事则来自对工作中的专业人士的采访，这是我们研究计划的一部分。然而，早在新冠肆虐之前，我们就已经有心撰写本书，因为"9·11"事件这场划时代的危机让我们和很多人开始思考工作是否值得做。基于历史的错觉，人类总认为自己生活在一个独特的时代，但具有讽刺意味的是，这个时代并不比任何其他时代更独特。当生活和工作经历过"9·11"事件和新冠疫情之后，我们都认为世界已经变化，要求重新评估是否活得有价值，重新考虑工作是否值得做。更确切地说，不管是过去、现在还是将来，工作世界始终要求我们提出这个问题。不过，有时需要经历一场灾难，人们才会更加关注它。

## 值得做的工作

新冠疫情暴发初期，纽约州是高发区，联邦政府在抗击新冠疫情方面束手无策，州长安德鲁·科莫（Andrew Cuomo）相当于一直在指导着整个国家的防控。颇具讽刺意味的是，他后来却因为一桩工作场所性骚扰丑闻而毁掉了自己的形象。从双子塔拔地而起到轰然倒塌之间的那些年里，安德鲁的父亲马里奥·科莫（Mario Cuomo）曾担任过三届纽约州州长。约20年前，一部关于

"9·11"事件的纪录片播出，片中有人问马里奥从那场悲剧中学到了什么。他借用哲学家德日进[1]的话说："'9·11'事件不会告诉你以何为生，而是告诉你生活是第一位的。"

同样，本书也不会告诉你如何工作，而是告诉你，不管做什么工作，要做就做有价值的工作。它讲述的是在有价值的生活中优先做什么值得做的工作。正如斯塔兹·特克尔（Studs Terkel）曾经写的那样，"工作是为了寻求日常生活的意义和每天所需的面包"，但它有可能成为我们留在世人心中的形象。找到这样有价值的工作还是很有希望的。与此同时，希望获得更好的工作、职业认可或有目的的使命若是落空，也会让人心碎。但没有什么比虚度人生更令人心碎的了。因为在工作上投入的时间太多、被工作累死以及为错误的原因而工作，或在生活中优先选择了其他事项，满足了其他愿望，从未充分考虑什么工作值得做而做了错误的工作，这就是虚度人生。

工作可以提升我们的自我价值和净值，我们为周围人带来的价值。只要还在工作，我们就会继续思考工作是否值得，思考我们因做了值得做的工作而应该得到公平的报酬，梦想着除了工作要求我们做出的牺牲，生活中还有更多值得追求的东西，以及从事更能为解决这个时代的问题做出有价值贡献的工作。

本书分享了很多人的故事。既有过去的和现在的，也有未来的；既有真实的，也有虚构的。他们都在努力解决工作是否值得做

---

[1] 德日进是汉名，原名皮埃尔·泰亚尔·德·夏尔丹（Pierre Teilhard de Chardin），法国哲学家、神学家、古生物学家和天主教耶稣会神父。德日进在中国工作多年，是中国旧石器时代考古学的开拓者和奠基人之一，曾参与北京猿人的发现和研究。

这一现实问题。这些故事包括：一位疲惫不堪的公益律师，她不知道自己的职业生涯将何去何从，但也"慢慢接受了"；一位退伍军人，他住在一辆改装的校车上，计划开着它沿着泛美公路驶向一种不需工作的生活；还有一位即将毕业的大学生，他坦言，"想到这是我人生中第一次对自己的下一步将要干什么一无所知，就感到无比恐惧"。

本书也有一系列我们可能提出的问题，以及可能有助你回答你的工作是否值得的根据。提出这些问题的有不顾一切也要表演的饥饿艺术家，有被迫以乏味的上下班度日的昔日英雄，也有退休后建议我们"认真思考"与孩子和家人在一起，否则就再也无法弥补的工作狂。本书引用了研究这些现象的古典先贤和当代智者的根据和见解；他们之中有靠仆人和奴隶为他们工作而从不用动一根手指头的古代思想家，被普遍认为是现代资本主义创始人的道德哲学家，以及研究工作、艺术品、过度劳累和以工作为使命的当代社会科学家。

我们认为本书是写给所有工作着的人看的，无论其年龄、工种或职业抱负有多么地千差万别。本书也适合其工作有可能影响数十位员工的人，比如身居领导岗位、有影响力或有决策权的人。我们承认，提出"工作是否值得"这一问题显然多此一举，而能够提出这一问题是我们的"特权"。太多的人没有梦想从事可能有价值的工作的自由。然而，我们认为任何人都应该有权问一问自己的工作是否有价值，任何有能力雇用他人的人都有责任问一问这些工作是否有价值，当他们雇用的人要求更有价值的工作时，他们有责任提供这样的工作。不管是将要工作的人，还是现在正在工作的人，或者已经从工作岗位上退休的人,任何人都可以提出这样的问题:过去、现在或将来,他们的工作是否值得他们付出。

如果即将大学毕业,你可能会问:"这值得吗?"此时,你正处于工作前的 U 形弯险地,可能有人建议你去劳动力市场追寻自己的热忱,但劳动力市场更愿意因你的工作能力雇你,而非看重你的热诚。你可能会在迷恋有价值的工作和提升自身净值的实际需求之间感到纠结,因为你面临着职业生涯的第一个重大决定,也可能面临着非常现实的债务。如果你正处于职业生涯的初期到中期,可能会问:"这值得吗?"此时,你可能正沿着 U 形弯的滑坡下滑,或陷于试图从有时你感到毫无价值的工作中爬出来的困境。你每天重复做着单调乏味的工作,有可能现在正寻找比它更有意义的事情。当前,就业变化频繁,有些人正在为计划中的淘汰做准备,因此,你的职业决定和职业过渡一直是你关注的焦点。如果你已经退休或准备退休,可能会想:"这一切都值得吗?我还能做些什么让这一切都值得?"你可能正从 U 形弯末端的高峰进行反思。你可能正在试图理解和评估自己的人生和留下的名声,同时决定自己是要退休,还是要"开始事业第二春",因为还有时间去做比已经做过的更有意义的事情。

本书的出版恰逢其时。目前,工作过度,美其名曰奋斗文化[1]。但随着自动化、人工智能或退休导致工作消失时,人们不知道他们接下来会做什么。然而,书中的问题和故事是永远存在的。书中探

---

[1] 奋斗文化(hustle culture)是一种对待工作的观念或风气,又译"搏命文化""鸡血文化""内卷文化"等。这种文化视工作为生活中最重要之事,而且认为长时间工作与不休假是获得成功的唯一途径。

讨的问题涉及人类普遍的重要经验，即工作对生活的核心作用。从字面上讲，它指投入工作的时间和工作经常导致的各种牺牲；从心理上讲，在一个我们的工作本身与自我价值密不可分的世界里尤其如此。

这是我们在职业生涯期间一直想写的一本书，是我们在职业转型期一直寻找的书，希望把它送给正遭遇职业危机的朋友们，希望即将毕业的学生在找工作时能读到它，也希望我们的父母退休后能读到它。"工作是否值得"这个问题并非我们首创，也不是这个时代、悲剧性事件或技术进步所处的阶段所独有的，人类最早开始工作时就提出了。在整个职业生涯中，我们都在问这个问题，很可能你也在问，而且在所谓的工作终结之后的很长一段时间里，仍会继续问这个问题。

庆幸的是，新冠肆虐早期的混乱状况终于得到了缓解：孩子们返回学校，我们的面授课程慢慢恢复，而且又可以开始写作了。作为哲学家和心理学家，我们从自己和他人的研究和经验中，了解了关于劳有所值的工作的现实情况、价值和意义，有价值的工作可以让人活得有价值，沉浸其中并享受工作的乐趣。本书就是我们这些心得体会的总结。

# 第一部分
# 工 作

## 第一章

# 何为工作？

> 你知道什么是工作，如果你的年龄够大，能读到此诗，你就知道什么是工作，尽管你可能不会工作。忘了你自己。[1]
> 
> ——［美］菲利普·莱文（Philip Levine），
> 《工作是什么》（*What Work Is*）

### 最卑微和最高尚的工作

1968年，王枕洲从其移居地圣保罗的家前往明尼阿波利斯，在那里他停下来看望女儿，并与刚出生10天的外孙合影留念。动

---

[1] 结合该诗前两句，"忘了你自己"的意思是说：冒雨站着排队等候工作的这个"你"看到周围的情景，看到长长的队伍，陷入沉思，处于一种浑然忘我的状态。

身前,他在巴西以低廉的价格购得了一些半宝石,在前往洛杉矶的途中,他卖了几块,其中有海蓝宝石、碧玺和黄宝石。事后证明,他折腾这一趟并不划算,商业目的没有达到,因为几周后,等他回到家时,赚的钱还不够买机票的,沉甸甸的行李箱里装着未售出的存货。不过,当王枕洲高兴地抱着外孙对着镜头时,他对女儿说的正是所有思想老套的中国祖父可能对其孙子的评价:这孩子很聪明,将来可能会当医生。

虽然这次旅行是王枕洲作为商人的最后几桩亏本生意之一,但那张照片却被装裱起来,挂在外孙卧室的墙上,成为克里斯托弗作为哲学家探索"人的一生做什么工作才有价值"的灵感源泉。王枕洲一直坚持让儿孙们努力从事受人尊敬的职业,并讲述自己过去的故事,逗他们开心。直到公公[1]去世后,已经长大了的克里斯托弗才了解到他那次旅行的真相,他的外祖父并非只是为了看他才去美国的。也就是在那时,克里斯托弗才对外祖父的工作进行了反思:他的职业生涯既有幸运和成功,也有失败,而这个比任何人更能教会克里斯托弗如何找到有价值工作的人,在克里斯托弗生命的大部分时间里,严格来说,已经从社会所认可的工作中退休了。在某种程度上,我们设想的工作会影响它在我们心目中的经济价值、它是否得到社会认可以及我们对它的感受。因此,确定工作是什么与工作的价值是密不可分的。

1907年,王枕洲出生于中国湖南的一个自给自足的农民家庭。

---

[1] 作者克里斯托弗的母亲出生于四川成都,当地的习俗是外孙称呼外祖父为"公公",称呼外祖母为"婆婆"。

其母亲去世后，父亲再娶。15岁那年，他离家出走，这样家里就少了一张吃饭的嘴。他来到省会长沙，补习功课，以便从军，这是当时农民参与社会阶层流动的唯一途径。他在国民党军队中晋升为中将，娶了一个国会议员的女儿，日子富裕起来，但在一个饱受战乱之苦的社会中，他从未过上稳定的生活。那些年里，他不断与敌人作战，主要是军阀、日本侵略者等，直至1949年国民党溃败，他才逃离故土。回顾其职业生涯，年仅42岁的他就达到了事业的顶峰，但也遭受过不幸的打击。在国民党溃败前，他有两个孩子因病夭折，第一任妻子因手术失败而丧生，这些也让他失去了权力、工作、财富和自我价值感。

再婚后，他和新妻子以及他们幸存的六个孩子逃到了香港，随身只带着几箱财物，在那里计划下一步何去何从。台湾地区太危险，澳大利亚也太近，等待去美国的时间又太长。他们只好乘船和飞机移民到了里约热内卢海岸。他们抵达时正赶上狂欢节，有几个人还穿着毛料的正装，而当地人几乎是赤身裸体地在街上跳舞。王枕洲在新的国家靠变卖带去的贵重物品度日，等到这些东西卖光之后，他听从朋友的建议，举家迁到了圣保罗，因为那里的人比较勤劳。抵达那里以后，他开始做生意，做过洗衣店老板、餐车摊贩、东方装饰品进口商、种桑养蚕的农民，当然还有宝石经纪人，但多次失败。

王枕洲向他的孩子们灌输儒家价值观，即最有价值的工作是帮助他人。虽然作为前国民政府的卫士，从军意味着需要他奉献和牺牲，需要长期与家人分离，但这也让他得到了社会的认可，并得到了相应社会地位。在儒家等级观念中，医学和教育的地位也很高。

他有五个女儿和三个儿子活了下来，其中两个儿子当了医生，三个女儿成为教师。相比之下，他认为出售半宝石是无用之举，这让他感到卑微。他是一位十足的中间商，除了赚取差价外没有其他的目标。总的来说，他认为商业是利己的，尽管他的至少三个孩子经商，获利颇丰，并且还会继续享受比他取得的成绩大得多的经济成功，他仍然认为商人处于社会的最底层。在他作为商人最后一次蒙羞之后，他的孩子们答应赡养他和他的妻子。

自此以后的余生中，他没有再挣过一分钱，但并没有停止工作，且活到98岁。他是一个大家庭的家长，时刻保持信息灵通，关注和阅读时事，然后形成自己的观点，并权威地传达给家人和朋友。他为子孙们的教育、工作和人际关系提供建议。他背着幼小的孩子去公园。他写信，分享他的智慧。他锻炼身体。他练习中国书法，并希望达到完美。他为后人整理出他外出打仗时与两任妻子互通的信件和交换的照片。他担心年轻一代的职业道德，以及自己死后他们会变成什么样。他与子孙后代分享了他的教育和经历所蕴含的重要智慧，告诫他们：如果必须做的话，要努力从事最卑微的工作；如果能做到的话，要立志从事最高尚的工作。

## 有目的的、努力的和被认可的工作

1917年，当马塞尔·杜尚（Marcel Duchamp）将一个翻倒的小便池提交给独立艺术家协会展览时，他在狂热的艺术爱好者中间引发了长达一个多世纪的争论。他们愤愤不平地问道："那是艺术吗？"这个问题本身就暗指它不是艺术。有史以来，判断艺术作品的一个标准是它应该是漂亮的，这一点无疑不适用于这个实用的承受瓷器。再说了，将其这样放在地上那也没什么实用价值。另一个标准是艺术品的制作需要高超的技艺，但在这件作品上，唯一能证明艺术家在它上面动过手的是他的化名（R. Mutt），它被很不在意地草草写在了提交审议的年份旁边。此外，它与人的排泄物有关，并非艺术界公认的最高雅的艺术。然而，作为一个著名展览的候选作品，它被摆在了那里，主办方同意不作评审，留给艺术家们自己决定什么是艺术。尽管他们有约在先，杜尚的同行们还是以微弱的票数将小便池排除在了中央皇宫展览之外，这也促使他愤然辞去了该组织的董事职务。

或许，他想做的就是引起争议。甚至，究竟杜尚是最初的创作者，还是从他的艺术家同事艾莎·冯·费莱塔格-萝玲霍芙（Elsa von Freytag-Loringhoven）男爵夫人那里窃取的作品，至今仍无定论。无论出处如何，它都让自称为挑衅者的杜尚声名鹊起。除了小便池，他还提交了一个帽架、一把雪铲和一瓶巴黎空气。作为一位职业艺术家，他将"现成"的物品置于一个标新立异的环境中，并声称它们是艺术品，从而赢得了名利。杜尚戏称小便池为"泉"，其原作已经丢失，但其复制品却在世界上一些最受推崇的艺术博物馆中展出，摆在远离洗手间的地方。《泉》已被公认为现代艺术史上最具影响力的作品之一，这并非因为它的美或制作它所需的技巧，而是因为它引发了一场关于艺术作品获得认可所必需的基本特征的辩论。尽管杜尚的现成物品艺术画廊常常不被博物馆的参观者当作艺术品，但它还是发挥了作用，引起了"艺术"一词的外延能伸至多远的争论。

艺术和作品的共同点不仅仅在于它们共用了"艺术品"这个词。艺术在学者中仍然是一个有争议的术语。它的形式多样，比如书法、雕塑和行为艺术，并涉及多种感觉，比如视觉、听觉和触觉。艺术作品可大可小，有些无法测量。艺术无法简单归类。

"工作"更是多种多样，也更难界定。农民、殡仪馆经理、金融分析师、网红、外科医生和银匠等一系列职业，怎么可能用一个词来描述它们的特征呢？当我们把某件事情归类为工作时，就意味着它是值得去做的，因此，要写什么是有价值的工作，就需要了解什么是工作，什么不是工作。

关于工作的民间智慧假定我们知道什么是工作。前所未有的400米栏优秀运动员埃德温·摩西（Edwin Moses）将自己的成功归于"工作第一，娱乐第二"原则，两者的区别是不言而喻的，工作有娱乐所没有的目的。化妆品巨头雅诗·兰黛（Estée Lauder）曾对其销售人员说过一句名言："我能走到今天不是靠愿望或希望想出来的，而是靠工作干出来的。"这让销售人员认识到她的成功来之不易。技术布道者和作家盖伊·川崎（Guy Kawasaki）认为，"之所以称为工作是有原因的"，这表明工作的本质不应是令人愉快或令人向往的。《汤姆·索亚历险记》中著名的"粉刷"场景也反映了这些观点。本来给姨妈家粉刷篱笆是个累活，可小说主人公假装非常有趣，而且是他自愿干的，从而诱骗邻居家的孩子抢着替他干活。小说的讲述者不无挖苦地总结道："工作是一个人必须做的事，而……玩乐则不是一个人非做不可的事。"

这个并不现实的结论可以理解为：想让你的工作物有所值，却是心有余而力不足，但它反映的现实是，与主要由心智完成的工作相比，人们往往低估体力活的价值。当工作关乎物质时，它与体力劳动中的体力消耗有关。"工人"一词起源于14世纪，指的是负担。正如亚当·斯密在《国富论》中描述的那样，在资本主义的初期，工人在黑暗、危险和枯燥的工厂里做工，他们集中精力干好"某种简单操作，并……把这一操作当成他一生唯一的生计"。在查尔斯·狄更斯的小说《艰难时世》中，工人们在一个"丑陋的城堡"里做工，"砖墙将大自然阻绝在外，却把致人死亡的空气和废气封在里面"。同样，在新冠肆虐期间，一家肉类加工厂的工人在狭小密闭的空间里屠宰和分割肉类，以致没有听到疫情暴发的消息，病毒迅速地蔓延开来。

相比之下，从孔子到亚里士多德等古代思想家都有幸留下过论述劳动的文字，他们让仆人或奴隶干脏活累活，自己赞颂脑力劳动。古希腊语中，表达"日常辛劳"的词是 *a-scolia*，与"闲暇"是反义词，"闲暇"是 *skole*，它是"学校"的词根。劳动的目的是使闲暇成为可能，而闲暇的目的是启迪智慧。因此，劳动和闲暇是不同形式的工作。

古希腊的 *a-scolia* 主要是知识精英所称道的概念，它体现的是一种等级制度，即智力活动高于体力劳动，这种对待工作的传统观念一直延续至今。工人被认为是从属于管理者的存在。工人用双手工作，而管理者用头脑摆弄电子表格。在我们现在所说的知识性工作中就能看到这一点：从事知识性工作的人通常是拥有高级学位或有经验的人，他们有资格成为管理者并获得高薪。它有别于体力劳动：体力劳动通常报酬较低，工人对于自己的工作时间、工作方法和就业保障几乎没有什么控制权。

亚里士多德称工作就是任何需要完成的事情。诗人泰戈尔认为工作艰苦，"只有当欲望学会自律时，工作才会变得容易"。多莉·帕顿（Dolly Parton）是深受人们喜爱的创作歌手，在其歌曲《朝九晚五》中，她指出工作就是在社会传统上被称为"工作日"的这段时间发生的事情。社会人类学家詹姆斯·苏斯曼（James Suzman）将工作定义为任何为实现目标或达到目的而有目的地花费精力或付出努力完成的任务。他的全面历史记录始于第一批居住在地球上的单细胞生物为生存和繁衍所需做的"工作"，最后还推测了第一批人工智能机器人将如何扰乱我们的工作世界。经济社会学家保罗·兰塞姆（Paul Ransome）对工作的论述侧重于人类可以完成的工作，他为工作提供了更具现代意义的标准。他称工作是"有目的的权宜之计；需要付出脑力和（或）体力的；为了换取工资或薪水而做；是一种公共活动，［并］被认为带有税收和保险等'官方目的'"。

因此，集历代和先贤的智慧，我们总结出关于工作的几个基本要素。首先，无论我们是否喜欢工作，都会有人认为工作是值得做的。此外，即便我们的想法可能不一致，但对于何为工作都有自己的认识。工作可能是一种精神上的特权，也可能是一种体力上的负担，甚至可能是一种精神上的负担和体力上的特权。工作不同于闲暇或娱乐。尽管我们可能并不总是很清楚工作是什么或不是什么，但出于探讨工作的需要，值得为它下一个定义（如果你愿意的话）。工作一般具有三个特征：它是有目的的和需要付出努力的，并被社会所认可，这通常意味着它是值得获得报酬的，尽管并不总是如此。然而，我们对工作的定义并不总是与面前的工作机会相吻合。

## 有意义的或无意义的工作

有意义的活动是达到目的的手段。它有自己的最终目标，也有其有用性和重要性。因此，有意义的工作有充分的理由说明它为什么重要，以及为什么世界会因为这项工作而变得更好；如果没有它，世界就会变得更糟。有意义的工作不仅包括工作本身带来的内在满足感，还指工作会改变世界。

现代资本主义充斥着不讨人喜爱但有意义的工作。在加勒比海和墨西哥某些地区度假的人注意到，随着气候变化导致海水变暖，马尾藻之类的海草大量繁殖。它们散发着臭气，犹如波浪般地散布在海岸，阻塞了沿岸的水域，使之几乎不再适合游泳，并且散落在海滩上，搞得到处乱七八糟。不用说，昂贵的海滨度假胜地可不会乐意看到洁净的沙滩被这些海藻玷污。因此，他们雇了一些人，通常是男性场地管理员。这些场地管理员把海藻耙成堆，然后用铲车将它们铲到看不见的地方。从黎明到黄昏，日复一日，这项工作持续不断地进行，一批海藻被清除，又一批海藻随波涌入，只不过在维持一种"他们的工作很重要"的错觉。不难想象，这项工作近乎永远做不完。但度假胜地显然有充分的理由开展此项工作并维持它的开销，度假的人很高兴再也看不到乱七八糟的海藻了。换句话说，这项工作是有意义的。我们可能会想：这有什么意义呢？但是，从电话推销员到传教士，再到电视真人秀明星，每一份可能被人诋毁的工作都有其意义。至于每份工作是否同样有价值，人们争论不休，这一点留待后面讨论。

另一方面，人类学家戴维·格雷伯（David Graeber）创造了

"狗屁工作"一词，对"无意义"问题进行了深入探讨："一种完全无意义、无必要或有害的有偿工作形式，甚至连雇员都无法证明其存在的合理性，但作为得到工作的部分条件，雇员觉得有义务假装情况并非如此。"换句话说，"狗屁工作"迫使员工假装他们的工作意义较大。自从有工作以来，"狗屁工作"就一直存在，犹如摆设性的职位，除了让上司觉得自己很重要，没有多大用处，而上司的主要功能是维持官僚机构的持续存在。大卫·福斯特·华莱士的小说《苍白的国王》(*The Pale King*)讲述了美国国税局这一终极官僚机构，其中，一位稽查员将自己能在这样的工作环境中生存下来归功于他"对痛苦有异常高的耐受力"。

"狗屁工作"不同于"狗屎工作"，后者"通常涉及需要完成的工作，而且显然对社会有益，只是从事者的报酬和待遇很差"。"狗屎工作"通常是蓝领所为，按小时计酬，而"狗屁工作"通常是白领所为，领取薪水。但有了这些工作，世界也不会比没有这些工作时更好。这些工作给人一种值得尊敬的错觉，但仍是一种错觉。

为了不让人觉得我们是在象牙塔上俯视别人毫无意义的工作，品头论足，我们得承认自己的工作有时也显得毫无意义。还在读研究生时，珍妮弗偶尔看了电视剧《我为喜剧狂》(*30 Rock*)的一集，其中亚历克·鲍德温（Alec Baldwin）扮演的角色不好意思地承认："我们可能不是最合适的人。"蒂娜·菲（Tina Fey）理直气壮地回应道："但我们也不是最差的。"之后，他们异口同声地说："研究生是最差的。"这似乎道出了珍妮弗生活的时代普遍存在的真理。她的博士津贴在大多数地方都不足以满足基本的生活所需，更不用说在纽约了，而她的工作主要是徒劳地完成一篇两百多页的博士论文，读者也许只有区区五人。很多研究生课程经费紧张，难以为继，导致近年来博士生未完成学业就纷纷退学。在纽约大学就读期间，珍妮弗的研究生同学发起了一场成立工会的运动，经过艰难的努力，最终取得了成功，只不过那是在珍妮弗毕业很久之后的事了。

然后是克里斯托弗自己的哲学家生涯。他还记得自己读研究生时，几位令人生畏的学者聚拢着坐在桌子旁，他坐在桌子的一头，或者更确切地说是桌子的末端。他们是要决定他提交的论文计划是否表明他有能力继续完成博士论文。他们沉浸于哲学对话的古老传统中，这种对话起源于雅典的街头巷尾，人们围着智慧的苏格拉底，他则主持辩论知识和正义的本质属性，但对他的妻子和孩子来说，这个工作毫无价值，因为他们都在挨饿。当克里斯托弗不谦逊地向这群职业哲学家宣称希望自己的研究成果比职业哲学家的更有用时，他们不以为然。他的一位导师正对她的同事们热情称赞他们共同的职业，骄傲地宣称它"毫无用处"，俨如奥斯卡·王尔德谈及艺术时的态度一样。[1] 她接着说："真不敢相信，我竟然领着工资搞哲学！"克里斯托弗不无讽刺地表示同意。毕竟，遇到紧急情况时从来没有人会喊："快，找个哲学家来！"在他的毕业论文中，克里斯托弗宣布哲学既是世界上最重要的工作，也是最不重要的工作。

这些故事提到了一些可能会让个体劳动者觉得工作没有意义的

---

[1] 王尔德主张"为艺术而艺术"，他强调所有的艺术都没有实际用处，也无关道德，更不应迎合任何的威权或正典。

因素。有时，工作似乎不合时宜了，也许在以前的时代有用，但在当今时代却是过时了，比如哲学家或收费站收费员的工作。有时，工作似乎毫无意义，因为它连基本的生存都无法保障，比如研究生或入不敷出的零售摊贩的工作。有时，工作似乎对自己以外的任何人都没有意义，比如知识分子的纸上谈兵或网红。如果你曾想过"他们真的会花钱雇人来做这些事吗？"，那么你可能会想到一份工作，而干这份工作的人也曾问过同样的问题。劳动者个体觉得没有意义的工作可能仍然是有意义的工作，即使这种意义完全是由比我们更强大的力量决定的。但是，即使工作是有意义的，如果连从事这项工作的人都无法诚实地证明其意义所在，这项工作还能持续多久呢？

## 费力或轻松的工作

费力的工作需要付出体力和（或）脑力才能完成。诗人玛吉·皮尔西（Marge Piercy）在《做有用的事情》(*To Be of Use*)一诗中，对那些愿意花力气"在泥泞中一次又一次地做必须做的事"的人表示敬佩。虽然有可能从事不属于工作的费力活动，比如任何把"健身"作为业余爱好的人都会这样告诉你，但工作不可能毫不费力。

也就是说，工作可以非常费力，却可以没有明显的用途或意义。外号"大白鲨"的竞技食客乔伊·切斯特纳特（Joey Chestnut）获得过内森热狗店（Nathan's）美国国庆日吃热狗大赛的16次冠军，而且还会继续，但他说"从来没想过这会成为我的全职工作"。

但为了保持自己在吃货圈里佼佼者的地位，他周游世界，同时坚持严格且有潜在危险的训练，使自己的身体能够创造多项纪录，包括10分钟内吃下28磅布丁、8分钟内吃下390个虾仁馄饨、6分钟内吃下121个夹馅面包和10分钟内吃下76个热狗。有一次，他在将一位维护动物权利的抗议者掀翻之后仍然赢得了内森大赛。被问及比赛后的感受时，他对工作的评价充满了哲理："我确实感觉自己像个废物，但那又怎样？大多数人工作一天后都会觉得自己是个废物。"

轻松的工作往往被理想化。社会对卡戴珊姐妹这样的电视真人秀明星既欢迎又痛心，她们拿着大把的钞票，被摄像机跟踪，似乎无缘无故就出了名。正如恐怖海峡（Dire Straits）乐队的名歌："凭空赚到大把钞票，还有你那免费的妞。"英国王室可能是历史悠久的家族企业中最著名的继承人，它清楚地提醒人们，仅仅是出身门第就能让一些人担任某种角色，受人期许，具备相应的行为准则，并获得相应的薪水和福利。这并非说，要成为名人、王室成员或著名的王室成员不需要付出很多努力，哈里王子和梅根王妃就证明了这一点，但在外人看来，我们可能不确定付出的努力是否能换来相应的回报。

当然，在外人看来，技术最熟练的人有时会毫不费力地完成工作。每个人的动作和错误都被摄像机逐一记录下来，其中的压力是难以想象的。努力很难被量化或识别，创造性的努力尤其如此。很多去博物馆的人看到杰克逊·波洛克（Jackson Pollock）的滴色画或杜尚的《泉》的复制品时都会想：如果那是艺术，我也能做到。据报道，达米安·赫斯特（Damien Hirst）以大约800万至1 200

万美元的价格卖出了《生者对死者无动于衷》，面对那些声称任何人都可以像他那样把鲨鱼悬挂在福尔马林中的评论家，他回应道："但你没有，不是吗？"马尔科姆·格拉德韦尔（Malcolm Gladwell）曾写道，掌握一门技能需要一万个小时，当音乐家或运动员看似毫不费力地表演时，观众可能无法看到他们付出的努力。投入的时间、金钱、血汗和泪水等资源越多，工作就会越显得毫不费力；投入远大于回报时，更是如此。

很多"快速致富"计划都承诺以最小的付出获得最大的回报。然而，上过当的人都知道，这样的骗局总会有隐藏的不利因素，总会有某种牺牲，让事情变得没有想象中那么简单快捷。为了寻找不费力气的工作，人们出卖自己的某些东西换取金钱，比如精子、卵子或肾脏，试图将自己体内超过身体运作需求的某些东西货币化。尽管这些物品通常都是出于人道主义原因捐赠的，但它们可以被出售这一事实表明这里存在着出于私利而被人利用的可能。无论是精子捐献者，还是代孕母亲，作为匿名的亲生父母，可能会给捐献者、父母和孩子带来意想不到的情绪劳动[1]。与此同时，不受监管的器官贩卖市场可能会利用急需钱财的捐献者，使其遭受往往得不偿失的痛苦。

我们工作的方式、时间和地点发生了变化，使得工作努力的情况更加复杂。我们的工作种类和方式都在不断演变。总体而言，美

---

[1] 情绪劳动（emotional labor）是美国社会学家阿莉·霍克希尔德（Arlie Hochschild）于1983年提出的。其主要意思是，为了让工作或事情可以顺利进行，调节或管理与他人的情绪表达，以呈现适宜的表达方式。它与体力劳动类似，也需要付出大量的努力。

国现代工人靠体力搬运重物的工作比20世纪任何时候都要少，因为他们将体力劳动外包给了其他国家的工人，利用机器或采用了机器人技术，但情绪劳动并没有减轻。尽管在室内坐着工作曾经被认为是一种难得的享受，但新的危险也随之出现。随着工作的主要场所从农场转到工厂，再到办公室，工作已经从纯粹体力劳动的辛劳变成了因人体工程学设计不当而造成的伤害。在格子间里工作的上班族容易得的病包括眼睛疲劳、腕管综合征和颈肩僵硬。仅在美国，重复性应激损伤每年就会导致公司200亿美元的工人赔偿和1 000亿美元的生产力损失。

近几十年来，很多人的职业流动性比过去所谓的公司人[1]大多了。无论是出于选择还是出于需要，近年来，零工将流动性发挥到了极致，有时在一个工作日内要在多个"零工"之间来回奔波。在2020年新冠大流行期间和之后，很多不需要与实体对象互动的职业发现远程办公比在办公室更有效率。工作、娱乐、闲暇和生活之间的界限越来越模糊。打零工，不受公司的束缚似乎是一种理想的生活：自己当老板，自己安排时间，最终减少工作量。但大多数研究支持相反的结论：自由职业者往往更费力，因为他们需要自己处理福利、培训和发展、市场和销售等问题，而这些问题过去都是由雇主提供的。尽管如此，对于那些有能力灵活选择工作时间和地点的人来说，新冠大流行让他们开始权衡工作方式的取舍，这可能会导致工作更加多样化，而不是标准化。

---

1 公司人指顺从公司政策、从不抱怨的工人。

## 被认可或不被认可的工作

有些零工仍在争取合法地位，或争取非正式地承认它是值得社会尊重的工作，或争取比较正式地承认它是可以享受医疗保健、社会保障和带薪休假等就业福利的工作。社会往往比较容易确定工作的目的性和努力程度，并以某种方式达成一致，而认可则不然。认可是因人而异的。什么样的活是工作在于个人的判断，并且是由社会习俗决定的。

一个简单而可悲的事实是，在我们的社会中，很多必需的、费力的甚至是有损尊严的工作没有得到认可。这些工作的从事者辛苦干活，却毫无成就感。虽然人们对这些工作的需求没有止境，社会却没有正式视其为工作。这是一个贬值的递归循环：一种活动没有报酬是因为它不被视为工作，而它不被视为工作是因为它没有报酬。

再明显不过了，家务劳动就是不被认可为工作的一个例子。为了维持家庭的正常运转和其他人的幸福，家务劳动每天都要进行，不但对身体有害，而且无休无止。经济社会学家兰塞姆将工作与家务区分开来：前者是公共性的，后者同样必要，但只对私人有益；前者是为了换取经济报酬，后者虽有价值，但既不要求报酬，也不纳税。

如果女性不在家庭之外从事有报酬的工作，需要描述自己的职业时，她们会称自己是"家庭主妇"。这个词虽然过去常用，但如今已经不再受欢迎了。正如玛雅·安杰卢（Maya Angelou）的诗《女人的工作》(*Woman Work*) 开头所描绘的那样，"我得照顾孩子，缝补衣服"。如今，人们都在谈论如何成为全职父母。在网上的个人资料中，她们会戏称自己的头衔是"（冠以家庭姓氏的）公司的首席执行官"。不可否认，操持家务的目的性和付出的努力是不容忽视的。社会学家阿莉·霍克希尔德创造了"第二班"一词，以描述职场女性如何在有偿工作岗位上每天工作八小时，回到家中再照顾孩子和料理家务。即便霍克希尔德的书于1989年出版，但家务劳动至今在很大程度上仍然是女性的领域。与前几十年相比，如今做家务的男性更多了。然而，即使女性的收入与男性伴侣相当或比他们更高，她们花在家务上的平均时间仍是男性的两倍多。在某些地方，比如在斯堪的纳维亚半岛，男女做家务比美国更平衡，而在其他地方，比如印度，则更不平衡。在同性伴侣中，彼此承担家务一般比异性伴侣更平等，但一旦有了孩子，照顾孩子多的一方也会不成比例地承担更多的家务。社会倾向于不承认家务和育儿等工作是工作，部分原因正是它们被女性化了。

家务劳动是一种不被认可的无偿劳动，而另一种劳动是私下进行的有偿劳动。在美国的劳动力中，有不到5%的无证工人，他们从事从工厂车间、餐馆厨房到家务劳动的各种服务。这些工作对社会的运转至关重要，但缺乏与被认可工作一样的保障性和稳定性。当然，还有一些工作虽然被普遍认为是工作，却得不到社会的认可。这些工人可以是字面意义上的隐形人，比如只有在房主不在家时才会被监控摄像头看到把包裹放在台阶上的送货司机；也可以是比喻意义上的隐形人，比如忍受着人们最私密的气味和声音却没有人愿意正视他们的卫生间服务员；还可以是便利意义上的隐形人，比如隐秘活动的性工作者。隐形工作从未得到记录或承认，他们怎么能感受到工作的回报呢？

所有这些都表明，哪些工作算工作在很大程度上取决于到底是谁说了算。位高权重者往往扮演着决定者的角色，位卑势弱的最低层只能被动接受，负重前行。在特定的时间和地点，在某种共同价值观下，至少有历史、文化和经济三股重要的力量决定了哪些工作会被认可。这些力量如何引导你的雇主对你工作的态度，以及他们愿意给你多少报酬？如果你有幸占据权位，这些力量会如何影响你认为什么是值得做的工作，以及你愿意为他人的工作支付多少报酬？

## 历史和我们认可的工作

在王枕洲看来，一个把工作说成是狗屁的世界、一个因有钱和名气就能发财致富的世界和一个男人平等地参与家务劳动的世界都是不可想象的。由于对工作的认可在很大程度上是由主观和社会习俗决定的，所以我们今天所认可的工作与几十年甚至几百年前人们认为的工作大相径庭也就不足为奇了。

通常情况下，这些随着时间推移发生的变化关乎技术进步，也与我们理解世界的方式在改变有关。我们在网上阅读新闻，而不再依赖街头公告员[1]。我们不再需要有个人在每轮掷球后重置保龄球瓶，因为机器可以完成这项工作。路灯用电点亮，而不再由点灯人亲手点亮。最近，离岸外包将美国的大部分制造能力转移到了海

---

1　街头公告员是王室或公共机构的官员，根据需要沿街高声传报官方消息。通常手里摇动一个大铜铃，以吸引众人的注意。当时大多数人都是文盲，无法阅读，街头公告员的工作就是向镇民通报最新消息、公告、规章制度和其他重要信息。

外,同时带走了无数的工作岗位。除了在俄勒冈州本德市(Bend)为怀旧者保留的一家店面外,人们不再到百视达(Blockbuster)音像租赁店。展望未来,我们不禁要问:未来的工作会是什么样子?从卡车司机到咖啡调配师,再到放射科医生,现在的哪些工作有一天会实现自动化?我们将在后面的章节中讨论。

从事研究工作的西方学者倾向于将工作态度的演变描述为一个历史进程,用哲学家乔安妮·丘拉(Joanne Ciulla)的话说,就是从"诅咒到使命感"。在她的《工作生涯》(The Working Life)一书中,丘拉将视工作为诅咒的观点追溯至古希腊。那时,众神让人类"出于怨恨而劳作"。雅典的民主只是地主阶级的民主,他们认为体力劳动有失身份,无助于他们的治理和思考。斗转星移,随着政治民主的进步和公民权的扩大,越来越多的人不得不靠自己的努力谋生。几个世纪后,政治经济学家马克斯·韦伯发现生产向信奉资本主义原则的新教国家转移。特别是,他认为加尔文教派将诚实劳动与满足物质需求的世俗需要和成为更好的人的精神追求联系起来,从而利用我们的职业技能做出了有价值的贡献。

当然,我们工作的历史阶段不能单独决定我们有目的、需努力的活动是否被承认为工作,也不能决定它是一种诅咒,还是一种使命感。然而,它确实影响着人们对工作的文化态度,以及决定工作回报的经济体制。好消息是,与古代的劳动者不同,我们可能有幸生活在一个有科技和民主助力的历史时期,更多的人视工作为一种追求,而不是一种诅咒。坏消息是,过去折磨工人的一些历史性诅咒在今天依然如影随形。当然,未能吸取过去的教训怕是注定会让我们重蹈覆辙。

## 文化和我们认可的工作

王枕洲继承的文化传统规定妇女在家操持家务，男子在外工作，但他面对的生活现实比这要复杂得多。当他在上海与第一任妻子相爱时，她还在读书，准备从事电报工作，但后来为了抚养孩子放弃了这一职业，这些有违那时的行为规范。他与第二任妻子相识时，她也在上学，打算工作，但后来因为家庭人口的增加，她只好负责照顾继子女和自己的孩子。当时，他们的孩子有八个活了下来，因为无力供他们上学，王枕洲和他的第二任妻子将其中几个年龄大的孩子送到了美国，最大和最小的孩子留在了巴西，但五个女儿和三个儿子都读完了高中和大学，并接受了在家庭以外就业的职业培训。女孩们选择了教育和经商，男孩们则选择从医和经商。跟大多数家庭一样，王家人的工作是其文化传承、历史时期和经济机会的产物。

文化可能表现为国家、地区、种族和宗教在规范和态度上的差异，它们会深刻地影响社会认可什么是工作。在自给自足的社会中，工作是指在任何特定的一天，由有时间和能力的人完成最需要完成的任务。通常情况下，随着市场经济的发展，工作越来越多地伴随着职称、明确的角色和责任，以及必要的资格证书，如完成工作所需的教育水平。而且，报酬和福利等回报往往是预先确定的。

对工作的认定因政府而异。若对这些先进市场快速巡视一遍，便会发现造成差异的原因有时是随心所欲的。在美国和印度，护肤专家是一种公认的职业，其前景十分光明。而在欧盟的《国际标准职业分类》中，"护肤专家"或类似职业甚至都没有出现。比较美国、欧盟和印度的分类还可以发现更多差异。印度承认养蜂工和篮子编织工是职业，但欧盟只承认养蜂工，美国则均不承认。欧盟承认钟表工和制革工（我们不得不查了一下这个词，应该是他们在制作皮革的过程中去除兽皮上的毛发），而美国不承认二者是职业。就皮毛加工而言，印度将"生皮鞣制工、鞣革工和制革工"列为职业大类，下设"剥皮工"和"手剥皮工"等子职业。

妇女外出工作是否可以接受，人们在什么年龄从事全职工作而不接受全职教育，以及何时退休和是否退休？这些规范都是由文化决定的。例如，中国目前规定女性工人五十岁退休，女性干部五十五岁退休，所有男性六十岁退休。[1] 美国虽然基于出生年份，自愿退休年龄介于 66 至 67 岁，但考虑到家庭的财务状况，很多人无法在他们希望退休的时候退休，而且美国充斥着一种超负荷工作的文化，以至于不管是出于自愿还是出于必要，人们可能永远不会退休。

我们对工作的期望，包括工作的时间、地点，工作量以及最终的工作内容，很多都是由文化决定的。然而，工作并不完全由文化决定。这即是说，虽然一般美国人不太可能考虑以制革工为职业，但毫无疑问，手工皮革匠从事的就是制革工的工作。文化可以迅速转变，面对全球新冠大流行时，我们需要远程办公和灵活的工作时

---

1 2024 年 9 月 13 日，中国第十四届全国人民代表大会常务委员会第十一次会议通过了《全国人民代表大会常务委员会关于实施渐进式延迟法定退休年龄的决定》，将使用 15 年左右的时间，将男职工的法定退休年龄从原来的 60 周岁延迟至 63 周岁，将女职工的法定退休年龄从原来的 50 周岁、55 周岁延迟至 55 周岁、58 周岁。

间，而通过长期的社会变革，我们会享受家庭假，而非产假。我们既塑造了自己的文化，也被自己的文化所塑造，这意味着个人有机会影响文化，即便这种影响是缓慢的。

## 经济力量和我们认可的工作

退休后，在很多阳光明媚的早晨，王枕洲都会步行到伊比拉布埃拉公园（Parque Ibirapuera）打太极拳，这是一种古老的中国武术，然后在回家的路上去市场买面包和橘子。短暂的午睡后，他会利用下午时间练习古老的书法艺术，这是中国精英阶层人士的三绝之一，[1] 他花费数年想要达此境地，最终还是不得其法。对他来说，把最后一个字写得跟第一个字一样整齐划一是值得做的工作。他的书法作品现在挂在他八个子女和二十个孙子孙女家的墙上，这也许是他最大的成功。他把八个移民子女抚养成人，使他们在他没有成功的地方茁壮成长。但这是工作吗？

他刻意抄录的有《礼运·大同篇》的文字，大同是儒家对其信奉的乌托邦社会的描绘。这是一项费力的工作，需要注意力高度集中，且有耐心，若不小心溅上墨水或水，就要重新写。它得到了少数有能力欣赏它的人的认可。他认为这就值了，没有白费精力。可是，巴西税务部门不把书法算作工作，它还重要吗？有人被指定来决定什么是艺术，就是那些鉴定、评估和消费艺术品的人。但谁又是决定何为工作的评委呢？

---

1 若某人擅长作诗、写字和画画，则称诗书画三绝。

经济市场不仅决定一项活动是否被认定为工作，还决定其价值的高低。工作的经济价值和社会价值之间的关系非常复杂：一份工作的薪水是否代表了它的社会价值？正如我们在下一章要进一步探讨的那样，情况往往正好相反。尽管人们一直对投资银行等高薪职业能否创造附加价值心存怀疑，但高薪带来的购买力对商学院的毕业生具有无穷的吸引力。经济大萧条致使数百万普通房主丧失赎回权或破产，作为全球最富有的投资银行之一，高盛集团却从一些金融机构的倒闭中获利甚丰。大萧条过后，时任高盛首席执行官的劳埃德·布兰克费恩（Lloyd Blankfein）却大胆地半开玩笑说：高盛在"扮演上帝"。

将薪酬与工作联系在一起的传统导致一些灰色地带的出现，比如业余音乐家每周花 30 个小时创作和录制音乐，但也有一份所谓的正式工作；大学生助研和助教与研究生助研和助教之间存在差别，前者不被承认为员工，后者却被承认为员工，但其津贴远不够生活所需；兼职或临时工作达到一定的量，全职父母就成了在职父母，至于这个有偿工作的比例是多少则模糊不清；[1] 当然，我们也意识到，打扫自家的厕所和粉刷自家的墙壁不算工作，但花钱请人代劳就是工作。

因此，强大的经济体系，加上历史和文化，决定了什么是被社会认可的工作。被认为是有目的的、需要付出努力的且值得认可的工作通常是由报酬决定的。具有讽刺意味的是，这意味着养育下一

---

1 在美国，在职父母的含义很模糊，通常意味着父母在家庭之外有一份有偿工作。至于必须从事多少有偿工作才有资格被称为"在职父母"，并没有明确的规定。在职通常是指每周工作 40 个小时以上，少于 40 个小时的则是兼职或临时工作。

代这个最具目的性、最需付出努力和最值得认可的工作却往往不被认为是工作。

## 工作是什么?

王枕洲的晚年生活并不富裕。他在圣保罗市马科斯·洛佩斯街（Rua Marcos Lopes）一个不起眼的街区住了几十年，房子是租的公寓，在十楼，他的子女们帮他分担了房租。他住的单元有两间小卧室和两间小浴室，厨房后面是女仆的房间。按照某些人的标准，这似乎有些奢侈，却提醒人们历史、文化和经济是如何影响工作的：在巴西这个西半球最后一个取缔奴隶制的国家，拥有女佣一度是中产阶级的传统特权。

公寓后面有他的办公室，那里有一扇像舷窗一样的圆窗，但光线太暗，不利于他干活。所以午饭后，他通常把毛笔、墨水、宣纸或绸布（视书法作品的重要性而定[1]）摊放到厨房的圆桌上。儿女们替他着想，认为他应该退休了。毕竟，他从孩提时代起就努力打拼，才有了后来的军旅生涯。虽然他没能从自己的经商中赚到钱，却不能抹杀他为之付出的努力。在经历了几十年的动荡和贫困之后，王枕洲可以将全部精力投入他毕生的事业里了，即不断发展壮大的家族乌托邦。

王枕洲和外孙克里斯托弗第一次见面是外祖父为了工作旅行去

---

[1] 王枕洲的书法作品之一便是抄录《礼运·大同篇》。如果是他自己练习书法，就用不到绸布；如果是要送给双语教学的女儿（本书第一作者的妈妈）用于挂到教室的墙上，就要把字写到绸布上，因为比较重要。

美国。他们最后一次见面是克里斯托弗为了工作旅行去巴西,并陪伴王枕洲度过了一个下午。那时,一大把年纪的他成了鳏夫,眼睛看不清东西,也不再写书法了。虽然身体看起来很壮,思维也依然敏锐,能够嘱咐外孙继续努力工作,并因外孙初为人父而赞许,但午饭后,他就退到沙发上,闭着眼睛静静地坐着。在最后三年的大部分时间里,他都保持着这种姿势。对于自己的工作或他人的工作,他的话比以前少多了。但在这些长时间的沉默中,他是否在想是什么让这一切都变得值得?在他生命的后五十多年里,他为培养下一代所付出的所有努力加起来有什么意义?他最出色的工作是实现了一个通常根本不被认为是工作的目的,即努力养育家人吗?

即使无法就什么是工作达成一致,我们也需要提出这个问题。将什么归类为工作,本身就体现了我们的历史、文化和经济的价值观,它们会引导我们去做值得做的工作,或者挑战我们对工作和价值的固有观念。什么将是你一生中最好的工作?最有价值的工作是给我们一个醒来的理由,让我们施展自己独特的才能,超越自我,为一个更大的目标做出贡献。为辛勤工作付出的努力会让我们感到满足,增强我们的毅力,并为接下来更好的工作做好准备。在一个完善的市场中,获得的认可等于做出的贡献,即使在这个不完善的市场中,获得的回报也会激发人们的自尊,或增加银行账户里的存款。然而,就像艺术的传统特性可能会被一个小便池糟蹋得不成体统一样,对于无用的、不费力的和不被认可的工作的忧虑让我们有理由质疑工作的真谛到底是什么。当少数人似乎不用工作就可以过上优哉游哉的生活,更多的人似乎辛勤工作却回报甚微时,我们是否还值得工作。

## 第二章
# 为何工作？

"你可能难以置信，比恩，并不是每个人都只为钱工作。"

"他们当然是为了钱，所以才称之为工作。如果我们拿钱只是为了坐着扮可爱，他们就会叫它完全不同的东西了。"

——［美］埃莉诺·布朗（Eleanor Brown），

《怪异姐妹》(*The Weird Sisters*)

## 值得为之献身的工作？

2001年9月11日晚，当乔治·布什总统向美国公众发表讲话时，他说美国的生活方式受到了攻击。他向全国人民保证，政府已经"恢复办公"，国家的"金融机构依然强大"，并表示在第二天"美国各经济部门也将正常办公"。

总统在讲话中承认恐怖分子不只是杀人，还试图摧毁美国经济实力的象征世贸中心双子塔和军事实力的象征五角大楼。宣布其赚钱机器不会停止运转是典型的美国式反抗行为，这或许也是"9·11"事件纪念日至今还不是工作假日的原因之一。自主决定是美国梦不可或缺的一部分，据说任何有决心的人，不管是出生在美国，还是来到美国追求更美好的生活，都能在这里实现自己的梦想。这个梦想能否成为现实是一个更为复杂的问题，但追求这个梦想往往始于努力工作赚钱。

　　令人痛心和不幸的是，"9·11"事件中的大多数遇难者都是这样做的。那个星期二早上，纽约市的很多人早早地来到双子塔或附近的工作岗位，他们期待着在辛勤工作一天后与家人团聚，或与朋友一起放松放松，甚至是兼职做另一份工作。《纽约时报》是纽约的记录者，其影响却遍及全球。作为受"9·11"悲剧影响最为直接的城市的报纸，它开设了纪念遇难者的专版《悲恸的群像》。其报道风格不像传统的讣告，而更像记者描述的印象派素描。它基于对亲人的采访，通过突出一些对遇难者有意义的事情来说明他们的生活。这在当时是一种新颖的方式，后来成了大规模伤亡事件的常规新闻报道形式。在袭击发生后的几个月里，这些"群像报道"分批刊发，让读者悼念逝去的生命，或许也让他们思考自己的人生，最终结集成书。参与该专题报道的几位记者认为这项工作非常有价值，他们写了一百多个人物，另一些记者则出于情感上的表达只写了几个人物。

　　在2 977名无辜遇难者中，大多数是在双子塔或五角大楼的工作人员、急救人员、飞机乘客或去开会的人。大多数人绝不会理性地预见到上班有死亡的风险,如果恐怖分子不选择这个特定的目标,怎么会有这种死亡风险呢?为了说明他们的工作地点(也是他们去世的地点),群像报道通常会如实描述受害者的工作地点和岗位职责。有时也会讲述一些故事,既有务实的,又有感情强烈的,讲述在他们生前关系密切的人的眼中他们为何工作。

作为研究人们为什么工作的两位学者,我们认为群像报道会对这一问题提供独特的见解。人们追思逝去的亲人,其中很多是在工作时去世的,似乎至少部分地可以说明工作在他们整个生活中所扮演的角色。工作意味着薪水,还是地位和成就感的来源?当然,群像报道无法告诉我们受害者本人如何回答这些问题,但它揭示了熟悉他们的人是如何看待他们的工作的。这些人包括因伴侣长时间工作和通勤而在家中身兼两职的配偶、希望去世的孩子得到更多而不只是工作的父母,以及注意到受害者每天即使在最平凡的工作中也始终充满活力的同事。受访者是从一个完整的生命考虑的,尽管这个生命的长度不幸被缩短了。因此,他们提到的那些赋予生命意义的事情才是真正重要的。这是一种终极意义,"终极"一词既意味着最终,也意味着结果。正如研究讣告的新闻学教授贾尼丝·休姆(Janice Hume)所说,《悲恸的群像》是我们的文化价值观在一个重要历史节点上的反映,是新千年伊始的一个转折点。它们不仅表明了是什么赋予某个人的生命以价值,或赋予他们的工作以价值,而且还要求我们思考如何赋予任何人的工作和生命以价值。我们想更多地了解当天遇难者的工作,而缅怀他们的一种方式是借鉴他们的故事,以此为起点来回答"为何工作"这个问题,不仅是我们自己希望如何回答这个问题,也包括社会认为什么是值得工作的理由。

虽然这些故事是产生于特定时间点上的一场划时代悲剧,但逝去的生命可以说是代表了现代工作世界的多样性。传统的讣告可能会偏爱富人和名人,与此不同的是,这些群像报道赞美的是每一个逝去的平等的生命。遇难者来自90多个国家,代表了不同的种族、宗教、民族和经济阶层。他们有老有少,平均年龄在30岁左右,有新移民,也有纽约的永久居民,而且从事的工作各式各样。在我们的分析中,受害者最常见的职业是金融从业者和急救人员,也扩展到很多其他工种,他们工作的原因和社会地位也是不一而足。

当然,每个故事和每个生命都有其独特的价值,但作为研究者,我们寻找的是模式。在他们中间,我们遇到的主要是为钱而工作的人。然而,为钱工作本身很少是目的,而是实现其他有价值目的的手段。这些目的包括关爱他人。乔纳森·康纳斯(Jonathan Connors)是一家投资银行的高级副总裁,他"喜欢赚钱,穿阿玛尼,跳林迪舞,在信餐厅(Nobu)[1]吃饭"。但从他的其他故事中可以看出,他并不只是为了钱而工作,而是为了养活身患渐进性疾病的妻子。成功的物质象征,比如买房,有时就像美国梦的核心一样,成为这些人故事的一部分。丹尼尔·阿弗利托(Daniel Afflitto)是一位债券经纪人,他"喜欢炫耀自己新买的大房子"。但它远不是财富的象征,而是"每个人都会去的地方,在那里可以游泳,看比赛,在庭院里闲逛"。马丁·乔维纳佐(Martin Giovinazzo)是一名维修工人,也是三个孩子的年轻父亲,买房本可以为他提供经济保障。在他去世后,其遗孀感叹道:"我一直梦

---

[1] 信餐厅的创始人名叫松久信幸(Nobuyuki Matsuhisa),Nobu取其名字中的"信"。

想着有一所房子，孩子们可以有自己的房间。现在我永远也得不到这些了。"

有些恐袭的受害者是新移民，他们努力工作，养家糊口，只要下一代能过上更好的生活，他们就觉得值了。因娜·巴西娜（Inna Basina）因躲避俄罗斯的宗教迫害来到美国，她白天工作，晚上学习，最终成为一位会计师。她的丈夫回忆说："在我们的生命中，儿子是第一位的。来美国都是为了家庭和儿子，而不是因为她喜欢干会计。"戈德温·阿贾拉（Godwin Ajala）则努力赚钱，以支付妻子和三个孩子来美国与他团聚的费用。他是尼日利亚人，在家乡时曾是一名律师。从《纽约时报》刊登的照片看，他戴着一种白色卷发，尼日利亚的出庭律师有时仍会戴这种假发。而为了维持生计，他一边在新的国家学习法律，准备参加律师资格考试，一边在世贸中心当保安。

其他遇难者在工作之余也在追求自己热衷的事情，其中包括两位在同一家保险公司工作的行政助理。描述尤金·克拉克（Eugene Clark）的文字称他"热爱远离办公室的生活"，他的伴侣则说他"舞跳得像蒂娜·特纳（Tina Turner）"。卡丽·普罗根（Carrie Progen）热衷艺术，但为儿童读物绘制插画并不能为她带来足够养活自己的收入。在她去世后，人们为她举办了一次作品展。正如我们在字里行间看到的那样，艺术往往是人们生活意义的源泉，但它可能无法提供足够稳定的收入来维持生活。这也可以解释为什么伊丽莎白·格雷格（Elizabeth Gregg）在获得耶鲁大学中世纪研究的博士学位后，又去读了金融专业的工商管理硕士学位，并在双子塔里的一家证券公司工作。

## 第二章 为何工作？

有时，人们认为工作赚钱是一种短期手段，终有一天会把自己的热爱变成全职工作。胡安·西斯内罗斯（Juan Cisneros）计划"做一名债券交易员，直到他能还清助学贷款并为父母存下一笔钱。然后……再去读研究生，当教授"。布鲁克·杰克曼（Brooke Jackman）跟随父亲和哥哥做债券交易，但她的哥哥说："她已经认定，生活中还有比赚钱更重要的事情。"她的目标是获得社会工作领域的硕士学位。小艾伦·林顿（Alan Linton Jr.）也想帮助他人，但他想从华尔街做起。他的目标是成为一名慈善家，因为他认为"如果人们积累了大量财富却不捐出去，那他们就是失败者"。

少数人正在努力工作，以便为退休积累足够的财富。佩姬·阿拉里奥（Peggy Alario）"总是第一个进入通勤班车停车场，最后一个乘车离开"，为的是坚持到和她丈夫同时退休。贸易公司执行副总裁詹姆斯·保罗（James R. Paul）时年58岁，他的妻子说他"工作非常地努力，每周工作6天，以便赚到足够的钱提前退休"。63岁的李洋德（Yang Der Lee）为北塔顶层一家名为"世界之窗"的餐厅送肉、鱼和蔬菜，每小时只挣10美元，但他挣的钱不只用于家庭，还要捐给慈善机构和他信奉的佛寺，他的孩子们已经说服他在两年后的65岁时退休。约翰·达拉拉（John D'Allara）当时只有47岁，但在纽约警察局的紧急服务办公室，这个年龄已经足以让他退到幕后，当一位体能教练了。"他热爱警察局，"他的兄弟丹（Dan）说，"但他一直在计算着退休后能领多少工资。"

单独来看，这些故事表明各种各样的价值观激励着人们为钱而工作，但并非只是为了钱。整体来看，这些故事揭示了"我为何工作"这个问题的答案。对很多人来说，答案很简单：我们工作是为了让自己过上体面的生活，可能的话，还要让家人过上好日子。尽管"9·11"事件受害者的故事也表明，我们需要什么以及认为我们需要什么会因生活经历的不同而有很大的区别，但在我们的社会结构中，这通常意味着工作是为了满足人的基本需求，如衣服、食物和住房。当然，工作还有无数其他理由，其中就有解闷、自我价值的体现、成为社区的一员以及寻找个人的意义。但是，与保障家庭需要和为我们可能无法再工作时储蓄足够的资金相比，这些理由似乎微不足道。或许最为常见的理由是，我们工作是因为不得不工作。想想你赚钱的目的，你会问自己的一个问题是：你赚的钱是否足以实现这些目的。但另一个值得一问的问题是：你为之奋斗的目标是否值得为之付出。

  为什么要工作也有深刻的文化背景。在美国，对"你为何工作"的回答绝对不是随口反问一句"为什么不工作呢"。相反，工作是必不可少的，是社会的既定事实。我们想当然地认为达到工作年龄且身体健康的人都会工作。通常，当见到一个新人，知道他的名字后，我们首先会问的就是："你是做什么工作的？"珍妮弗的同事朱莉·莱文森（Julie Levinson）喜欢反驳这种说法，她回答说："指什么呢？"工作被认为是我们是什么人的代名词。不工作与美国的社会规范背道而驰，以至于经常被视为失败、废物或游手好闲的标志，这一点我们将在后面的章节中讨论。

  尽管从根本上说，提高生活水平也是美国的传统，但对很多人来说，追求生活水平的提高可能是一种恶性循环，实乃一种无休止的"攀比"。即便是百万富翁也觉得他们的钱至少还要多一倍才会感到幸福和心满意足。心理学家称这种现象为享乐跑步机¹，即无论多少积极的事情发生在我们身上，幸福感都会倾向于回到基准水平。在 1978 年的一项著名研究中，研究人员报告说，多年以后，即使是那些中了彩票的人也并不比那些没中彩票的人更快乐，这或许可以解释大多数彩票中奖者仍在继续工作的原因。虽然我们可能会认为，如果能得到升职、假期或法拉利跑车，我们就会明显更快乐，但研究表明，这很可能只是短期内能让人乐不可支。正如下一章将详细讨论的，一般来说，我们很不擅长预测自己的幸福水平。金钱买不来幸福，事实却往往相反。正如说唱歌手声名狼藉先生（The Notorious B.I.G.）的名言："这就跟我们交的钱越多，看到的问题反而越多一样。"

描写千禧一代和 Z 世代的文字很多，他们是以目的为导向的一代（purpose generations），与前几代人相比，他们更关心工作的意义和有所作为而非金钱，以至于如果工作让他们感觉没有什么意义，他们就会辞职。这几代人经历过几次灾难，从"9·11"事件到大衰退，再到新冠大流行，也许这是导致他们把意义放在首位的原因之一。然而，收集了近 80 年的纵向数据显示，今天的年轻人与任何一代人一样重视工作赚钱，甚至有过之而无不及。

当我们扪心自问自己从事的工作是否值得做时，首先要知道为什么要工作。我们希望实现什么，从维持生计到个人成就感，还是介于二者之间的一切？来看看人们不同的工作动机和工作带给他

---

1　享乐跑步机（hedonic treadmill）不是平板式的跑步机，而是类似仓鼠轮。它始于欲望，经过努力而获得，之后开始享乐，继而适应，产生更多的欲望，新的一轮转动开始了。

们的回报。你是否在他们身上看到了自己的工作经历？另一个问题是：你的亲朋好友如何看待你的工作动机？他们跟你的观点一致吗？

## 因为爱钱？

如果我们为何工作的基本答案是为了赚钱，那么让人们更努力工作的方法自然是给予他们更多的报酬。然而，"9·11"事件受害者的故事以及人类动机理论都对这一观点提出了挑战。要理解我们为什么工作，就需要理解我们为什么要做事情。心理学家花了一个多世纪的时间来试图理解工作动机。他们学到了什么呢？

亚伯拉罕·马斯洛著名的需求层次理论是大多数人最先了解到的动机理论之一，通常画成一个金字塔的形状，体现为一个严格的等级体系。在这个体系中，食物和住所等基本需求必须先得到满足，然后才可以考虑爱和人际关系等高层级需求。金字塔的最高层是自我实现，即感受到意义、目的和个人成就感。从字面上理解，这意味着那些"挣扎求生"的人无法从工作中寻求成就感，甚至是友情，只有社会经济精英才能追求自我价值的实现。它所传达的寓意与群像报道的刻画完全不一致，"9·11"恐袭的受害者来自各个社会经济阶层，心怀梦想，努力使自己的工作有意义，生活有价值。

此外，最近的研究还对我们自以为了解的马斯洛理论进行了质疑，其中最令人震惊的是，有人断言马斯洛从未以金字塔的形式提出过他的理论！虽然这听起来像是（也确实是）与包括我们自己在内的相对较小的教授圈子有关的事情，但这关系到如何理解该理论，从中得出对生活有益的重要启示。马斯洛承认大多数活动在一段时间内能同时满足人们的多种需求，这意味着一种特定的需求很少能得到完全满足，在最高一级的需求被满足之前就更不可能了。也就是说，并不存在一个需求层次，如果一个人感受不到爱和归属感，他就不会追求更深层次的目标。他还认为人与人之间的需求层次是不同的，比如说，有些人更多地受到爱和归属感的激励，而不是自尊的激励。事实上，我们知道，即使在非常悲惨或卑微的情况下，人们也常常努力使自己的处境具有意义。我们就是这样的目的追求者，精神病学家维克多·弗兰克尔（Viktor Frankl）称之为"人类的主要动力"。如果认为那些主要为支付房租而工作的人不追求意义，那就有理由认为他们得到的只是一些毫无意义的工作。

心理学家和激励专家弗雷德里克·赫茨伯格（Frederick Herzberg）是马斯洛的同时代人，他最著名的理论可能是所谓的工作激励双因素理论。这些因素指的是人们从工作中获得的回报，可分为内外两种完全不同的因素：外在的或工作之外的因素，如薪酬、福利、与上司和同事的关系以及工作条件；内在的或工作本身固有的因素，如晋升、成就、认可以及工作本身的回报。赫茨伯格真正想要表达的不外乎是，外在因素与员工的不满意程度有关，内在因素与员工的满意程度有关。因此，工作不满意的反面并不是工作满意。当员工工资不高，工作条件不好，或管理不善时，他们会说对工作不满意。然而，这些方面的任何改善并不能真正让他们感到满意或激励，只是减少了不满意。如果你本来薪水微薄，现在虽然加了薪，却是寥寥，那你就能理解这种感受了。真正的激励并非源自外在因素的解决，而是要倍加重视解决内在因素：向员工展示他们的工作为什么是体面的,甚至是令人尊敬的,为什么以及如何重要,他们的努力得到了认可,他们的工作是个人成长的舞台。赫茨伯格将此称为"工作丰富化",实质上即增加工作的激励因素。基于赫茨伯格早期的研究,经济学家和心理学家对这两种激励之间的关系进行了探索。

很多人都有业余爱好,偶尔他们会想辞掉工作,把自己喜欢做的事情当成工作来做。我们是这样推理的:如果某件事情如此令人愉快,为什么不把它当成工作?如此,我们就可以每天花几个小时去做它了。"世界之窗"的饮料经理斯蒂芬·亚当斯(Stephen Adams)"一直不知道自己想从事什么职业",直到他把自己的爱好之一变成了工作,从法国烹饪学院毕业后,他学会了当侍酒师。虽然他的新职位"是他第一次拥有一份受人赏识和快乐的工作",但并不是所有的爱好都能轻易变成能领工资且有意义的工作。

比如说,你曾经在家里粉刷过房间,或者烘焙和装饰过蛋糕,并且想过"太棒了,我喜欢这活。可以设想以此为生,想必很美妙,可以沉思,还不耽误干活,而且可能永远不会过时"。如果是这样的话,你很可能上了错觉的当了。错觉就是业余爱好可以很容易地转变成一种拥有内在动力的职业,每个有令人满意的业余爱好的人都应该把它当成自己的日常工作。没错,确实有人会从爱好烘焙面包一跃成为专业烘焙师,比如著名的俄勒冈州波特兰肯氏手工面包店的店主肯·福基什(Ken Forkish)。肯在一家公司从事销售工作,但为了实现在美国开一家法式面包店的梦想,他辞掉了干了20年的工作。他形容自己是在"逃离公司子宫",并说"相比大公司,小公司更需要用心投入情感,而非用脑,进行理性算计"。但他也坦言一路走来遇到了很多挑战，包括邻居们反对他在后院架设的烧木柴的烤炉，因为"面粉粉尘非常容易爆炸"。最终，他在自己热爱的事情上取得了成功。但是，爱好烘焙、绘画或其他任何事情是一回事，按我们希望的时间、地点和方式，在预算范围内，按时完成制作，并让客户满意，又是另一回事，两者之间的差距确实很大。

经济学和心理学的研究者都在努力解决金钱与爱和动机之间的关系问题。1970年，公共政策教授理查德·蒂特马斯（Richard Titmuss）对美国当时的付费献血政策和英国对志愿者的依赖进行了比较。蒂特马斯认为，将付费引入一项本就具有强烈利他色彩，旨在帮助他人的活动可能会适得其反，甚至导致人们减少献血。这一发现被称为经济学研究中最重要的反常现象之一，其理论依据是：当引入外在奖励时，它会压过内在奖励，从而减少人们对完成任务本身的乐趣。就工作而言，与固定薪酬相比，按绩效支付薪酬和奖金会降低工作的积极性。甚至还有一种观点认为金钱奖励可能过多，因此被视为试图控制工人。

在这一点上，令人难以置信的是，这样一来，会产生这样一种观点，即雇主应该雇用那些有内在动力的人，并付给他们微薄的报酬。事实上，人们经常被告知：如果工作有成就感，并能造福社会，他们就应该接受较低的薪酬。那么，怎样才能防止那些内在积极性高的人因为对工作非常投入而被剥削呢？归根结底是公平。有兄弟姐妹的人都知道，我们对自己是否受到公平对待极为敏感。我们不仅在成年人和婴儿身上看到这一点，在灵长类动物身上也能看到。心理学家约翰·史黛西·亚当斯（J. Stacy Adams）提出的动机公平理论说的就是这些效应。想象一台经典的天平，天平的中央有一个基座，基座上悬挂着两个盘子，当两个盘子的重量平均分配时，两个盘子是平的。在一个盘子上，我们权衡从工作中获得的东西，如金钱、福利、稳定性、乐趣等。请注意，内在和外在奖励都算在内，工作带来的任何奖励也都算在内。在另一个盘子里，我们权衡自己为工作的付出，包括时间、精力和努力，以及满足工作要求的能力。在双方同等的条件下，我们应该觉得自己的付出是值得的，即天平应该是平衡的。有趣的是，那些担心自己得到太多的人往往会加大工作力度，使天平平衡，以证明自己的回报是合理的。

公平理论的一个关键在于天平并不是在真空中平衡的，在真空中我们只需考虑自己。恰恰相反，我们是通过将自己的情况与和自己相似的其他人的情况进行比较来"校准"天平的。也许我们会对自己的工作感到满意，但在遇到一个来自类似公司、工作年限也类似的人，其薪水更高，或有权享受更多假期，或拥有更灵活的工作时间或工作地点，那就不一样了。通过"Glassdoor"（玻璃门）等网站上的公司评价提高工作机会透明度的运动已经出现，这将有助于跨行业的比较。在我们这个领域，我们注意到，即将毕业的博士生在寻找学术工作时会众筹一个匿名的谷歌试算表，大家在上面发布求职细节，包括面试邀请以及最终工作邀请的条件。我们承认自己也曾参与其中，而且在求职最激烈的时候也曾疯狂地查看它们。

事实上，在求职期间和刚接受一份工作时，都是我们就自己想要的、觉得公平的条件进行谈判的关键时刻。当我们第一次签订劳动合同时，无论是从面试过程中搜集的，还是通过自己的研究得出的，我们很可能已经对工作的回报和代价有了一定的预期，而合同只不过是把这些预期整理成了一个一个条款。此外,还存在一种心理契约[1],即员工认为他们应给予雇主什么,雇主应给予他们什么。随着工作的进行,员工不再是初出茅庐的新人,这份契约会定期更新。感受到心理契约违约并不是什么罕见的经历,当员工不再期望终身受雇于一家公司时尤其如此。然而,违约的后果是严重的,包括员工不再付出、报复和离职。同样,员工总会不由自主地将自己的情况与他人的情况加以比较,看看自己是否得到了不公平的待遇。

如此,人们知道钱在某种程度上是重要的,谁都希望得到公平的报酬。但这并不能提高工作的积极性。过多的金钱或在金钱上的压力过大会适得其反,员工会失去工作的意愿,若是正干着热爱的工作时尤其如此。似乎最重要的是,工作要充实,即健康、公平,本质上是有益的。当然,说到为什么工作,还有更多的细微差别需要探讨。工作的原因不尽相同,这个人可能是为了钱,另一个人则是为了爱。

## 我们为什么工作?

珍妮弗版的"逃离公司子宫"发生在她离开高薪但超负荷工作的管理顾问岗位,开启新的旅程,成为一位收入微薄且过于辛苦的

---

[1] 心理契约(psychological contract)指雇主和雇员之间的相互信念、感知和非正式的义务。它没有一纸契约加以规范,却发挥着有形契约的作用。企业清楚每个员工的发展期望,并满足之;员工也为企业的发展全力奉献,因为他们相信企业能实现他们的期望。若一方认为另一方未履行其义务和承诺就是心理契约违约。

研究生。跟其职业生涯的故事一样，她的学术之路有一定的随机性，幸运和偶然的成分很大。

在大学主修商科时，珍妮弗成为团队合作、领导力和沟通课程的助教，这些都是大学组织行为学课程的基础内容，此时在她的心中种下了学术的种子。本科生担任助教的情况并不常见，但由于这门课是所有一年级学生的必修课，意味着有很多大课，学生很多，所以高年级学生可以申请这个职位。作为助教，珍妮弗的部分职责包括每周带领学生上解答课，与一小组学生见面，帮助他们巩固课程概念，回答他们对教材的任何问题。这是一次非常初级的大学教学体验：只有课堂作业和学生互动，不用准备教学大纲、调整课程，也不会有评分或其他大学教授可能会抱怨的事情。也许并不奇怪，珍妮弗对这一切都乐在其中：可以与课程教授密切合作，了解他们如何管理课堂，每周有一次机会可以掌控课堂，当然还有报酬。

她开始设想有一天自己也能成为商学院的教授。问题是怎么才能做到？如果她想成为一位管理学教授，似乎有两条路可走：要么在与管理相关的领域拥有一个出色的职业生涯，但那时她才25岁，这条路似乎太漫长了；要么获得博士学位，鉴于大多数课程需要五年才能完成，这可不是一笔小的投资。珍妮弗开始认真研究商学院的博士课程。

在此有必要说明的是，管理学博士的录取与其他人文学科和自然科学不同。其实，管理学博士生不是平常意义上的学生，除了研究经验，工作经验也很重要，意味着这些课程基本上是在衡量哪些申请者有可能最终读完博士。珍妮弗充分认识到招生过程中的模糊性很可能对她有利。她有咨询行业的背景，曾在行业报告和内部白皮书方面做过研究。她有相关领域的教学经验，可能最重要的是，她与大学教授保持着联系，包括她担任助教的那些教授，他们可以为她写推荐信。

但现实是，当她准备入读纽约大学时，她对学术研究并没有什么具体的概念。她家里没有人拥有任何学科的博士学位。她试着阅读自己领域的学术期刊文章，这些文章似乎很有趣，但远不是她能写的内容。她对自己想研究什么毫无头绪，最后写什么博士论文似乎更无从下手。这简直就是典型的"弄假直到成真"。来到纽约大学后，珍妮弗最初的任务是找一位教员，并担任其研究助理，她一眼就相中了埃米·弗尔泽斯涅夫斯基（Amy Wrzesniewski），埃米刚来学校不久，已经获得预备终身教授的职位，也是一位研究"工作的意义"的学者，这个研究方向很诱人。埃米后来成了珍妮弗的研究顾问，并最终担任了她的论文导师，珍妮弗亲切地称她为"宫城先生"，这可不是开玩笑。"宫城先生"是《龙威小子》中那位鼓励丹尼尔（Daniel）"上蜡、去蜡印"的著名武术师傅。与埃米共事最大的收获之一就是珍妮弗接受了她关于人和工作关系的观点，换句话说，就是工作对从事这项工作的人意味着什么。

埃米最近发表了一篇关于人们如何描述自己与工作关系的论文。她和合著者开发了几种测量方法，让人们评定自己在多大程度上认为自己的工作是一份工作或者是达到目的的一种手段；一种职业或者是提升地位的一种手段；或是一种使命，即工作本身就是一种有意义的目的。他们向从事各种职业的人发放了一份调查问卷，要求他们从工作、职业和使命三个方面对自己进行评估，并采取其他各种措施来评估他们的总体幸福感。论文表明,人们很容易将自己归为三类中的一类,他们称这些类别为"工作取向"。[1] 无论从事何种职业,人们在三类工作取向中的分布都相当均匀,这充分说明了工作取向的主观性:从事相同职业的两个人对工作的看法可能大相径庭。

珍妮弗仍然清楚地记得了解这些研究结果的情景。她描述自己坐在埃米的办公室里,一眼望去,窗外是格林威治村的景色。这就像揭开了一层面纱,暴露出职场人士的内心世界,而珍妮弗从不知道还有这层纱的存在。一旦她看到了这三类人,她就无法避而不看。事实上,尽管显而易见的是,还存在其他的工作取向,与这三种分类中的任何一个都不相符,但这种分类的解释力对后来有关工作的学术研究和管理实践影响巨大。珍妮弗开始与朋友交谈,借以判断:他们的定位是工作、职业还是使命?他们的老板呢,同事呢,兄弟姐妹们呢?他们认识的其他朋友呢?珍妮弗当时的男朋友是戴夫(Dave),现在是她的丈夫了。他的定位是典型的使命在召唤,他是一位材料工程师,从小就痴迷拆开东西看它们是如何工作的。让戴夫谈谈在洁净室环境中制造微米级和纳米级电子器件的问题,你会后悔问了这个问题(但他不会!)。珍妮弗的室友当时在一家IT初创公司从事客户关系管理工作。她自我认定为工作取向,并向往职业取向。另一位好友是华盛顿高地的一位小学教师,她接受

---

[1] 工作取向(work orientations)指一个人对待工作的态度、观念和价值取向,即视工作是一份工作(job orientation),一份职业(career orientation),还是一种使命(calling orientation)。

的工作是"为美国而教"[1]安排的项目，很明显她是使命型职业取向。

那么珍妮弗自己呢？她在咨询公司的工作让人感觉本应是最好的职业，但实际上更像是一份工作。早期的餐厅服务和行政工作更像是工作。确立研究是一种使命还为时尚早，但教学肯定是。她的祖母和母亲都是教师，也许这是她与生俱来要干的事。珍妮弗还观察到，当她周围的教授谈起各自的研究时，他们都称自己有使命感，但又表现得像是受职业驱动，不断追求体现学术生涯成功的更高的地位标志：再发一篇论文，再拿一个奖项，等等。

当我们回顾弗尔泽斯涅夫斯基的研究时，我们发现，不管是雇员还是雇主，大多数好处似乎都只属于使命取向的人。与以工作和职业为取向的人相比，他们对工作和生活的满意度明显更高，缺勤天数也更少。然而，他们总体的身体健康和对健康的满意度却没有明显差异。虽然作者从未明确建议人们应该以使命为取向，但其中的含义似乎很明确，而且肯定已经开始悄然成为流行思潮，"做你喜欢的事"已经成为一种强制性的任务，对于那些拥有多种选择的人来说尤其需要如此。

现在，思考自己的工作时，依次考虑每种工作取向的细微差别应该有益无害。哪种工作取向最能描述你和工作的关系？你在以前的职业生涯中是否经历过其中的一种或全部经历？工作取向不会告诉你应该做什么和成为什么样的人，但可以帮助你思考工作对你意

---

[1] 为美国而教（Teach for America）的创办人为温迪·科普（Wendy Kopp），1990年正式运作。它以消弭美国教育不公平为使命，招募优秀大学生，进入都市及乡村地区的公立学校，担任为期两年的教师，为师源不足的低收入小区，引进高质量的教师。

味着什么，是否符合你对它的希望，以及它是否带给你想要的回报：金钱、晋升和满足感。即使你现在属于某一类取向，但在职业生涯中，你的工作取向也有可能随着工作角色的变化或你自身的变化而改变。

对于工作取向的人来说，工作是工具，是达到目的的手段，而不是目的本身。理想情况下，这意味着工作可以让人在工作之外尽情享受生活。有时，我们在《悲恸的群像》中会看到这一点。贾尼丝·布朗（Janice Brown）是位单身母亲，从事会计工作，以此养家糊口，她的"周末听到的都是孩子们的喧闹——去动物园、溜冰场或电影院"。相比之下，克里斯托弗·克拉默（Christopher Cramer）是一家金融公司的税务专家，已经在这个工作岗位上工作了 11 年，再熬 317 天的"通勤地狱"，他就可以在 35 岁时买断了[1]，未婚妻说这份工作已经让他"白发苍苍"了。有一点是明确的，工作取向的人如果经济上有保障，他们就不会选择继续工作或从事现在的工作。工作可能不是他们身份认同的核心，他们也未必相信工作能帮助世界。当弗尔泽斯涅夫斯基和她的合作者创建工作取向测量方法时，工作和使命位于同一维度的两极，这意味着工作取向与使命取向是截然相反的。

初入职场时，很多人都认为自己是工作取向的，工作可以带来收入，供人花销，也许还能让人见识一下成人的工作世界，但除此

---

[1] 雇主有时需要通过裁员来节省开支，他们会让一批员工选择"买断"，即拿钱走人。这对雇主和员工都有好处，雇主给离职员工的一揽子付款方案可能很慷慨，但仍比让他们继续工作要便宜得多，雇员得到的钱足以让他们休假，重新找工作，甚至退休。

之外，别无其他。然而，接受这些职位的高中生很快就会发现，与他们共事的都是成年人，而他们的工资比最低工资高不了多少。珍妮弗的丈夫戴夫 14 岁时第一次打工是在当地的"唐恩都乐"[1]做清洁工：扫地板、倒垃圾和洗盘子。当时，唐恩都乐甜甜圈店有一个著名的广告，广告中一个满脸络腮胡子的男人，乐呵呵的，不停地重复着他的广告语："该做甜甜圈了。"跟传说中的邮递员一样，无论白天还是晚上，无论下雨还是下雪，制作甜甜圈的人都要出门工作。在一个明显向量子物理学致敬的镜头中，男主角打开门准备出门工作，却遇到了下班回家的自己。或许是因为这个著名的广告，戴夫还是惊讶地认出了这个中年男人，他的工作就是在一天中的任何时候来"做甜甜圈"。事实上，根据美国劳工统计局的数据，约有 110 万成年人从事最低工资或更低工资的工作，其中一半以上人的年龄在 25 岁以上。芭芭拉·艾伦瑞克（Barbara Ehrenreich）在其《我在底层的生活》（*Nickel and Dimed*）一书中记录了靠最低工资生活的困难。要赚够交房租、购买食物和基本必需品的钱，一份支付最低工资的工作是远远不够的。换句话说，很多工作支付的可能就是最低工资，让人哭笑不得。

工作不是生活的中心，也不是一个人身份认同的核心，甚至如果有吃有喝，有人还会选择不工作。正如我们提到的，这种态度与美国人的典型观念并不一致，美国人信奉的是"我们做什么事决定了我们是什么人"。因此，在美国文化中，使命取向受重视，工作

---

[1] 2019 年，唐恩都乐（Dunkin' Donuts）更名为唐恩，去掉了原来名字中的 Donuts（甜甜圈）。

取向不受重视，也就毫不奇怪了。然而，近来兴起了一种工作取向的工作态度，似乎具有鲜明的美国特色，即年轻、创业和有望致富。这种观点认为，工作绝对是让人能在工作之外过上自己想要的生活的一种手段。这与古希腊人的主张完全一致，即工作会阻碍人们实现最高的追求，闲暇则能最充分地发展自我。不过，这其中也有现代人的影子。这种工作方法的拥趸通过各种方式最大限度地减少很多日常活动花费的时间，从吃饭到打扫卫生，再到工作，从而最大限度地增加闲暇时间，并用生活妙招（life hack）这个词概述他们的做法。

作家兼企业家蒂姆·费里斯（Tim Ferriss）是现代工作取向最有名的倡导者之一，他的计划是每周在一些重要任务上各花费不超过4小时，不是4天，从准备食物、学习新知识到锻炼身体，你猜对了，再到工作。他在《每周工作4小时》（The 4-Hour Workweek）一书中分享了一些策略，据称可以让读者在工作更少的情况下赚到更多钱。至于何时工作，工作多少时间，我们将在下一章详细讨论这个问题。总之，这个想法就是尽量减少必须由自己做的工作，把剩下的工作外包出去，把这种情况下的生活看成一系列的假期，用费里斯的话说，在这些假期里，你可以逃避，可以享受乐趣，可以充分地生活。这种观点很吸引人，对于那些无论什么原因都能想走就走地去旅行，并将工作安排在建议的短时间内完成的人来说尤其诱人。费里斯本人就是这种人的代表：创业并取得成功，但又无牵无挂，在工作之外过着最舒服的生活。从某种程度上说，这种观点是一种令人耳目一新的选择，有别于在某些具有创业精神的"急功近利者"中流行的所谓"奋斗文化"。不过，这种方式似乎不太适合那些有家人需要照顾的人。费里斯未婚，没有子女。这种生活方式也不适合那些渴望拥有一份传统工作的人，传统工作墨守成规，今天能预见到明天干什么，有办公室和同事，工作时间和假期也是固定的。我们也不禁注意到，费里斯近来似乎忙得不可开交，他出版书籍，发表演讲，开播客，简直可以说是驰骋在一个名副其实的媒体帝国。对于一个很想努力赚取最低收入，确保自己的业余生活方式虽不很迷人却过得有意义的人来说，这可不像是他的所作所为。更为确切地讲，这似乎是一种远离常人生活的工作取向，并不能真正代表很多主要为钱而工作，断然不会每周工作4小时，而是40小时的人。

职业取向介于工作取向和使命取向之间，准确地反映了其介于两者之间的地位。与工作取向相比，职业取向暗示某种特权，即有一个可以向往的地方，一个可以攀登的阶梯。它们让人联想到办公室里那些专业的白领。当我们使用"事业狂"这个词时，脑海中就会浮现出这样的概念：他们是锐意进取的奋斗者，一心只想攀登下一个阶梯，而不在乎一路之上淘汰了谁，或牺牲了什么。然而，职业取向与工作取向类似，也有可能被社会视为不如使命取向。职业取向的原型可能是以下三部电影塑造的既竞争又共谋的白领专业人士：《华尔街》(*Wall Street*，著名的标语是"贪婪是好事")、《大亨游戏》(*Glengarry Glen Ross*，一定要成交) 和《华尔街之狼》(*The Wolf of Wall Street*，我穷过，也富过，但每次我都选择当一个富人)。

职业生涯的问题在于，正如人们所说的，在顶层是孤独的。然而，那些在职业阶梯上不断攀登的人并不会感到孤立无援，他们可能会在成功中找到意义。在《悲怆的群像》中，那些令人钦佩的职业故事不仅仅是为了成功而成功,而且还讲述了成功的意义。例如,莱斯利·安妮·托马斯(Lesley Anne Thomas)是位电力经纪人。"她在纽约赚大钱了",她的丈夫说,"为在一个男人的世界里取得成功而感到自豪。"赫尔曼·桑德勒(Herman Sandler)是桑德勒奥尼尔投资银行(Sandler O'Neill & Partners)的创始人之一,"看起来就像沃巴克斯老爹",帮助他的公司"从临时办公室里的7个人发展到占据世贸中心2号楼104层的约170名员工"。此外,工作与职业的区别与其说在于是否有实际的晋升潜力,不如说在于个人是否认为这就是工作的意义所在。事实上,《悲恸的群像》中包含了几个行政助理的故事,他们可能认为自己的工作不仅仅是一份工作,比如琳达·梅尔·格雷灵(Linda Mair Grayling),她不仅沿着职业生涯的阶梯升到了更高层级,而且她在世贸中心的办公室也随之上升了若干层。从新办公室里,她能看到"她非常喜欢的"独特美景。

随着20世纪中期企业办公室文化的产生,取得职业成功的主要方式是向上流动。升至更高层级可以拥有转角办公室,那里有更优质的家具、更开阔的视野和更能干的秘书。19世纪50年代,那时的文员也就是如今办公室职员的前身,他们要忍受乏味、枯燥和不可预测的辛苦工作,部分原因是他们视其为步入管理阶层的一条道路,也许是唯一的道路。办公室的循规蹈矩,以及与之相伴的可预见的直线型职业发展道路,与美国的个人主义、例外主义[1]和

---

[1] 例外主义是对其他国家、民族或文化等的一种态度,认为自己的国家、民族或文化在很多重要方面不同并优越于其他国家、民族或其文化,性质特殊,以至于一般性的理论或规则无法解释。

自由的理念形成了鲜明对比。然而，近两个世纪过去了，职称、薪水和奖金等身份性标志及其随之而来的物质上的特殊待遇仍然发挥着持久的影响力，我们很难否认这一点。今天的美国企业跟当年一样，不乏可供攀登的阶梯或努力追求的金戒指。

然而，并非每个人都认为自己会在同一家公司工作一辈子，职业目标也已从组织领域转移到其他领域。随着20世纪90年代知识型工作的兴起，人们认识到，有些人更看重获得同行的认可，而非组织老板的青睐。虽然这些人对垂直晋升的追求可能会减少，但建立声誉和提高地位的愿望依然存在。因此，职业等级体系的晋升可能跟等级制度完全不是一回事。

在研究人员、企业和大众媒体的关注下，相比其他两种取向，使命取向已经跃升至另一个高度。因此，当我们研究"9·11"事件时，在急救人员的英雄群像中发现了很多关乎使命的故事，也就不足为奇了。如消防员丹尼斯·莫伊察（Dennis Mojica），据他的未婚妻说，他的工作就是"他的梦想、他的生命、他的初恋"。然而，金融家群像中也普遍存在关乎使命的故事，我们就感到好奇了。如约书亚·赖斯（Joshua Reiss），据说他"实际上天生就是一个精明的掮客"，还有詹姆斯·芒霍尔（James Munhall），他死于工作场所，"身旁都是亲密的朋友"。这些事虽令人痛心，但也是可以理解的，甚至可以认为，如果一个人必须死在工作岗位上，那么最好是和自己所爱的人一起为自己热衷的事情而死。在对"9·11"事件的研究中，我们发现在金融家和整个群像中，使命取向都有不成比例的存在，这反映了一种更广泛的文化趋势。

崇尚使命在文化中非常重要，为此我们将在后一章中用大部分篇幅讨论它。这种文化价值的黏性很强，以至于一项针对经理人的研究发现，他们认为与那些工作取向或职业取向的员工相比，使命取向型员工工作更努力，业绩更好，而且对组织更忠诚，理应获得更高的薪酬和更快的晋升。经理们认为使命取向的员工存在所谓的光环效应，但这种光环效应是错位的，因为事实上，他们所说的员工在这些方面并没有差异。《悲恸的群像》为这一谬误提供了一个独特的视角。

## 值得为之奋斗的工作

"9·11"事件后不久，当第一次读《悲恸的群像》时，我们（克里斯托弗和珍妮弗）是想更多地了解自己的同胞，他们的生命被过早地夺走了。的确，报道如实描述了遇难者的生活方式、工作原因，以及他们每个独特生命的价值所在。但它们似乎也在告诉我们：我们应该如何生活，为什么应该工作，是什么让生命具有普遍的价值。这些都是哲学家所谓的规范性问题。这促使我们开始了一个研究项目。我们认为这些报道有时是亲人对所爱之人工作状况的理想化描述，这就跟讣告经常强调积极的一面，以表明我们应该如何生活一样。具有讽刺意味的是，在研究这些群像时，我们需要将字母和数字输入电子表格，将这些学术研究对象简化为一系列代码。这个任务有时会让人感觉非人性化，不仅对我们如此，对我们正在读其故事的那些人也是如此。此外，作为主要在管理领域工作的人，我们不习惯在研究之余哭泣。

重读众多群像故事时，我们对他们的工作取向无法视而不见，不论是工作取向，还是职业取向或使命取向。不过，虽然某些人的工作取向很明确，但我们发现近三分之二的人的工作似乎是"可有可无的"。更常见的情况是，作为新闻报道的惯例，他们提到了受害者的工作地点，以解释他们当天为何会出现在袭击现场，但重点却放在了受害者工作之外的生活领域。卡罗尔·弗莱齐克（Carol Flyzik）的故事主要讲述了她与女友同居后获得家人接纳的过程。[1] 虽然她是在乘坐美国航空公司 11 号航班于出差途中去世的，但工作对她而言是如此地可有可无，以至于她的继女"不清楚她的继母到底是做什么的"。

虽然大多数研究工作意义的人都不会建议员工应该找到自己的使命，而雇主应该雇用那些有使命感的人，但不可否认的是，有一种文化思潮将使命感浪漫化，而将工作视为"只是"一份工作而已。然而，当我们分析这些群像报道时，结果在很大程度上对使命取向在上而工作取向在下的等级观念提出了挑战。例如，在世贸中心法恩和夏皮罗（Fine & Schapiro）熟食店工作的胡安·奥尔特加·坎波斯（Juan Ortega Campos）去世后，《纽约时报》刊登了他的特写，摘录如下：

> 在华尔街的权力和金钱漩涡中，他只是一个送餐员，操着浓重西班牙口音的年轻人，为在世贸中心工作的西装革履的人送餐。但在墨西哥中部的老家约纳卡泰佩克（Jonacatepec），胡

---

[1] 卡罗尔·弗莱齐克乘坐的美国航空公司 11 号班机是"9·11"事件中首架被劫持的客机，当时正由波士顿洛根国际机场前往洛杉矶国际机场，最后撞向纽约世界贸易中心北塔。在当天被劫持的四架客机中，该班机上的遇难人数最多。

安·奥尔特加·坎波斯却是成功人士的典型代表,他是一个吃苦耐劳的冒险家,在美国生活,每天给家人打电话,并寄钱回来,共筑梦想。

描写坎波斯的文字表明他是为钱而工作的,显然这是一种工作取向,甚至暗示了工资更高的"西装革履者"可能瞧不起这个送餐员。但在家人眼中,坎波斯可是个令人崇拜的人物。使命取向而非工作取向应该是为帮助他人或为世界服务的。然而,正如坎波斯的特写所展示的那样,很多工作的最终目的都是相似的。从这种观点看,工作取向有可能跟最高级的使命取向一样具有英雄气概。这种观察让我们想到,工作的意义可能不仅仅在于我们对工作的感受,还在于我们的亲友如何看待工作,以及工作对他们的影响。你工作的最终目的是什么?若你做着一份可能并不热爱的工作,在某个费力工作的日子里,你有多少次停下来反思为什么要做这份工作,以及为了谁在做吗?

很少有哪个工作是能一直令人满意的。大多数工作既需要完成必不可少的不愉快的事,同时伴有很多令人愉快的事。但是,很少得到认可,报酬也不多,却要忍受艰苦的工作,比如在摩天大楼里送餐,对任何人来说都是一条艰难的生存之道。无论坎波斯花了多少时间与墨西哥的家人交流,他都会花更多的时间为高楼里的西装革履者送早餐和午餐。知道自己的工作是为了一个崇高的终极目标,想必会对自己有所帮助,但他每天的辛劳是否让他真的感到有成就感?也许没有,我们无法确定。英雄的工作与最高级的使命一样崇高,相比之下,他们的经历往往显得平淡无奇了。对于那些接受这种服务的人来说,承认为你送贝果或准备咖啡的人也是有家庭和目标的人,不无益处。

不难看出,也有很多职业取向的例子,表现为在组织中不断晋升,实现抱负及个人地位和自豪感的提升。不过,另外一些显而易见的职业取向被用于帮助他人开辟类似的道路,方法诸如打破"玻璃天花板"和种族壁垒等。其中就有琼·赫尔蒂布赖德(JoAnn Heltibridle),她想向家人证明一个女人也可以"出人头地";还有达里尔·麦金尼(Daryl L. McKinney),作为一名非裔,他度过了艰苦的童年,能"从南布朗克斯区走出来",他的母亲认为他已经做得很好了。还有卡尔顿·巴特尔斯(Carlton Bartels),他从公用事业交易部门的普通员工晋升为建达资本公司(Cantor Fitzgerald)的合伙人,专注于"鼓励绿色减排"的商品市场。这些群像报道再次表明,在工作取向上,似乎并非只有使命取向才涉及给他人提供服务。当你在职业生涯中不断晋升时,你还会通过自己的工作让世界变得更美好吗?

其实,在对群像报道进行编码时,我们注意到一个现象,即在他人眼中,每种工作取向都有可能是自我导向或他人导向的。据说,群像报道的对象之所以工作的原因既有自我实现,也有服务他人。自我实现通常是为了实现对个人有意义或符合个人价值观和目标的工作目标或获得身份;服务他人则指服务特定的人或整个社会。我们的目的不是评判任何个人的工作理由,而是了解他们,并理解尽管工作理由各有不同,却还被认为是值得工作的原因。我们花了太多时间应对日常工作的挑战,或专注于攀登职业的阶梯,还没有来得及反思自己本来可以做不同的工作和过不同的生活时,一切就结束了。这些群像报道既是一个悲剧性的信号,表明工作时间和寿命的长短不是我们所能控制的,也是一个深刻的提醒,让我们今天就要考虑明天人们会如何记住我们。当最了解你、最爱你的人回忆以往,你希望他们如何评述是什么赋予你的工作以价值和生活以意义?

在工作取向中加入规范性视角,并不是让我们放弃工作、职业、使命取向的分类,而是让我们用新的眼光来看待工作取向,我们仍然认为它是回答"你为什么工作"的一个很有效的视角。这种深入观察让我们认识到,并非所有的工作、职业和使命取向都是平等的。像我们在社会上经常做的那样,将这些取向赋予不同的等级,对很多像"9·11"事件受害者一样的人所做的工作是一种伤害。若要回答"你为什么工作"这个问题,这三种工作取向都不是天生"错误"的答案。我们了解到,将工作视为工作或职业的人与追求使命的人一样,都会觉得工作是有价值的。而且,衡量工作的价值并不像有些人想象的那么简单。

正如很多人在"9·11"事件之后所做的那样,以那场悲剧为背景思考工作问题使得我们寻求更深层次的意义成为可能。想到我们终有一死,不可避免地会提出这样的问题:为何每天都要工作,以及工作在我们有限的生命之中有什么终极意义。尽管临终之时考虑如何看待自己的工作会令人不快,但《悲恸的群像》还是提醒了我们如何看待工作与他人的关系会影响他人如何看待我们工作的意义,当下的分析和生命走到终点时的分析同样重要。无论是配偶、朋友、子女、上司,还是同事,我们的亲朋好友通常对我们的工作投入了极大的精力,并对我们是否值得为工作做出牺牲有自己的看法，包括在远离他们的地方生活，以及获取资源后再回馈他们。如果你想知道他们在你生活的大背景下是如何看待你的工作的，现在不妨问问他们。

我们的分析还表明，工作、职业、使命取向的社会等级体系可能是不切实际的和精英主义的。当然，无论主要是为了赚钱、晋升还是成就感，我们的工作都可以服务于各种最终目的。任何一个工作都有它的合理性。因此，尽管我们应该有意识地思考为什么工作，但也应该当心，不要厚此薄彼。换句话说，任何一种工作取向都提供了一个值得工作的理由。然而，每种定位都有自己的考虑因素。如果主要是为了金钱而工作，那么就要考虑与其他人相比，你是否得到了公平的报酬，金钱带给你的是否值得你日复一日地苦干。如果工作是为了升迁，那么你要的功成名就最终是要达到什么目标：提升个人的地位、为他人铺路，还是推进其他为改良社会的理想？工作的两极是一个连续统一体[1]，一端是为自己，另一端是为他人。我们的观察表明，与其把注意力集中在提升职位等级，或找到自己的使命以提升自我的价值，不如从利己的一端转到利他的一端，多考虑我们的工作能为他人带来什么，而不仅仅是自己能得到什么。

---

[1] 工作具有双重性，一方面是利己，另一方面是利他，二者同时存在，不可分割，即所谓的连续统一体。比如，工作取向的工作可能是自己致富的途径，也可能是养家糊口的途径；职业取向的工作可能是自己赢得荣誉的途径，也可能是激励他人取得成就的途径；使命取向的工作可以是自己喜欢做的事情，也可能是让世界变得更加美好的工作。

第三章

# 何时工作，工作多久？

> 难道不能等我老了再工作，趁年轻享受生活？
> ——［美］费西乐队（Phish），《粉笔灰的折磨》
> （*Chalk Dust Torture*）

## 难道不能等我老了再工作？

米歇尔·奥巴马（Michelle Obama）在《成为》(*Becoming*)这部畅销自传中，讲述了她从芝加哥南区长大一直到入住白宫的不寻常之路。法学院毕业后，她在芝加哥一家著名的律师事务所找到了第一份工作，并在那里遇到了未来的丈夫巴拉克（Barack），也是美国第一位黑人总统。对于有过办公室恋情经历的人来说，米歇尔和巴拉克的故事似曾相识。在职业生涯的早期，这对未来的第一夫妇渴望受到重视，因此跟同事隐瞒了他们正在萌芽的恋情。不过，这事很快就被人发现了。一位是她的助理，因为每次巴拉克经过米歇尔，助理都会露出会心的微笑；另一位是公司最高级别的合伙人之一。第一次约会，他俩去看斯派克·李（Spike Lee）的电影《为所应为》（Do the Right Thing），在等爆米花时，他俩正好撞见他。

米歇尔描述了他们在恋爱初期是如何受到共同任职的"大律师事务所"的工作束缚的：

当然，我们的大部分时间都是在盛德国际律师事务所（Sidley & Austin）安静舒适的办公室里工作，每天早上我都要摆脱迷迷瞪瞪的状态，打起精神，迅速投入初级合伙人的角色之中，继续尽职尽责地处理成摞的文件和那些我从未谋面的公司客户的要求。与此同时，巴拉克则在走廊尽头的共用办公室里处理自己的文件，合伙人发现他很出色，对他称赞有加。

米歇尔和巴拉克的故事就是一部志向远大、步步高升的传奇。他俩都出身卑微，就读常春藤名校哈佛大学法学院，然后又进入一家声名远播的公司，从事令人羡慕的工作，直至取得最后的成功。他们的故事反映的是美国梦的实现，毕竟，他们付出了艰辛的努力，也有追求成功的决心，理应获得这样的回报。作为初级合伙人，只要想成为合伙人，甚至争取更高的职位，不断努力地工作就是必修的入门课。米歇尔反思道："我是一名律师，律师就得工作。我们一直在工作。我们的工作时间与收入成正比。别无选择。"

与米歇尔在公司里勤奋工作形成鲜明对照的是苏珊娜·阿莱勒

（Suzanne Alele），她是米歇尔在普林斯顿大学的室友兼密友。苏珊娜出生在尼日利亚，在牙买加和马里兰州长大，米歇尔形容她"不受任何单一文化身份的拘束"。她是一个自由的灵魂。在大学里，苏珊娜周末参加派对，而米歇尔在图书馆学习。苏珊娜"纯粹以是否快乐来衡量她度过的每天的价值"。毕业后，她们的人生轨迹发生了分化。苏珊娜没有去另一所常春藤名校攻读工商管理硕士学位，而是选择了一所州立学校，米歇尔认为那样压力会小一些（不过，基于我们自己的经验，我们注意到州立学校的学生也同样刻苦）。

后来，苏珊娜辞去了美联储的工作，和母亲一起周游世界，除了尽情享受生活之外，她不制订任何计划。米歇尔感叹道："当我穿着锃亮的皮鞋，坐在盛德国际律师事务所的会议室里，长时间地开一些枯燥的会议时，苏珊娜和她的母亲正在柬埔寨设法避免咖喱菜洒在无袖连衣裙上，或者黎明时分在泰姬陵宏伟的人行道上翩翩起舞。"可是，故事以悲剧结尾：旅行归来后，苏珊娜和她的母亲都被诊断出患有侵袭性癌症。苏珊娜死于淋巴瘤，年仅26岁，而那时米歇尔的父亲去世才几周。承受着失去朋友和亲人的双重煎熬，米歇尔不禁反思：虽然苏珊娜并没有因为癌症而把快乐看得比事业更重要，但"我突然为她一直无视我的建议感到庆幸。我很高兴她不必为了获得某个高级商学院的学位而过度劳累……苏珊娜的生活方式是我没有体验过的"。

即使没有深刻意识到活在世上的时间是有限的，你也面临如何度过清醒时光的选择。你可以像米歇尔一样，选择用工作效率来衡量你的每一天；也可以像苏珊娜一样，选择用快乐来衡量你的每一天。有时，你似乎别无选择：经济状况和需要决定了你要么工作，要么不工作。然而，在这个越来越沉迷于工作的世界里，我们有必要思考这样一个问题："你应该何时工作，以及工作多久？"

对于普通人来说，这是个简短的问题，答案也很简单，很多人每天都生活在这样的现实中：一天之中没有足够的时间去谋生和生活。我们的时间被上司和下属、父母和子女、欲望和需求瓜分，几乎没有机会考虑还有什么其他的可能性。当我们的报酬以小时计算时，时间就是金钱。不过，这个问题更值得深思，它涉及我们如何以一种有价值的方式利用我们在这个星球上的有限时间。多少工作才算多？现在工作好还是以后工作好？很多人都遵循着一条传统的职业道路，即年轻时工作，为年老退休时储蓄，但正如苏珊娜的故事表明的那样，这种投资永远无法保证一定会有回报。人的一生时间是有限的。要想找到为明天工作还是活在当下的答案，就必须考虑选择其一时可能需要做出的切切实实的权衡取舍。

## 难道我不能趁年轻享受生活吗？

一位即将毕业的商学院大四学生曾向克里斯托弗请教如何与母亲谈论自己的未来。他计划从对冲基金分析师做起，40岁时成为亿万富翁，然后退休，开始做慈善，参与业余高尔夫球运动，而母亲却在一旁泼冷水。

克里斯托弗决定问他几个问题：如果你活不到40岁呢？这个问题没有产生多大冲击力。很少有22岁的年轻人想到自己会早逝。如果你没有那么快赚到第一个10亿元呢？同样说服不了他。过度自信是一种认知偏差，很多人易受它的影响。他根本无法想象自己在 40 岁之前没有成为亿万富翁的未来。如果到那时你有了孩子，你会毫不犹豫地捐出他们的遗产吗？尽管孩子对他来说还太遥远，无法具体想象，但这个问题取得了一点进展。一直打高尔夫，你不会无聊吗？这也许是最荒谬的建议了！

珍妮弗则会定期调查她的本科生们预计退休的年龄。每当有学生回答"永远不会"或 100 岁退休时，就会有学生估计到 30 或 40 岁退休。对于那些在年轻时无法优先考虑生活，而是要工作的人来说，提前退休似乎是次优选项：只有在我们还算年轻时，花时间享受，才能回报我们早年的辛勤工作。对不对？

这当然是 FIRE 运动[1]的希望、梦想和隐含的承诺。这里的"独立"是指从有偿工作中独立出来。其目标是比大多数人存很多很多的钱（目标储蓄率约为 70%，是普通美国人的 7 倍多），花很少很少的钱，这样就可以无限期地依靠所谓的被动收入[2]生活，包括投资利息和出租房间、汽车或其他财产的收入。2018 年，《纽约时报》发表了一篇文章之后，该运动大受欢迎。但它起源于 1992 年出版的《你的钱或你的生活》(Your Money or Your Life) 这本书，书名就直截了当地提出了这种权衡。作者之一的薇姬·罗宾（Vicki

---

1 FIRE 运动即以"经济独立和提前退休"（Financial Independence, Retire Early）为目标，以及重视幸福感多于对物质满足的一种生活方式。参与者通常增加收入，减少支出，将差额用于投资，再用由此产生的被动收入作为以后或养老的日常开支。一旦实现经济独立，有偿工作将会可有可无，可比传统工作的退休年龄提前数十年退休。

2 被动收入是一种只要付出一点努力加以维护就能获得的收入，但初期需要付出努力创造自己的产品。被动收入通常指投资收益，如版税、租金、佣金、股息或储蓄利息等。

Robin）说她最初写这本书并不是为了鼓励人们辞职，而是为了敦促人们减少消费和支出，以促进环境的可持续发展。罗宾说，但它真正成为千禧一代的运动是在 21 世纪初，因为"在这种经济环境下，工人对自己的生活方式几乎没有控制感。人是可牺牲的。你是一个年轻人，展望未来，你会说，'什么是适合我的？'"。人们正在从财务的角度寻找摆脱工作的理由，而工作的要求越来越高，给予的报酬却越来越少，随着全球城市生活成本的飙升尤其如此。该书于 2018 年再版，以迎合这一转变，并由著名的 FIRE 博主"钱胡子先生"（Mr. Money Mustache）撰写前言。

劳拉·桑代（Laura Sonday）是北卡罗来纳州立大学教堂山分校凯南-弗拉格勒商学院的管理学教授，她的博士论文就是写的 FIRE 运动。在采访中，她听到的故事与罗宾的解释基本一致。尽管很多人喜欢工作，也认为很有意义，但在描述以前的工作时，他们称它过分地控制了他们的时间。他们的目标不是完全停止工作，而是只想在他们希望的时间、地点和方式工作。经济独立使他们珍惜自由。有个人说："好的生活就是按照自己的意愿积极地投入工作，能对自己不想做的事情说不……（财富）带给人说'不'的自由度并不大。"另一位成员指出，通过计算他们真正需要多少钱来维持生活，他们可以"选择为自由付出多大的代价"，这与罗宾最初的目标"减少消费"相吻合。

强烈的社区意识支撑着 FIRE 运动。桑代注意到网上论坛风行，比如红迪网（Reddit）上就有一个专门讨论财务独立的论坛。2019 年她开始写作时，该网站的用户数量是 55 万，到 2023 年增至 200 多万。在论坛上，人们分享自己的故事，其中不乏家庭受抚养人数量、人均资产明细和消费率等统计数据,以此作为灵感来源或寻求建议的依据。很多人对如何实现提前退休提出了疑问,但似乎很少有人感到后悔,他们普遍认为任何 FIRE 的安排都比全职工作要好。桑代注意到,那些取得 FIRE 成功的人往往拥有大学学位和更多的可支配收入。然而,FIRE 并非富裕阶层的专属领地。在她的论文样本中,约有三分之一的人自称出身于下层或中下层家庭。

FIRE 运动之所以如此具有引诱性,是因为它与几十年来占主导地位的工作生活模式形成了鲜明对比。20 世纪中叶的企业文化决定了人们在高中或大学毕业后就开始工作,大约一直工作到政府发放退休福利为止(目前美国的退休年龄为 66 至 67 岁,以出生年月为准)。撇开一个人在相对年轻的时候有这么多空闲时间去做什么的问题不谈,在我们的一生中,什么时候应该工作?或者换句话说,不工作意味着什么?我们将在以后的章节中讨论这个问题。

哲学家乔安妮·丘拉(Joanne Ciulla)到著名的《伊索寓言》中寻找答案。她指出,对伊索作品的解读具有特殊意义,因为据说这位古代讲故事的人曾经是奴隶,后来花钱买的自由。在《蚂蚁和蚂蚱》中,蚂蚱整个夏天都在唱歌,尽情享受每一天;而蚂蚁整个夏天都在工作,为冬天储存足够的食物,把安全看得比快乐更重要。在伊索的故事中,蚂蚱被当成一种警示的化身,寓意我们的选择会带来不可预知的后果,因为天气变冷后,它快饿死了,不得不乞求蚂蚁分享食物。

从理性上讲,在我们年轻时,也就是在当下,而非不确定的未来,优先考虑个人的娱乐和闲暇是有道理的。在这些年里,我们的健康状况可能处于最佳状态,而且没有随年龄增长而至的诸多牵绊：抵押贷款、保险单和受抚养人。我们可能会冒险，但由于年轻，而且无牵无挂，失败之后还能重新振作起来。然而，在二十出头的时候出师不利，这与文化规范相去甚远，这就要求与同龄人格格不入也能泰然处之。普林斯顿的毕业生中，米歇尔可能多于苏珊娜，这种现象并不只限于常春藤盟校。它还要求我们接受蚂蚱式的不确定性，既然未来不可知，在我们做出人生重大决策时，比如生孩子、投资社区、提供或接受老年人护理，或者面临意想不到的健康问题，是否要把稳妥有保障放在第一位，未雨绸缪。

如果有幸安享晚年，我们也有理由让晚年生活免受工作之苦。当然，代价是另一个缩写 FOMO（fear of missing out，错失恐惧症）[1]，而其他人却在尽情玩乐，周游世界，过着最美好的生活。随着社交媒体的出现，这些生活变得更加公开，使得 FIRE 文化更加直观突出。想到苏珊娜像蚂蚱一样在世界各地闲逛就已经够让蚂蚁一样的米歇尔羡慕的了，更别提看到每天都有活色生香的帖子详细介绍她的冒险经历了。

## 青春浪费在年轻人身上了

思考何时应该工作需要将我们的生活作为一个整体来考虑，并应认识到我们不可能知道自己的未来会是什么样子。考虑到蚂蚱的比喻，今天花在闲暇上的时间有可能夺走我们未来的幸福，这种前景令人不安。今天的工作更容易确保明天更美好，在"其他人都在

---

[1] 担心错过活动或趣事而产生的焦虑心情。它通常因看见别人发在社交网络上的内容而引起。

工作"的情况下更要如此。FOMO 也可以反其道而行之。但若是工作或不工作的决定导致了日后的不快或遗憾，那会怎么样呢？

显然，未来真正怎样我们是无法预测的。研究表明，我们同样不擅长预测自己现在的选择可能导致的未来的感受。关于情感预测的心理研究考虑到了我们会有什么预测，即如果好事发生，比如升职，我们会很高兴；如果坏事发生，比如升职被否决，我们会很沮丧。这种对未来的预测会促使我们做出现在的决策，无论是决定买哪辆车或领养哪只宠物，抑或是换不换工作。在其他条件相同的情况下，我们的目标通常是提升幸福感，减少愤怒、悲伤和遗憾。我们所做的选择将会使这些情感变成现实。

事实证明，这种情感上的计算是有缺陷的。研究表明，我们通常可以正确预测自己的情绪效价[1]，也就是说，升职会让我们高兴，不升职会让我们沮丧和愤怒。但是，我们总是过高估计自己情绪的强度和持续时间，各种类型的人都是这样，任何情况下也都是如此。因此，我们可能会想象自己因为没有得到晋升而一蹶不振，而实际上，我们可能会感到沮丧，但不会一蹶不振，而且很快就会恢复过来。同样，辞去一份让我们失望的工作会感觉好些，但不会好到我们希望的那种程度，也不会持续那么长的时间。请记住，我们的快乐程度会在短期内发生变化，或升或降。但往往会大致恢复至以前的水平。这既可以从杯子半空的心态去看，也可以从杯子半满的心态去看：我们不太可能严重损毁自己的生活，也不太可能极大

---

[1] 效价是情绪的一个维度，表现为从愉快到不愉快，或从吸引到厌恶，它有正和负之分。

地改善它。我们总是采取行动大大改变，或优先考虑我们的快乐，或尽量减少我们的烦恼。事实上，无论我们是否意识到这一点，这都会给我们以动力。对克里斯托弗以前那位学生来说，坏消息是，无论他希望通过某个决定去获得（或失去）什么，结果很可能都无法如他所愿。好消息是，他可能有时间去适应环境和不断变化的优先事项；去犯错误，并在必要时改变方向。

我们容易误判未来情绪的另一种方式是将其过度简单化。我们往往只关注一种主要情绪的感受，而不是更常见的混合情绪。发生在我们身上的事情最终很少是纯积极的或纯消极的。我们得到了一个极好的工作机会（积极的），也意味着我们必须举家搬迁（消极的），或不能再与目前出色的老板和同事共事（消极的）。这意味着，如果不考虑潜在的消极因素，我们的整体经历将不如想象的那么积极。

我们在考虑未来的情绪时，近期的预测相对好些，尤其不擅长准确预测自己远期的情绪。时间越长，预测得越不准确。尤其是年轻人，他们的人生还有很长的路要走，更难准确地预测未来，并做出对自己最有利的选择。这就意味着，在二十几岁时考虑四十几岁时的感受，克里斯托弗的学生都已经考虑四十几岁时退休了，并不是一个适当的问题，更不用说六十几岁时的感受了，那时我们已经接近领退休金的年龄。当想象着未来（无论远近）不再工作、无拘无束、随心所欲地生活，我们会感到多么快乐时，可能就没有充分考虑到它的消极影响：我们会怀念与他人交流的方式和不取决于我们的选择来打发时间的方式，或者认同感和目的性，以及自己在做一件有意义的事情那种感觉。相比之下，我们可能觉得从现有的工作中无法获得满足感，永远只差一步之遥。我们只需某件事的发生，不管它是升职、达成交易，还是完成一个棘手的项目。不过，相比之下，现实会让我们相形见绌：我们的感觉不像想象中的那么好，也不会持续那么久，任何积极的情绪都会被意想不到的消极情绪抵消掉。如果能准确地知道现在和将来什么才是适合我们的决定，并据此指导生活（和工作），那就容易多了。遗憾的是我们无法未卜先知，但人生的神秘之处就在于未知，或好或坏。意思是说，我们无法确知，也无法预测，但仍需从容地做出可能影响自己未来的决定。

回顾过去，我们也无法准确地理解自己的生活。时间会冲淡过去的伤痛，而我们尚存活于世可能就是成功的证明。从业已完成的职业生涯的角度看，我们可能将困难时期重新描述为"一直以来都是值得的"，但在困难发生的那一刻，我们对其的看法却截然不同。这就使得老一辈人很难给年轻人提供建议：在我们的孩子（或与其年龄相仿的同事）同时应对工作和家庭最吃力的时候，我们不可能根据自己是如何兼顾工作和家庭的经验给他们提供建议。与处于不同职业阶段的人交谈可以获得共鸣和同情，但并不能取代亲身经历。不无慰藉的是，没人能够完全解决这个问题，无论是后来者还是前辈，都是如此。我们过得都浑浑噩噩，只在特定的时刻尽力回答重大的问题。

## 生命的四季

盖尔·希伊（Gail Sheehy）与死亡擦肩而过，这使她对生命画上了一个大大的问号。作为一名记者,她当时正在爱尔兰执行一项关于动乱时期妇女的报道任务,却发现自己赶上了臭名昭著的"血腥星期天"的大屠杀。当时,希伊正在相对安全的阳台上采访一位年轻人,在天主教徒民权游行遭到催泪弹袭击后,他们才退到了那里,可是"一颗子弹打飞了他的脸"。这件事令她震惊、痛苦且无法挽回。希伊立刻意识到,不仅他的生命结束了,她生命中的一切也都改变了。回到纽约,她发现自己无法写作,甚至无法将爱尔兰的新闻报道发给报社,她脾气暴躁,冲动易怒。希伊结束了恋情,解雇了助手,并开始反思:"春天来临了,我却几乎不认识自己了。在我三十岁出头的时候,没有归属的生活曾让我如此快乐……但现在一下子行不通了。"她继续说道:

> 爱尔兰之行可以简单地解释为:真正的子弹在外面威胁到了我的生命。这件事明眼人都可以观察到。我的恐惧是适当的。现在,破坏力存在于我体内。事件就发生在我身上。我无法逃避。某种外来的、可怕的、难以言喻但又不可否认的东西开始占据我的身体。我死了。

从本质上说,希伊遭遇中年危机。中年危机通常就发生在35岁到45岁这十年间。身为一名作家,希伊突然对自己以前的作品产生了反感,于是她得以更好地理解中年危机,却发现"危机一直都在,或者说,转折点一直都在"。她试图记录人生中的许多危机和转折点,最终于1976年出版了《人生变迁》(*Passages*)一书。这本书连续三年登上了《纽约时报》畅销书排行榜。根据1991年美国国会图书馆的读者调查，该书被评为对人生活影响最大的十本书之一。

在《人生变迁》一书中，希伊雄心勃勃地想要描绘"成人的状况"，即从青春期结束到老年期开始的这段时间，媒体对它的关注相对少于其两端的时代，而且恰好包含了大多数人的黄金工作期。她试图在这一漫长的人生阶段中细分出各个阶段，并详细说明伴随这些阶段出现的可预见的危机。本书内容广泛，特别关注人际关系，主要是与配偶和子女的关系，但那些也涉及工作和事业。认识到这项任务的艰巨性，以及以适用于大多数人的方式准确记录生活中的不可能性，希伊采访了115位美国中产阶级，并引用证据表明，中产阶级的心态往往代表了一种更具普遍性的文化。

在我们度过童年、搬离父母家后不久，"跃跃欲试的二十多岁"是《人生变迁》所说的成人生活的开始。在这一时期，我们寻求自立，一边渴望稳定，以便在此基础上建设未来，一边探索，以更多地了解世界和自己，总是在二者之间犹豫不决。二十几岁时，我们做决定的一个关键因素是看周围的人在做什么，显然包括同龄人和文化习俗，这些都是我们行为的指南。在工作方面，我们同时面临着努力在事业上站稳脚跟的挑战，以及任何未来梦想仍然可以实现的可能性。我们的梦想尚未破灭。

在"左右为难的三十岁"一章中，希伊写道，无论是在家庭生活，还是在职业生涯中，三十多岁的人开始变得焦躁不安，常常表现为十分渴望改变。这十年往往是建立家庭或家庭关系深化的十年：孩子出生、房屋抵押贷款、开始"真正的"职业生涯。在这十年中，人们往往会有一种想要拓展开来的感觉，正如希伊所写的那样,"绝对需要更加关注自我"。事业与家庭之间也存在着明显的冲突,通常由配偶中的一方承受,一般是女方承受得更多,但并不总是这样。对于夫妻来说,这是一个动荡的时期,堪比"第22条军规",进退维谷,左右为难。

希伊关于工作和事业的大部分论述都集中在下一个阶段,即从35岁左右到40多岁的中后期,或称"时不我待的十年"。它的特征就是中年危机的发作:"三十多岁时,我们走到了一个十字路口。我们已经走到人生的中点。然而,就在步入而立之年的时候,我们开始意识到终点的存在。时间开始紧张。"感受到一种最后的机会带来的压力,大多数人会加速职业或家庭的发展。有些人会寻求改变,在为时已晚之前开始新的职业或组建新的家庭。

《人生变迁》将50岁描绘成一个成熟、温暖和接纳的时期,持一种"不再废话"的态度,历经前十年的狂风暴雨之后归于平静。今天读其1976年的版本,我们只会想它似乎早了至少十年。几十年后,在她1995年出版的《新中年主张》(*New Passages*)一书中,希伊承认,不无讽刺的是,她在35岁写完自己的第一本书后,进入了中年危机,"无法想象50岁以后的生活,我当然也无法让自己将其视为一个具有特殊可能性或潜力的时期"。她在《新中年主张》中调整了年龄段的划分,将50岁以后的岁月描述为"第二个成年期",健康状况良好的人有望再活三四十年,有足够的时间从事新的或更深层次的职业。

将人的一生分为几个阶段,每个阶段都有相应的理想活动,这可不是一个新想法。莎士比亚《皆大欢喜》(*As You Like It*)中的一段独白将人生概括为七个阶段:从"在保姆怀里哭泣呕吐"的无助婴儿，到幼小的学童和年轻恋人，再到勇敢而冲动的青年士兵，然后安顿下来，成为"张嘴即是至理名言"的中年法官，最后成为"鼻梁上架着眼镜，腰间挂着钱袋"的孱弱老人，最后，在去世之前，返老还童。哲学家罗伯特·诺齐克（Robert Nozick）意识到，他在孩提时代想要得到长者的认可和承认，而原来这些长者就是他日后要成为的成年人，这让他感到诧异。

当然，没有一种理论能够勾勒出可预测的人生阶段，它们因环境、特权和纯粹的运气而千差万别。人生的自然节奏取决于以下几种状态：身心的成熟，有些人进入了生儿育女的年龄，照顾年迈的父母（对于所谓的"夹心一代"来说，有时负担是双重的，既要照顾父母，又要带孩子），以及随着年龄的增长而导致的身体的局限性。很多成功和实现美国梦的标志，比如拥有自己的住房，都会对自由施加某种限制，因为必须满足按揭付款的要求，以及权衡多远才是可接受的通勤距离。这些都会对我们何时工作产生影响，当然也包括法律规定我们最早何时开始工作，以及政府资助的退休等诱因，更不用说在有些国家，强制人们既要工作，也要在一定年龄退休了。

职业发展在一定程度上也取决于特定行业的规范。漫长的培养计划（如医学或学术界）和认证（如法律或建筑行业）为中年时轻松进入这些行业设置了障碍。这种职业转换不太可能，但并非完全不可能。克丽丝汀·埃内亚（Kristine Enea）的故事就说明了这一点。她对自由职业律师的工作感到失望，而且刚刚竞选公职（未获成功），还捐献了一个肾脏（成功捐献给了之前的一位不知姓名的接受者），克丽丝汀正在寻找下一个职业方向。她对自己兴趣浓厚的工作进行了一次评估，类似于辅导员可能进行的职业问卷调查，结果显示最适合她的职业是律师、建筑师或外科医生。第一个职业不再吸引她，但最后一个职业引起了她的注意。克丽丝汀开始学习申请医学院所需的课程，以便进行初步试探。当她选修生物课时，她记得"就像桃乐丝在奥兹国一样，一切都是彩色的。我的大脑完全被激活了"。她在53岁那年开始读医学院，与一群二十多岁和三十出头的人一起学习。我们交谈时，克丽丝汀还差几个学分就能完成她的医学学位。

她认为自己职业生涯中期的成功转型归功于以下几点。首先，她认为自己"很适应不按常理出牌"，因为她在以不墨守成规为荣的湾区长大。其次，她加入了一个团体，用她的话说，他们是"老年医学院预科生"，这个团体为她提供了支持。在这一点上，克丽丝汀说："我让自己一直做下去，直到我不喜欢为止，允许自己随时退出。"最后，重要的是，克丽丝汀在经济上无后顾之忧：她的第一位雇主提供了股票期权，此外，她还在旧金山和圣何塞拥有价值不菲且一直在升值的房地产。如预期的那样，克丽丝汀在医学院最喜欢的部分是手术轮换。她喜欢手术的治疗性和前沿性，并被其研究潜力所吸引。如果她继续攻读这个还需要以住院医生的身份实习五年的专业，首次获得外科医生职位时，她将年满63岁。克丽丝汀身体健康，看起来比同龄人年轻。但她仍然担心这个职业对身体造成的损伤。跟很多50多岁的人一样，她的视力也在变化，现在需要戴老花镜，再加上一天十几个小时站着做手术的前景，着实令人生畏，但这并不影响她的工作，因为有很多外科医生在退休后仍然长时间地手术，而且表现良好。

你现在处于哪个十年？你觉得希伊的人生阶段与你相关吗？你的下一个转折点在哪里？你是想迎接下一个转变，还是想推迟它的到来？克丽丝汀的故事可能会给我们带来启发，因为它似乎打破了可能束缚我们的人生必经阶段的逻辑顺序。它提醒我们，改变职业生涯可能永远不会太迟，即使是那些看似遥不可及的职业。但它也表明，做出这种改变的能力取决于是否有经济实力和身体灵活性，足以承受这种改变。她的故事是真实的，与年轻几十年的同龄人相比，她的优势和劣势都是真实的。当我们在晚年找到自己的激情时，是"迟到总比没有强"，还是"太晚了，没多大意义"？

## 正数和倒数

FIRE适合你吗？它将提前退休设定为目标，如果你能实现，而且你是那种认为自己会把永远热爱工作与不再热爱工作置于同一高度的人，提前退休就是有意义的。也许你的使命在职场之外，在典型的周工作制限制下无法轻易实现。然而，"退休"只会加快《人生变迁》一书中的传统逻辑的步伐，即我们的"第二次成人"最有可能走向退休，且只有更快而已。散文家兼小说家杰夫·戴尔（Geoff Dyer）回忆起他小时候亲戚在"不愉快、无回报的工作"中的心态，在那种情况下，提前退休"是一种晋升，实际上是一种野心"。在这样的世界里，经济基础不利于我们实现退休的雄心壮志。我们的赚钱能力通常与经验成反比，因此，就在偿还助学贷款、买房、组建家庭等经济负担让我们捉襟见肘时，理财规划师建议我们也要为子女的大学教育和自己的退休做储蓄。那些有幸生活费低于收入的人，应该把剩下的钱存入个人退休金账户，如此一来，在遥远的将来，他们就可以举办退休派对，得到咖啡杯和其他印有"工作结束，生活开始"等字样的礼品。

《新中年主张》的逻辑可能更符合这句箴言："你我皆可活两次，顿悟再无来生时，前生已逝，今世方始。"戴尔说，那些有幸找到令人愉悦且回报丰厚的工作的人可能"听不到"退休这个词。1989 年，哲学家罗伯特·诺齐克出版了《经过省察的人生》（*The Examined Life*）一书。当时，母逝父病，他不禁想知道何时将轮到他呢。他认识到人生会随着年龄的增长而改变，但他反对《人生变迁》的那种思维和标签，即把人生以暗示着终点的中点进行划分。他写道：

> 我相应地调整界限，以便创造新的中点。"尚未走完人生的一半"，这在我快四十岁或四十岁时还管用；"大学毕业后即人生的一半，直到生命的最后一刻"让我走到了现在。接下来，我还需要找到另一个中点，但不能超出太多，我希望继续进行这样的调整，至少直到老年，而老年也有一段时间不会超过人生的一半。所有这些都是为了让我能够认为前后均衡，有着同样多的美好事物。

诺齐克写下这些文字时刚好 50 岁。他去世时只有 63 岁，算不上高龄，而且更有价值的研究计划还未完成一半，可以说仍处于学术思想家和作家的黄金时期。然而，在很多职业中，即使没有超过传统的退休年龄，63岁也已经接近退休年龄了。在我们曾经工作过的咨询公司，合伙人的退休预警从50多岁就开始响起。事实上，就在我们写这些文字时，克里斯托弗以前的一些同行正在酝酿他们的第二部作品。有些人沿着希伊在《新中年主张》中的路径，开始了新的职业生涯，成为首席执行官和董事会成员。另一些人则设法实现了克里斯托弗昔日学生的梦想，为第二段闲暇生活做准备。一位退休的合伙人告诉我们，公司为合伙人退休做了很多准备工作，主要是围绕财务规划。其中包括将退休后的年份分为三个阶段，基于健康和活跃程度随时间下降的假设，将它们命名为健康活跃期（go-go）、行动缓慢期（slow-go）和照顾护理期（no-go）。

虽然我们可能不想在还可以奉献更多的时候离开职场，但也不想迟迟不离开。我们以前工作过的公司很早就将合伙人赶走（在我们看来），可能有两个主要原因。一是为新合伙人腾出空间，又不会过度稀释其余合伙人的股份价值。通常情况下，即将退休的合伙人通常会为公司带来比新合伙人多一倍甚至更多的收入，但公司可能会从新合伙人较低的报酬中赚取更高的利润率。一般来说，鼓励退休是为了给其他年轻员工提供空间，使得他们做出贡献，并获得回报。另一个原因是大多数经验丰富的专业人士到了一定年龄业绩就会下滑。对于女子体操运动员来说，这个年龄最好是16岁之前，之后的生理变化和伤病会让她们越来越难以做好空中体操动作，也很危险，除非你是西蒙·拜尔斯（Simone Biles），26岁还能赢得全国冠军。研究表明，全美橄榄球联盟的跑卫大约到29岁就会达到转折点，这是因为一个相对瘦小的球员要突破由相对高大的壮汉组成的防线需要消耗大量的体力。在自传体著作《罗杰·费德勒的最后时光》（*The Last Days of Roger Federer*）中，作家杰夫·戴尔对退役和终结进行了思考，该书指出，这位男子网球明星与史上最佳女子网球明星塞雷娜·威廉姆斯（Serena Williams）在同一年（2022年）退役，而且年龄也相同（40岁）。费德勒最终因膝盖受伤而退役；而威廉姆斯怀着第一个孩子赢得了最后一次大满贯赛事的冠军。挂拍之前，也是在宣布怀上第二个孩子之前，她多次险些刷新大满贯赛事的总成绩。〔你可能想知道，迄今为止，吉姆·克里斯特尔斯（Kim Clijsters）是唯一在生养头胎后赢得大满贯赛事的次数超过生养头胎前的女性。〕

虽然会计师和管理咨询师在50多岁时可能仍处于黄金时期，但从四大会计师事务所对其合伙人的工作方式来看，如果他们中的一些人到了那个时候已经疲惫不堪，那也是可以理解的。克里斯托弗认识一位在退休后几个月内死于心脏病的合伙人，还有一位在退休之年得了肺萎陷，人们的反应表明他们感到震惊和悲痛，但不幸的是，他们并不感到惊讶。强制退休政策的弊端在于，当重要决策可能受益于年龄或经验的智慧时，房间里几乎没有"白发人送黑发人"。章程中可能有针对高级领导层的例外规定，但这是有意限制的。由于《联邦年龄歧视法》的规定，只有合伙制公司才有可能规定强制退休年龄。根据法律学者索尔·莱夫莫尔（Saul Levmore）的研究，允许强制退休年龄的其他职业相对较少。其中包括一些州的法官（新罕布什尔州为70岁）、商业航空公司飞行员（65岁）和公共安全官员（因辖区而异），这大概是因为在这些职业中，"已过而立之年"的工作者所带来的风险被认为超过了与年龄相关的不公正风险。

当莎士比亚笔下的李尔王80岁退休时,他决定把王国送给三个女儿。他的选择很愚蠢,他奖赏两个奉承他的女儿,却剥夺了另一个忠心女儿的继承权,结果是灾难性的。他最终疯了,不是因为年老,而是因为他那两个虚伪女儿的背叛。尽管她们年轻,却被证明是不如年迈父亲的君主。哲学家玛莎·努斯鲍姆(Martha Nussbaum)发现,现代戏剧的制作——"过于迷恋上了年纪的人"。她指出,莎士比亚最初的李尔王是由理查德·伯比奇(Richard Burbage)扮演的,当时他39岁,几个世纪以来,人们一直认为这个角色需要很强的记忆力和耐力,年长演员是力所不逮的。然而,她注意到,近来,中老年人扮演李尔已经成为一种荣誉,比如劳伦斯·奥利弗(Lawrence Olivier)扮演这个角色时76岁,格伦达·杰克逊(Glenda Jackson)则是80岁时才演。

为退休而工作的心态涉及倒计时,但不包括那些经济能力不足,永远无法退休的人。财务规划的算法通过倒数来告诉我们是否以及何时能够退休,但如果我们的目标是工作,以便能够停止工作,那么,如果像诺齐克一样永远到不了退休年龄该怎么办?很多人是"数着日子"走向退休的,而"9·11"事件后的《悲恸的群像》也许过多地反映了这一普遍情况,这可能是因为新闻报道中人们的故事太凄美了,就在那些人准备好生活的时候,他们的生命被突然夺走了。然而,这些故事提醒我们,在倒计时到来之前,我们不会知道自己将倒计时到哪一天。"尚未过半"的心态包括朝着一个不断变化的目标倒计时。它让我们能够继续想象新的抱负、新的角色,甚至新职业的可能性。

## 朝九晚五？

对于那些醒着的时间都被用来努力维持生计的人来说，工作多久的问题可能毫无意义。正如芭芭拉·艾伦瑞克在《我在底层的生活》这本经典的卧底报道中指出的那样，对于那些试图靠最低工资生活的人来说，两份甚至三份工作都只能勉强满足基本需求。2022年的一份报告估计，有750万美国人（占劳动力的5%）从事两份以上的工作，而美国人口普查报告显示，约有11.7%的美国人（近3700万人）生活在贫困线以下。在这里，问题不是我应该工作多久，而是我是否有能力不工作？对于20%到36%的美国人来说，这是一个越来越现实的问题，他们觉得自己永远无法退休，还有将近一半的美国人说他们没有能力为退休储蓄。

很多工作都规定了工作时间和地点，尤其是需要亲自动手的工作。餐馆、零售商和任何为公众服务的办公室都依赖于他们的工作时间表，以确保服务范围的持续覆盖和适当的服务。医院、建筑工地、实验室和工厂车间则需要周密协调谁在何时做何工作。这些时间表通常是铁板一块，即使员工生病或无法工作，也很难更改。与此同时，雇主通常可以随意更改工人的日程安排，特别是对于那些从事只拿最低工资或兼职工作的弱势工人。国会议员已提议立法规范工人的工作时间，要求雇主至少提前两周通知更改工作时间，并限制对要求正常工作时间的员工进行报复。然而，该法案尚未付诸表决。

现实的工作时间表是严酷的。玛丽亚·费尔南德斯（Maria Fernandez）在三个不同的邓肯甜甜圈店打工，昼夜轮班的间隙，她在车里打盹，因吸入过量汽油和废气身亡，年仅32岁，她的遭遇促使《工作时间表法案》的提出。零售巨头亚马逊的仓库也曾发生过多起工作时死亡的事件,其中一起恶名远扬,说的是61岁的里克·雅各布斯(Rick Jacobs)在下班前不久死于心搏骤停。管理方只在他的尸体周围搭建了一个临时屏障,并指示心烦意乱的员工返回工作岗位。一位因害怕公司报复而不愿透露姓名的员工批评道:"怎么能要求工人在一具尸体旁工作呢?!尤其是在看到了尸体之后。"遗憾的是,这并不是亚马逊要求工人在同事因工死亡后仍然继续工作的唯一例子。就像在仓库里一样,送货司机的一举一动都在公司的监控之下。工人被逼得没有了个人自主权,连上厕所的时间都不够。

对这些工人来说,工作多久和何时工作的问题已经有了答案,只是由不得他们选择。不过,大多数工人都处于这种境地,无法选择何时停止工作或减少工作时间。对于知识型员工来说,他们几乎可以完全控制工作的时间和地点,以及在特定时间内从事什么工作,这个问题实质上就相当于他们如何度过每一天。显而易见的答案是,我们的工作时间应该是在可接受的质量水平上完成工作所需的时间,而不是更多。然而,在很多行业,标准是不明确的,产出也是主观的。也许是那些超额完成任务的人或是那些对自己显得懒惰缺乏安全感的人设定了工作节奏。这些工人可能并没有得到明确的指令,却在超负荷工作的常态下工作。一位试图提供帮助的研究生同学向珍妮弗解释说:"我们每周可以想工作60个小时就工作60个小时。"很少有人研究超额完成任务与幸福感之间的关系,但有迹象表明,那些在工作中投入大量时间和精力的人比那些投入较少的人更幸福。

第三章 何时工作，工作多久？

进入职场时，很多人想到的就是从周一到周五、朝九晚五的工作（让人想到多莉·帕顿[1]）。这些时间点被认为是默认的，以至于很多每日计划模板会把它们突出显示出来，包括微软电子邮件和日程处理软件 Outlook 中的日历功能。我们所认为的典型工作时间可以追溯至工作的转变过程：从农场到工厂，再到办公室。农业生产随季节变化，户外体力劳动取决于阳光和天气条件。大自然制定了时间表，农民必须按照它劳作，否则就要自食其果。正如皮特·西格（Pete Seeger）依据《圣经》的经文为飞鸟乐队（Byrds）创作的歌曲："天下万物都有定时……收割有时，播种有时。"[2]

随着工作转移到室内，工厂车间理论上可以保持 24 小时的生产周期。不过，20 世纪初的美国工厂最初每周能够休息一天，即在周日，因为这天是基督教的安息日，后来，周六又增加了半天。第一个双休日出现在 1908 年，并在经济大萧条时期成为标准。人被认为是其所操作机器的组成部分，目标就是让人的工作效率和一致性达到机器的水平；其工作时间受到严密监控，生产实现了最大化。所谓的科学管理旨在量化一项任务能以多快的速度完成，以此作为所有人都要达到的标准。事实上，时间就是金钱。1936 年，查理·卓别林的讽刺电影《摩登时代》（*Modern Times*）中最令人难忘的场景之一，就是展示一台喂食机，旨在将员工的午餐自动化，以

---

1 《朝九晚五》（*9 to 5*）是多莉·帕顿（Dolly Parton）为同名电影写的歌，1981 年的畅销冠军金曲，它既有愤怒的抱怨，又无比欢快，成为职业女性的颂歌，将女性团结在一起，为争取公平的工作条件而战。
2 指 20 世纪 70 年代的摇滚歌曲 *Turn! Turn! Turn!*。虽说歌词依据的是《圣经》，但文字不同，译者仿照《圣经》中文和合本。

减少休息时间，提高生产率。宣传词是"不要停下来吃午饭：要领先你的竞争对手。比卢斯喂食机将消除午餐时间，提高你的产量，降低你的管理费用"。在不知情的情况下，卓别林演示了机器可能出错的所有方式。有一次，他吃下了机器推到他嘴里的六角螺母；还有一次，一碗热汤从他的前胸倒了下去，这让观众非常开心，却让他的经理大惊失色。

随着办公室文化的出现，标准日程表成为各种工作的默认规定，而不管工作是否真的需要这样的安排。与工厂里的员工相比，办公室职员可能享有相对的自主权，但仍然需要打卡上下班。几十年来，尽管可能影响工人生产率的各种因素都发生了变化，比如技术进步、生活水平的提高和身体健康的改善，但每周40小时的工作时间仍然雷打不动，令人无法理解。我们渴望周末能够放松身心，但除了每年屈指可数的几个节假日外，在美国，大多数人几乎没有几天是真正不用工作的。一些其他国家每周的工作时间更长，根据国际劳工组织2023年的一份报告，坦桑尼亚和毛里塔尼亚每周工作时间最高，达到了54小时，有些国家每周的工作时间则少得多。与美国每周工作37小时相比，经济发达国家的情况尤为明显，如英国是33小时，澳大利亚是32小时。

也有人尝试过缩短每周的工作时间。1930年，以玉米片闻名的早餐麦片公司家乐氏（Kellogg's）将4天6小时工作制改为3天8小时工作制，同时降低了工资。在经济大萧条时期，这一变革增加了人们的就业机会。重要的是，劳动者对这一变化反映良好，表示有更多的时间用于社区和闲暇。第二次世界大战结束后，八小时工作制又恢复了，尽管有一小群主要由妇女组成的人一直在争取缩短工作日，但没有发挥作用。她们的活动一直持续到 1985 年。

最近，一些公司和学者提出了一个问题：如果员工每周工作 4 天，会有什么后果？社会学家朱丽叶·斯格尔（Juliet Schor）于 1991 年出版了《过度劳累的美国人》(*The Overworked American*)一书，记录了美国工人在生产力标准提高的同时，工作时间增加了，闲暇时间却减少了。她希望找到愿意尝试减少工时的公司，但在 20 世纪 90 年代，没人愿意那样做。多年来，曾有过 4 天工作制，所谓的夏季周五半天工作制和其他新颖的工作安排的独立实验，但都仅限于特定的公司。新冠疫情大规模暴发带来了一个意想不到的好处，即在大辞职潮中急于留住员工的公司认识到灵活工作时间安排是可行的，终于愿意尝试更广泛的每周工作 4 天的实验。全球每周 4 天工作制组织（4 Day Week Global，4DWG）是一家非营利组织，致力于将每周工作 4 天定为标准。斯格尔与来自爱尔兰和英国的同事一起，与该组织合作开展了一项广泛的试点研究，并于 2022 年发表了报告。他们对 33 家公司（主要在美国和爱尔兰）的 900 多名员工进行了跟踪调查，这些员工遵守 4DWG 联合创始人制定的 "100-80-100" 规则，即如果员工在 80% 的工作时间（4 天 32 小时）完成 100% 的标准工作量，可获得 100% 的薪酬。

结果再清楚不过了，雇主和员工都表示试验取得了成功。生产率和绩效都得到了提升。收入增加了，招聘也增加了，缺勤率和辞职率下降了。员工们报告说，他们的工作表现更好了，压力、倦怠、疲劳和工作与家庭的冲突减少了，身心更加健康，情绪更加积极。他们将新得到的闲暇（大多数公司将周五定为休息日，允许周末休息三天）用在了更有意义的方面，如业余爱好、自我护理和保健。通勤的减少导致碳排放量减少，对环境也产生了虽微小却明显的影响。没有一家公司打算恢复每周工作 40 小时，这是件好事：70% 的员工表示他们需要加薪 10% 至 50% 才能恢复 5 天工作制，13% 的员工表示，无论加薪多少，他们都不会恢复 5 天工作制。正如 4DWG 创始人之一的夏洛特·洛克哈特（Charlotte Lockhart）在《时代》杂志上发表的报道那样："我们知道结果会变好。唯一让我们感到惊讶的是，结果竟然如此之好。"4DWG 正计划在未来几年进行季度试点，希望更多的公司缩短每周的工作时间。

新冠大流行确实是灵活安排员工工作时间和地点的分水岭。几乎在一夜之间，那些从未想过自己可以在主管和同事看不到的家里工作的人突然发现远程办公成了现实。麦肯锡咨询公司（McKinsey consulting firm）2022 年的一项研究发现，大多数工人（58%）至少可以兼职一项远程工作（35% 可以全职）。工人非常看重远程工作的能力：87% 的员工接受了远程工作安排，平均每周有 3 天在家工作。对于那些想换工作的人来说，远程工作的时间安排是他们做出决定的第三重要的标准，仅次于更高的工资或更少的工作时间，以及更好的职业发展机会。

你对自己目前的工作状况有何评价？你希望有哪些不同？你更喜欢可预测的工作时间还是灵活的工作时间？灵活的工作地点还是工作与非工作之间有明确的界限？工作目标是定时的还是考核生产率的？有趣的是，尽管我们渴望远程工作，但并不清楚远程工作是否更有利。正如我们对情感预测的理解所预测的那样，很多人只关注远程工作的好处，比如不必长时间地奔波在上下班的路上，在没有办公室干扰的情况下更能集中精力，以及在会议间隙洗一下积攒了很多的衣服，却忽视了它的坏处。研究发现，在新冠大流行期间，大多数人开始在家工作后，工作时间不减反增，原因包括工作日延长、晚上和周末的工作增加以及工作与家庭生活界限更加模糊。与其说是"居家办公"，不如说是家成了工作场所。

## 每天我都拼命赚钱

工作多久才算工作太多？在美国，工作在历史上几乎是一种道德义务。我们用工作的时间衡量自己的价值，这可能是新教工作伦理的遗风流韵，它视工作为对上帝的直接服务。那么，有什么比不断工作更能为上帝服务的呢？有很多为人喜闻乐道的故事，它们的叙事风格通常就是"白手起家"，辛勤工作都会得到颂扬，从而说明成功不是靠撞大运，而是靠夜以继日地工作实现的。

亚历山大·汉密尔顿从"私生子、孤儿"到"面值10美元上的开国元勋"，就是这样的成长历程。林-曼纽尔·米兰达（Lin-Manuel Miranda）的爆红音乐剧《汉密尔顿》以及罗恩·切诺（Ron Chernow）的传记都反映了这一点。在一首名为《休息一下》（*Take a Break*）的歌曲中，汉密尔顿的妻子伊丽莎（Eliza）恳求他放下工作，与家人一起"去上州"[1]。恳求伴侣停止工作，共度美好时光，对于配偶来说，并非陌生的请求（在历史上，这个配偶通常

---

[1] 上州指纽约上州（upstate New York），泛指除纽约市、长岛地区和哈得孙河谷下游以外的纽约州其他地区，并无官方或正式的行政界线，一般指纽约市区以北100英里或以上的区域。据罗恩·切诺的《汉密尔顿传记》，汉密尔顿曾在纽约市北部为自己修建了一幢周末度假屋。

指妻子，汉密尔顿的时代就是这样）。伊丽莎和亚历山大分别要求从伦敦来访的伊丽莎的姐姐安杰莉卡（Angelica），希望她能帮自己说服对方：

> 伊丽莎：安杰莉卡，告诉这个男人，约翰·亚当斯会跟家人一起度夏。
>
> 亚历山大：安杰莉卡，告诉我的妻子，反正约翰·亚当斯也没什么正经事做。

唯一可以去度假的是那些贡献微不足道且工作缺乏真诚的人，很多事实真相都是以这种诙谐的方式说出来的。当然，就汉密尔顿而言，他有充分的理由需要工作，因为一个新的国家刚建立不久，需要人领导，不管个人为此付出多大的代价都是值得的。随后，汉密尔顿解释道：他"只有让这个方案获得国会通过时，才会停止工作"。对于我们这些曾辩称自己长期离家既紧迫又重要的人来说，这种理由并不陌生。音乐剧中的另一首歌《从不停歇》（*Non-Stop*）再次提到了汉密尔顿工作的艰辛，"这个人从不停歇"。我们都知道，詹姆斯·麦迪逊、约翰·杰伊和汉密尔顿一起受命撰写一系列文章，以支持美国《宪法》的诞生。目标是每位作者写8篇，总共25篇。《联邦党人文集》在六个月内完成，实际上包含了85篇文章，其中杰伊写了5篇，麦迪逊写了29篇，汉密尔顿写了其余的51篇。汉密尔顿的朋友、家人和同胞们唱起了这首歌的副歌：

> 你怎么像明天不会到来一样写作？

> 你怎么像有了它才能活下去一样写作？
> 你怎么在活着时每分每秒都在写作？

当然，说来也讽刺，汉密尔顿的生命很不幸地过早终结了。事实上，明天没有到来。他在有限的时间里努力工作，帮助建立新的国家，这也许比他在上州与家人共度夏天更有功德。这两部讲述汉密尔顿的作品多次提到汉密尔顿的职业道德，给人的印象是，让汉密尔顿在革命中发挥突出作用，进而让这个年轻的国家取得成功的主要原因就是其职业道德。

包括建国在内，就其本质而言，有些工作需要全天候、高强度的付出。军事部署、战地记者、急救人员和外国援助人员都别无选择，只能全身心投入，工作和生活必然被其职业所消耗殆尽。其他工作的工作量也有可预见的季节性消长起伏：报税季的会计、表演艺术的日程安排、夏令营、节假日高峰期的零售商。

你的工作需要什么样的承诺？是工作本身的要求，还是无论是否有真正的工作要做，都是出现在工作场所的经理强加给你的吗？在诸多工作领域，似乎唯一的选择就是工作、努力工作和一直工作，但这并非工作本身的需要，而是因为文化规范。多少工作才算多？在我们做咨询顾问时，我们注意到人们经常使用过于冠冕堂皇的措辞，以夸大本质上是平常办公室工作的重要性，比如，称解决问题为"救火"，召开关键的决策会议叫"皈依耶稣"，寓意有重大事情需要改变，等等。珍妮弗上大学时，毕业后最受欢迎的两个职业是管理咨询和投资银行。一位在投行实习过的朋友说，刚入行的全职分析师们经常抱怨的一个问题是，起初听起来很不错的薪水，后来发现按小时计算，几乎比最低工资还低。部分原因是一种通常被称为"面对面时间"的文化。置身这种文化中，即使没有实际工作，低级分析师也必须待在办公室里。正如这位朋友解释的那样，即使朝九晚五的工作并不多，人们还是希望你待在办公室里。你永远不能比总经理或副总裁早下班。然后，当他们回家后，真正的工作就开始了，因为他们会整晚不停地给你发邮件，告诉你需要完成的任务。当然，公司会请客吃饭，并支付回家的车费，但换来的是每周九十到一百小时的固定工作时间。现在我们是商学院的教授了，发现这种情况几乎没有什么改变，因为这些职业的需求量仍然很大。

在珍妮弗的职业生涯中，她一直都能看到劳累过度的证据。读大学时，为了复习，应付考试，朋友们会炫耀他们睡觉多么少，泡在图书馆里的时间多么长。在埃森哲公司（Accenture）工作时，为了一次重要的介绍会，一位同事在晚上加班，多次熬到深夜，结果介绍会广受好评，取得了成功。但在当晚开车回家的路上，她不得不把车停在路边，因为手抖得厉害，几乎握不住方向盘。有位读研究生时的同学称他工作时出现了幻觉，看到虫子在他的桌子上爬来爬去。在珍妮弗第一次任教职时，有位教授同事已经获得了预备终身教职资格，但家里有婴儿需要照顾。早上想上班时，因睡眠不足，她开车直接撞上了仍然紧闭的车库门。特别值得注意的是，除最后一人外，讲这些故事的人并非拿它们当警示，而是当成自豪的事情与人分享，它们成了表明人们如此努力工作，如此坚韧不拔，如此执着，以至于能经受住如此极端考验的证据。

过去十年来，在积极向上、想当新创企业创始人的年轻人中间，一种所谓的"奋斗文化"流行开来，他们视努力工作为成功的必备要素。在社交媒体上，"玩命儿干""起床，干活"以及"累了也别停，做完了再歇着"等标语比比皆是。后一句话被刻在众创空间[1]（WeWork）办公地点的西瓜皮上，以激励其客户；这些口号中的任何一句都可涂写在办公室的墙壁上。千禧一代是 Soylent 的目标市场。Soylent 是一种代餐饮料，它让人们不再需要考虑如何喂饱自己，这样，除其他外，人们就可以专心工作。这个名字是对 1973 年的电影《超世纪谍杀案》（*Soylent Green*）的调侃。这部电影以反乌托邦为背景，其时间设定为未来的 2022 年，届时，濒临毁灭的海洋威胁着人们的主要食物来源，但人们找到了一种令人毛骨悚然的新食源。[2]

本质上，"奋斗文化"颂扬消除一切妨碍工作的因素，如饮食、睡眠和人际交往，这些与工作无关，也与在社交媒体发帖抱怨自己工作辛苦无关。毫不奇怪，在有望成为扎克伯格和马斯克的那些人看来，"奋斗"的概念是借用了 husselen 这个荷兰语词汇的文化寓意。husselen 的意思是"摇晃或抛掷"，后来演变成"匆忙"和"乞求"之意。该词常用于以非法手段希冀取得成功的行为，如性交易、欺骗或偷窃，不幸的是，该词进一步固化了从事此类行为的黑人青年的负面形象。本节的小标题取自说唱歌手里克·罗斯（Rick Ross）的歌曲 *Hustlin'* 中的一句歌词，它显然是在向毒品交易致

---

1 WeWork 是一家共享办公室租赁公司。

2 因全球变暖和人口过剩，在电影描绘的 2022 年资源枯竭，大多数人只能依赖绿色食品（soylent）维持生命，官方称它是由大豆和扁豆制成的。但男主人公调查发现它是用人做的（Soylent green is people）。

敬。这首歌的另一句歌词是"我们从不偷车，但我们卖力交易"。与 Soylent 的提法一样，这些对比表明，今天使用这个词的人在开玩笑的同时，并没有直面更令人厌恶的种族内涵，而是带有一种讽刺意味。

在某种程度上，辛勤工作的吸引力在于它是一种应对之策，以避免被视为懒惰、不敬业或不值得。表现为可见工作时间的工作数量取代了工作质量。我们更加努力地工作，甚至更加聪明地工作，希望二者的界限模糊不清。如果我们总被看到在工作，就不会有人找到理由指责我们工作不够出色。2012 年，安妮·玛丽·斯劳特（Anne Marie Slaughter）在《大西洋月刊》(Atlantic) 上发表了《为什么女性仍然无法拥有一切》(Why Women Still Can't Have It All)，坦率地讨论了她在担任政府部门要职和承担家庭责任之间维持平衡的困难，引人思考。斯劳特创造了"男性主宰时代"这个词，以表示竞争谁工作得更多，从而体现我们的工作价值和在工作上的投入。她描述了里根政府中一位"争强好胜"的预算主任，据说离开办公室时，他会故意把西装外套随意搭在办公椅上，开着灯，给人一种他一直在工作的印象。当今的做法可能是开通短信通知，如此一来，我们就可以无论白天或黑夜地随时回复，或者在度假时回复电子邮件。斯劳特不失时机地提出了这样一个问题：这种文化能否持续下去？不仅对女性或双职父母，对任何想要在办公室之外享受生活的人而言，它都值得考虑。

这里可能还有更不利的一面在起作用，因为努力工作会让我们远离工作之外更残酷的现实生活。正如埃伦·拉佩尔·谢尔（Ellen Ruppel Shell）在《工作》(The Job) 一书中描述的那样，持续的忙碌向他人传递了一个信号：我们的空闲是稀缺的，而稀缺的东西与生俱来都是重要的。把工作作为一种默认的活动意味着我们完全不需要在工作之外的生活中做决定。这意味着我们永远不必面对这样一个问题：如果不工作，我们的空闲会用来做什么？工作可以让我们从琐碎的家庭生活、照顾家人的责任、房屋维护以及宁愿回避的亲戚关系中解脱出来。2009 年的电影《空中飞人》(*Up in the Air*)把视工作为一种逃避现实的方式表现得淋漓尽致。乔治·克鲁尼（George Clooney）在片中饰演一位顾问，"有 322 天在旅途中度过，意味着我不得不在家里度过 43 个悲惨的日子"。这部电影改编自沃尔特·科恩（Walter Kirn）的同名小说。据称，科恩的灵感来自他在飞机上遇到的一位乘客，这位乘客经常出差，以至于没有家，所有物品都保存在租来的仓库里，而且与机组人员很熟，彼此可以直呼其名。辛勤工作似乎是一种美德。同样，对于大多数美国人来说，与之相反是不可思议的，懒惰是一种极大的侮辱，这只会为那些想躲在其背后的人提供掩护。我们在文化上确实与"少工作"的概念不相适应。

但是，或许我们应该鼓励人们少工作。工作都有几个非常现实的弊端。工作时间越长，工作质量是否越高，这一点尚不清楚。神经科学家称，我们的认知能力并不是在清晨达到巅峰（即使喝完咖啡后也不行），而是通常在入睡前的几个小时，这意味着平常的工作日很可能无法利用我们的最高生产力。研究还表明，人们专注于一项任务的最长时间是 5 个小时。当然，我们谈论的只是在越来越受电子产品干扰情况下的注意力持续时间。研究发现，当转换任务时，我们无法将注意力完全集中在新任务上，这就是所谓的"注意力残留",也就是一种认知残留,就像吃完比萨饼后手上的油脂一样,仍然附着在前一项任务上。工作可能要求我们同时处理多项任务,或在不同的任务间转换,但这并不意味着我们能有效地完成任务。

除无益外,过度工作实际上也会产生成本。据报道,因工作岗位的不同,30%到75%的人会出现职业倦怠(医生的职业倦怠率尤其高)。职业倦怠通常包括三个方面:精疲力竭、愤世嫉俗和感觉无效。《精疲力尽的终结》(The End of Burnout)一书思考了有关职业倦怠的统计数据是否低估了这一现象,因为很少有测量方法同时考虑三个维度。临床上还有一种被称为"工作狂"的病症,即内心强烈地想要去做超出合理预期的工作,即使不工作也会对工作念念不忘,尽管工作会对婚姻和健康等生活领域造成负面影响,仍要继续工作。尽管工作狂往往比其他人工作的时间更长,但它最好被认为是对工作上瘾,不同于单纯的长时间工作。一项关于工作狂的研究综述发现,工作狂会给员工个人及其家庭带来负面影响。工作狂并没有更好的工作表现,他们对工作的满意度更低,工作压力更大。

想一想你的工作。你有多少次发现自己把时间花在了自己不愿意花的地方?也许是应该离开工作岗位的时候,你还没有停止工作,哪怕只是回复一封电子邮件或一条短信。如果你没有那么快回复,又会怎样?你在多大程度上助长了过劳文化?想想你理想的工作生活,你是一个工作狂,还是碰巧就是一个工作勤奋的人,抑或是那种渴望付出最少却换得最大回报的人?在你接受一份工作或做出改变之前,弄清你是什么样的人,以及未来的职位或职业要求是什么，会有所帮助。它是否符合你目前的生活方式和其他依赖你的人的期望？你周围的工作狂有没有给你施加压力，让你成为他们中的一员？

## 无怨无悔地工作

可喜的是，社会上已经出现了强烈抵制"始终不停地工作"的文化，虽目前势单力薄，却在日益壮大。在我们的网络中，人们开始在自己的电子邮件签名上写上这样几句话："我知道我的工作时间可能与你的不同。请不要觉得有必要在正常工作时间之外回复我。"他们越来越多地明确自己不上班的确切日期和时间，比如，夏季周五不上班，工作日下午5点以后不上班。那种附在邮件后面的"不在办公室"的自动回复表明他们正在高兴地度假、休息或因为其他原因没有上班，员工不必为他们在工作之外的每分每秒在做什么作出解释。尤其是管理者，当他们使用此类免责声明时，等于是发出了这样一个强烈的信号。无论是否有人听从本书作者的劝告，我们都曾亲自劝告他人不要过多工作，甚至我们彼此也劝告对方减少工作时间。

我们希望还能引起各类组织的注意。像大辞职潮这样的劳动力流动事件为工人提供了更多的筹码，让他们可以要求定期和不变的时间表、灵活的工作场所或工作时间，或合理的休息时间。例如，组织政策可以规定员工可以选择是否出席正常工作时间以外的活动，或者在员工必须出席的情况下提供适当的补偿。应制止加班文化，而不是视其为必不可少的，若是大肆宣扬这种文化，那就再糟糕不过了。员工及其经理应该定期对话，以评估工作范围是否适当，员工花时间做的工作是不是最重要的。想象一下，如果经理问：你为什么在这里？而不是问：你今天为什么没来？那是什么感觉。

在此，或许应该透露一下，我们是牺牲了难得的享受，在学术休假期间撰写这本书的，这种休假是学术工作者最好的待遇，不是之一，而是唯一。这样的休假可以让我们远离工作，专注于非常想做的研究课题；否则，我们可能找不到时间做。要获得休假，我们必须在学校工作数年，并提出一个有价值的课题。休假让我们看到了若没有平常那种干扰，我们可以做些什么样的事情。在工作中必然少不了干扰，比如教课和在行政委员会任职，通常是令人愉快的，只是它们会干扰写作。

最近，为了赢得人才争夺战，专业公司开始流行带薪长假。硅谷的公司提供这种长假，我们以前的咨询公司也提供。重要的是，人们真的会休假，视其为获得工作之外的空间、追求其他兴趣的宝贵机会。在理想情况下，人们不需要在休息和工作之间做出选择，有规律的长假可以让他们兼得。最近的一项研究调查了长假对人们职业生涯的影响。对有些人来说，这是休长假后实现职业生涯重大转变所需的工作间隙。然而，对于大多数参与者来说，他们要么更有信心也更渴望平衡好工作和生活，返回原来的工作岗位，要么在自己的领域里寻找更符合自己目标的工作。如果有更多的公司将休长假纳入其职业发展轨道，人们就不会太想视工作为一种极端选择，即要么提前退休，要么继续苦干。

我们还希望政策制定者能够采取行动，规范我们的工作时间和工作强度。《工作时间表法》(*The Schedules That Work Act*)为工人的生活带来切实的改变，防止像玛丽亚·费尔南德斯这样死于过度工作的事件发生。法规可以减少亚马逊那样的事件发生：员工死于工作岗位，而活着的同事不得不像什么都没发生一样继续工作。冰岛和丹麦等国的政府已经采取行动减少工时。与4DWG一样，这些实验的结果也非常令人鼓舞。诚然，很难想象美国的民选官员会批准这样的实验，因为我们对个人自由，包括一直工作的自由是如此地执着。也许，4DWG试点项目中的公司必须引领潮流，让闲暇时间多于工作时间的做法更能为社会所接受。

写完导言之后，罗伯特·诺齐克的《经过省察的人生》第一章开始谈论死亡。他做了一个思想实验，在实验中，他考虑是否有可能用一个分子式来确定"一个人有多不愿意死"，以此确定他们继续活下去有多大的价值。在克里斯托弗写这一章的时候，克里斯托弗的继父去世了，尽管一起生活更长时间是不可能的，但他的母亲一直希望如此。当生命值得活下去时，我们就会希望度过更长的时间，这一点在克里斯托弗的内心深处变得清晰起来。诺齐克认为，有些死亡被认为是"过早的"，比如死者没有准备，或者他们的亲友没有思想准备。在研究"9·11"事件时，我们经常遇到这种情况，它夺走了很多年轻人的生命，对新冠大流行的研究也是如此，它尤其夺走了很多老年人的晚年生活。他认为，当"还有很多可能的事情没有实现"时，任何死亡都是过早的。这就得出了一个遗憾分子式：他（或她）尚未完成的重要事情与其已完成的重要事情之比；以及一个相反的人生满意度分子式：一个人已完成的事情与未完成的事情之比。

以此看来，米歇尔·奥巴马的朋友苏珊娜·阿莱勒的去世虽然过早和悲惨，但也许并非死不逢时，因为她活出了自己不留遗憾的人生。而米歇尔之所以能活得更长，也许是因为她用了更长的时间才获得了人生的满足。她们截然不同的人生经历表明，正如退休倒计时现象一样，我们无法知道自己还剩下多少时间来影响这些比率。既然未来仍是未知数，而众所周知，我们又不擅长准确预测自己未来的命运，那么，与其为明天而努力，不如今天就开始做有意义的工作。"如果知道今天是我生命的最后一天，我会怎样活得有所不同？"虽然可以四处询问，但这样的假设并没有什么实用价值。不过，当面对威胁我们生命的事件时，很多人做出了不同的选择，这绝非巧合。如果你能重新思考何时工作和工作多久，从而致力于做值得做的工作，而不是完全不工作，那将意味着什么？

# 第二部分
# 价值何在

## 第四章

# 为爱,还是为钱?

[首席执行官]的时间并不比我的时间更宝贵,他的生命并不比其他人的生命更重要,只不过,以治理生态系统的术语来看,它们的确更宝贵,也更重要。

——[美]安娜·维纳(Anna Wiener),
《神秘硅谷》(*Uncanny Valley*)

## 工作的代价

在法国小说家莫泊桑的经典小说《项链》中,玛蒂尔德·卢瓦泽尔感叹"命运的错误",让她这个美貌出众的女子过上了平民的生活,"她没有嫁妆,没有期望,无法让任何一个富有而尊贵的人认识她,了解她,爱上她,并跟她结婚……她很不快乐,就像她真的从其应有的地位上跌落了一样"。在"她让自己嫁给了"一位"小职员"之后,她知道自己的丈夫根本不可能收到豪宅舞会的邀请,在看到自己没有什么值钱的服饰可穿戴时,她感到惊慌失措,"没有什么比在其他有钱的女人中间露穷酸相更丢人的了"。为了出席舞会,她购买了自己未曾有过的最昂贵的礼服,然后说服儿时的好友、富裕的福雷斯蒂尔(Forestier)夫人借给她"一条极品钻石项链",一看到它,"她的心里开始升起无尽的欲望"。

卢瓦泽尔太太梦寐以求的生活只是暂时的。舞会后,她发现自己弄丢了那条项链,惊恐不已,一夜显摆的代价换来了十年的痛苦。她决心在不暴露自己粗心大意的情况下归还项链,这反而激起了她的"英雄气概"。她的丈夫将自己微薄的遗产兑换成现金,他们再找人借钱,补足余款,购买了一条顶替用的项链。之后,为了还债,他们完全放弃了中产阶级的生活方式,过上了"可怕的穷日子"。丈夫晚上工作,她则负责"繁重的家务……以及厨房里令人生厌的琐事"。在还清3万6千法郎和付出10年的辛苦劳作之后,小说讲述者发现"卢瓦泽尔太太现在看上去明显老了"。一天,她在散步时与福雷斯蒂尔夫人擦肩而过,福雷斯蒂尔夫人还很年轻,起初并没有认出她来。当卢瓦泽尔太太讲述她为购买替代项链经历的磨难时,福雷斯蒂尔夫人"深受感动",紧紧抓住她朋友那双因长期劳作而粗糙的手,感叹道:"哦,我可怜的玛蒂尔德!我的项链是人造宝石做的。它最多值500法郎!"

这个故事是典型的莫泊桑式的作品,它敏锐地描写了阶级分化,并对其影响进行了无情的讽刺。他把各种情况不加任何评判地自然呈现给读者,比如,想要获得超越自己社会地位的金钱;女性在父权制社会中争取自主权；项链对一个家境贫寒的人来说，是无价之宝，而对一个富有的人来说却是不值钱的玩意；放债人的贪婪；以及辛劳使人变老。显然，小说从头到尾无处不涉及金钱。金钱决定了卢瓦泽尔太太出身的社会地位、她嫁人的社会层级、她对男人的物质依赖，以及她和她富有的朋友之间在社会地位和经济上的差距。金钱使她暂时跻身富裕阶层，又使她永远陷入贫困。卢瓦泽尔太太急需金钱是放债人收取高利贷的机会，而高利贷的利息和借款人的债务是复利的。与昂贵钻石的市场价值相比，卢瓦泽尔先生干一小时活的收入微不足道，这让他们的生活付出了代价，而且无法弥补。这一切只不过是为了一条项链！

文学评论家把莫泊桑归类为自然主义者，他以好奇而又全知全能的超然态度看待人的生活。他笔下的人物无法跳脱眼前的环境，进而从一个安全的距离观察自己的生活，也就没有足够的能力思考事情本可以不必如此。受困于不得不做工挣钱，卢瓦泽尔太太从未奢望问过这些问题：多少钱能让我感到幸福？为什么钻石如此昂贵？为什么有些工作的收入远低于其他工作？为什么我的工作收入微薄？我的工作所得是否值得我的付出？若你正在阅读本书，也许你至少足够幸运，可以就这样的问题扪心自问。

## 多少钱能让你感到幸福？

有人说金钱买不到幸福，但它却能买到很多似乎能让我们幸福的东西。钱可以买到卢瓦泽尔太太参加豪宅舞会时穿的礼服；钱可以买到钻石项链，如此，她也就不用去借项链了；更多的钱可以让卢瓦泽尔夫妇免受10年的辛劳。重要的是，金钱本可以为卢瓦泽尔太太提供一种捷径，让她过上自己想要的生活，好比她的生活就是一场持续不断的宫廷舞会。只有在持续不断的财富幻想中，卢瓦泽尔太太是幸福的："她狂舞着，激情四射，沉醉于快乐之中，在美丽带给她的喜悦中，在她成功的荣耀中，在幸福的云雾中，忘记了一切。"如果卢瓦泽尔太太生来就拥有更多的金钱，她的生活就跟普通人完全不同。

18世纪英国经验论者乔治·贝克莱主教写道："存在即是被感知。"他的这句哲学唯心主义口号似乎已被当代的很多冒充者采用，他们希望像卢瓦泽尔太太一样，认为财富可以赋予其人生以价值。用今天的话说，就是"假装富有，直到你真的富有"。这个世上不乏这种人，比如诈骗犯安娜·索罗金（Anna Sorokin），她出身于工人阶级，自称安娜·德尔维（Anna Delvey），通过冒充富有的女继承人和艺术品经销商，打进纽约上流社会；比利·麦克法兰（Billy McFarland），她是法约尔音乐节（Fyre Festival）的组织者，这是一场奢华的巴哈马音乐盛会，有富豪和名人促销，最后却成了"从未发生过的最盛大派对"；伊丽莎白·霍尔姆斯（Elizabeth Holmes）是诊疗公司（Theranos）的创始人兼首席执行官，号称这是一家健康技术公司，它宣布拥有一项突破性发明[1]，从而吸引了7亿多美元的风险投资，但投资者未能验证该发明是否真的有效；名字不无反讽意味[2]的萨姆·班克曼-弗里德，彭博亿万富豪指数显示，因其创

---

1 突破性发明指能用一滴手指血筛查各种癌症，实现滴血验癌的梦想。
2 名字 Sam Bankman-Fried 的讽刺意味在于 Sam 让人联想到 Uncle Sam，指美国（U. S.），Bankman 让人想到银行家（banker），而 Fried 指"油炸的"，合起来就是"油炸美国银行家"。但最后，自己却是那个被油炸的人。

办的交易和研究公司破产倒闭，这位加密数字货币大亨的数十亿美元净资产创下有史以来最大的跌幅。

混淆财富与价值就是混淆快乐与幸福。当我们声称金钱买不到幸福时，实际上是说金钱能买到的幸福并不是我们应该追求的幸福。经济学家将我们离开就不能活的东西定义为"需要的"，将离开也能活的欲望定义为"想要的"。西方哲学家将幸福区分为两种类型：快乐论和实现论，前者追求自我利益、讲求短暂的满足，后者在追求美德和价值方面更持久、更注重实际。对于情感和身体健康来说，实现型幸福最重要，而不是快乐型幸福。传统儒家的哲学家同样认为，满足了所有的欲望并非就是美好生活，而是满足了审慎的欲望，例如养育子女，让他们接受良好教育，并且彬彬有礼。这些说起来容易做起来难，诀窍在于明确想要的与需要的、快乐与美德之间的区别，并确定我们真正需要多少钱才算是过上了幸福生活。

弄清这一点不仅对我们个人很重要，对整个社会也很重要。毫不奇怪，生活在经济最底层对我们的健康极为不利。生活在贫困中的人幸福感较低，癌症发病率较高。平均而言，生活在富裕国家的人往往比生活在贫穷国家的人幸福感更高，国民财富的增加往往伴随着幸福感的增加。然而，这并不意味着我们需要成为超级富豪才能获得超级幸福。相反，根据诺贝尔奖获得者、心理学家和经济学家丹尼尔·卡尼曼（Daniel Kahnemann）及其同事安格斯·迪顿（Angus Deaton）被广泛报道和引起激烈争论的研究，我们想要快乐所需的钱数介于极贫和极富之间。2010 年，尽管要求人们回顾过去，评估一下自己的幸福感，他们却声称用不了 7.5 万美元就可以实现情绪健康。2021 年的一项研究发现，当参与者为自己的幸福感设定钱数时，并没有发现达到一定数额就会趋于稳定的效应。事实上，除了 20% 不快乐的受访者，其他所有受访者的幸福感都在增长，直至 20 万美元左右。尽管存在这些差异，但研究人员普遍认为，金钱对幸福感的影响会随着财富的增加而减弱。此外，那些为获得更多财富和金钱而奋斗和努力的人往往幸福感较低，体验到较低的实际幸福感。

瓦莱丽·提比略（Valerie Tiberius）是一位哲学家，她在《反思人生》(*The Reflective Life*) 一书中借鉴了当代社会心理学的研究成果，她认为正确的生活是"在我们的限度内明智地生活"。要做到这一点不无挑战性，毕竟在一种炫耀性消费文化中，引人注目的物质财富往往就是身份地位的象征。由于这涉及我们需要多少钱才会幸福的问题，因此可能没有一个确定的、放之四海而皆准的数额，尽管对很多人来说，这个数额会高于贫困线，而且可能不会超过幸福感趋于平稳的线。或许问题的答案不在于多少钱，而在于我们如何确定需要多少钱。很多人在确定需要多少钱可以支持想要的生活方式时会犯错误，卢瓦泽尔太太可能犯了同样的错误，研究人员在寻找幸福的经济门槛时也犯了同样的错误。如果反其道而行之，即在我们渴望从事的工作范围内选择可以让自己活下去的生活方式，而不是选择过上想要的生活所需的工作，会怎么样呢？

## 我们如何为钻石定价？

很遗憾，对于卢瓦泽尔太太和大多数人来说，工作的代价和幸福以及用前者获得后者的能力并不完全掌握在我们手中。相反，在很大程度上，它们是由我们无法控制的市场力量决定的，这种力量被称为"看不见的手"。颇具讽刺意味的是，在亚当·斯密的巨著《国富论》中，这个著名的短语只出现过一次，它指的却是当每个市场参与者理性地追求自身利益时，价格和生产是如何自我调节的。

读研究生时，在研究为何某些钻石比其他钻石更贵时，克里斯托弗算是认识了什么是"看不见的手"。某天，他跑到了纽约钻石区[1]，那里是曼哈顿第47街上一片不起眼的门店和仓储式零售柜台，不过也只是世界上最大钻石购物中心的冰山一角。但他来此街区并非为了研究经济理论。相反，他是为了购买他考虑过的最昂贵的东西：为他未婚妻买一枚订婚戒指，而他当时正靠做临时工、在当地大学不定期任教和助学贷款度日。

正如斯密解释的那样，"我们对晚餐的期待不是源于屠夫、酿酒师或面包师的仁慈，而是来自他们对自己利益的考虑"，钻石商人对克里斯托弗的微薄收入和婚姻的梦想并不关心。相反，他们都遵守标准化的批发价格表，这似乎是一种完全理性且有利可图的定价模式，在这种模式下，成本随着稀缺程度的增加而上升，是典型的由"看不见的手"调节的供求系统。

但钻石市场远没有如此理性。购买一枚订婚钻戒往往是为爱痴狂的买家完全非理性的交易。可是，离钻石区几步之遥，就是蒂芙尼和哈里·温斯顿的珠宝旗舰店，在那些戒备森严的店里，看似相

---

[1] 纽约第五大道和第六大道之间的那段第47街被称为钻石区（diamond district），90%进入美国的珠宝在此中转，著名珠宝商聚集于此，珠宝店有两千多家。

似的物品有时却能卖出两倍的价格。在蒂芙尼，克里斯托弗看上了不止一枚戒指。这里的样品展示间历史悠久，在奥黛丽·赫本主演的电影里可以看到，还有衣着考究的销售人员助你选购。后来，克里斯托弗回过神来，不知道自己是喜爱戒指本身，还是迷恋该店令人陶醉的购物体验。最终，在购买戒指的过程中，最不浪漫的部分是在两颗钻石中选择购买哪一颗，它们拥有几乎完全相同的美国宝石研究院的证书，其中一颗价格较低，出自第47街的一家小店。不过，那家店还附了一个提议，即把空盒子寄给克里斯托弗的奶奶，因为她所在的州没有销售税，但这种做法并不靠谱。[1] 另一颗价格较高，包装在印有该店标识的蓝色知更鸟蛋盒子里，实际成本只占总标价的极小一部分。当买家采取非理性行为时，卖家就会从中渔利。

显然，斯密从未有过购买订婚戒指这种浪漫的特权，或者收到豪宅舞会的门票，忘我地带妻子前去参加。正如《谁煮了亚当·斯密的晚餐》(*Who Cooked Adam Smith's Dinner?*) 一书的作者凯特琳·马歇尔（Katrine Marçal）所说，斯密从未结过婚，一直跟母亲生活。但是，当代经济学家已经认识到，情感和其他非理性的力量会让钻石的购买者处于不利地位，因为他们想要得到体现幸福的东西，这种渴望会让其价格远非其劳动收入能负担得起的。钻石的情况表明，在市场体系中，商品价格和价值的一致性是理性市场规范

---

[1] 若在纽约购物，买者就必须支付纽约州的销售税。但是，如果商店把包装盒子寄给所在州没有销售税的某人，当作那人购买的，却把盒中物品交给实际的买者，那买者就会省下纽约州的销售税。尽管有时会这样做，但很少见，而且违法，也不会公开谈论。因此，作者称这个提议不靠谱。

("看不见的手")和非理性人类行为相互作用的结果,这些非理性人类行为会影响买者的偏好,包括习俗、惯例以及卖者的行为。它们可能会让我们陷入卢瓦泽尔夫妇那种终生的遗憾,也可能会再次证实克里斯托弗学术研究的一个重要主张,即生活中一些最重要的东西是无价的,尽管我们还是会给它们贴上价格标签。同样,我们也应该警惕这样的假设,即某人的劳动在市场上的价值表明了该劳动的真实价值,也是一种公正的衡量。如果钻石等实物商品的市场可以如此容易地被情感左右,可想而知市场上人的劳动的成本和价值会有多大的偏差。

## 我们如何为工作定价?

4岁时,凯瑟琳·格卢克(Kathleen Gluck)就知道自己有朝一日会成为合伙人:这关乎声望,是对自己辛勤工作的认可,这是自己的职业生涯需要攀登的顶峰,而她已经如愿以偿了。现在,四十多岁的她回忆说,"目标就是成为我父亲那样的人",她父亲是纽约一家律师事务所的合伙人,事业有成。16岁时,她有了第一份有薪工作,职责是法务助理,雇用她的是一家专攻移民法诉讼的法律事务所。她是在高中的布告栏上看到广告后去应聘的,但纽约律师事务所的圈子就那么大,她的雇主认识她的父亲。那年年底,凯瑟琳开始帮着填写移民表格、准备签证面谈和出庭,基本上就是在做律师助理,并领取相应的报酬。她反思道:"当其他一些与我同龄的姑娘梦想着她们的婚礼时,我想得更多的是如何考取律师资格。"在大学里,她投入从化学工程到哥特式建筑的各种学习中,因为用

20世纪50年代的电影《欢乐梅姑》(*Auntie Mame*)中梅姑的话来说,"人生如宴席,大多数人只有挨饿的份。"她一边陶醉于艺术和科学,一边申请法学院。然而,在毕业前三周,她突然意识到,她不想读法学院了,这将永远改变她的生活和经过深思熟虑的职业规划。她利用自己"设法解决问题"的能力和喜好,拼命找工作。她从法学院退学,然后选择去上班,她父亲至今还会谈及这个决定。

凯瑟琳听了一位朋友的建议,求职安达信(Arthur Andersen),获得了一个职位。安达信是当时五大会计师事务所之一(2002年安达信倒闭,现为四大会计师事务所)。最初让这些公司崭露头角的业务是财务报表审计,即确保世界上最大的跨国公司公平地陈述其资产、负债的相对价值,以及任何可能被经理们为提高股价而操纵的东西。世纪之交,在经济陷入衰退的同时,一系列会计丑闻爆发,从中不难发现,审计是"世界金融体系信心的基石"。想到资产负债表和纳税申报表格,普通员工的心可能不会怦怦直跳,但确保这些体系的完整性,让凯瑟琳和其他从事此类工作的会计师有了值得为之奋斗的目标。用金钱衡量一切的价值,这种制度也让财富和价值混为一谈。

很可惜,凯瑟琳来到安达信时,恰逢该公司因安然会计丑闻倒闭。但她的会计职业生涯已经起步。她去了安达信昔日的竞争对手公司,不断晋升,其间还拿到了工商管理硕士学位,并从高级审计员晋升为经理。为了丈夫的事业,她一度离开公司,搬到芝加哥,但后来又以董事的身份回到公司,而她的晋升之路并没有受到任何明显的影响。凯瑟琳儿时的梦想是要成为合伙人,幸运的是,在这个新的职业中依然有望实现。这些公司的结构是合伙制的,意味着她为之工作的人不仅管理她的工作，还拥有她的工作场所，在公司的股份包括家具和知识资本的股权，甚至包括付出最多工作时间的员工。在这些组织中，衡量成功与否的唯一标准是合伙人的人均收入。它决定了合伙人的股份价值、在业务部门之间的收益分配方式、多少收入能向下惠及员工工资，以及"人力资本"的价值。在这个一切都货币化的体系中，员工有时被称为"人力资本"。

《国富论》开篇简要讲述了斯密对一家大头针工厂的考察，这家工厂与这些公司有着惊人的共同之处。他解释说，让他惊讶的是，制作一枚大头针需要18道工序，而这些工序在流水线上能更加高效地完成，"一个人拉长铁丝，另一个人拉直，第三个人切截，第四个人弄出尖头，第五个人打磨另一端的顶部，以便衔接针的平头"，如此等等。他推测，若一位技术不熟练的工人单独加工，可能在一天内很难制作出一枚以上的大头针。他计算过，在一家有10名工人的工厂，若都受过训练，每人都可完成两到三种不同的工序，一天就能制作出48 000多枚大头针，即每人每天能制作近5 000枚。斯密在《国富论》中主要关注的是理解资本主义生产方式下劳动分工的生产潜力，但同时解释了资本在劳动者之间的分配，以及为什么有些人比其他人富得多。

在斯密考察大头针工厂的两百多年后，会计师事务所开始利用其所谓的杠杆模式赚钱，这种模式本质上就是资本主义劳动分工的缩影。吉尔·安德烈斯基·弗雷泽（Jill Andresky Fraser）称这些公司为"白领血汗工厂"。在这些公司中，资本家是合伙人，他们的投资推动了企业的发展，就像《国富论》中大头针制造商的所有者投入资金建造和经营工厂一样。员工是劳动者，每个人都擅长某种形式的技术编码、电子表格计算或数据分析，跟大头针工厂的体力劳动者各自负责生产流程的不同工序完全一样。当然，与17世纪末的大头针工厂相比，会计师事务所的工作场所条件有了很大的改善，但从根本上说，二者的经济状况是相同的。随着经验的增加，单位时间的计费率逐渐提高，这就促使人们将工作分解至最低的技能层面，并尽可能减少合伙人的监督。

员工绩效的间接衡量标准是利用率，即向付费客户收费的时间百分比，它表明在这些公司里，时间就是金钱。对会计师而言，计算人的生产率的方法与计算机器生产率的方法相同：看其使用频率。让机器停机维修就相当于让员工休假、病休或出任陪审员。在保持利用率的压力下，很多员工每年的工作时间远远超过3 000小时，与其通过专业培训发展广泛的专业知识，还不如反复熟练地掌握相同的技能。这需要时间。辛苦工作和旅行耗费了人们数年的时间，这也被视为获得高薪的理由。但是，那些厌倦了这种无休止的节奏和期望的人，有时会觉得自己被"金手铐"束缚住了，因为他们已经习惯了这种生活方式，如果要离开的话，根本走不起。他们越是重复完成所需的任务，就越能胜任工作。越能胜任工作，就越感到无聊。越感到无聊，就越需要金钱来激励他们。越是被金钱激励，合伙关系就越有吸引力。

就连亚当·斯密也认识到，大头针制造不可能永远进行下去。在《国富论》的结尾，他认识到重复劳动会毁掉我们。他说："一个人的一生都在进行一些简单的操作……没有机会运用他的理解力，也没有机会发挥他的创造力……因此，他自然而然地失去了这种努力的习惯，通常会变得愚昧无知，就像一个人可能变成的那样。"与可怜的卢瓦泽尔太太和大头针工厂的工人不同,四大会计师事务所的会计师还算幸运,当工作付出的代价似乎不再与他们得到的报酬相当时,他们可以选择离开。

但凯瑟琳与众不同,她对每一个新的会计等式都很着迷。快四十岁时,她成功了:她被接纳为合伙人。她觉得自己被选中了,并指出"不是你'造就'了合伙人,而是合伙人造就了你"。凯瑟琳是个博学的人,在我们的采访中,她可以毫不费力地引用《新约全书》《哈利·波特》和《欢乐梅姑》里的话。作为一位四大会计师事务所之一的合伙人,她很喜欢同事之间的情谊,她把这种友情比作"找到了自己在霍格沃茨的学院"。这些都是她的人,被自己的人认可感觉非常好。与此同时,凯瑟琳敏锐地感受到了杠杆模式消极的一面:她实现了毕生的目标,却发现在很多方面,业绩的压力和相应的自我怀疑从未如此强烈。她是俱乐部的一员,却觉得必须不断证明自己有理由留在那里。正如凯瑟琳反思的,"促使这种文化形成的主要是一个谬见,那就是合伙人个人的收入是衡量其价值和重要性的标准"。她将这种谬见与她对自身价值的信念加以调和,最终,她得以挑战在职业生涯中为之奋斗的一切。

## 为什么有些工作的薪酬比其他工作高得多?

有一种诱人的想法是,因为会计和咨询是选择性很强的职业,进入门槛至少需要大学毕业,通常需要研究生学位才能晋升,他们理应获得高薪。在公司待上几十年,你就可以住进曼哈顿的大房子里,拥有多辆汽车,并到汉普顿避暑。

在大多数组织中，工资最高和最低的员工之间横亘着一道鸿沟，而且只会越来越宽，《快公司》（*Fast Company*）杂志 2022 年的一篇文章称这种现象为"贪婪膨胀"。平均而言，2021 年这一差距为 399 比 1，而 1989 年仅为 59 比 1。2021 年，麦当劳首席执行官的收入是员工平均工资的 2 251 倍；据报道，亿客行（Expedia）首席执行官的收入是员工平均工资（约 10 万美元）的 2 897 倍。为了促进薪酬公平，冰激凌生产商本杰瑞（Ben & Jerry's）最初将首席执行官本·科恩（Ben Cohen）的薪酬上限设定为最低薪酬员工的五倍。但当科恩退休后，该公司找不到合格的替代者，除非逐步提高这一比例，否则无人应聘。后来，无奈之下，公司只好同意拱手，出售给全球大型企业集团联合利华，这也预示着它所坚持的薪酬公平原则也要放弃了。在美国，首席执行官的平均年薪为每年 1 560 万美元，无论按何标准衡量，这都是一笔巨款。除了职业演员、运动员和偶尔出现的生活方式的影响者之外，首席执行官可以领取巨额薪酬，我们听习惯了，也就见怪不怪了。但在这些职业中，也存在着类似从高到低的薪资水平。2022 年，美国职业橄榄球大联盟的平均工资为每年 270 万美元，但顶级四分卫的收入大约是这个数字的 17 倍。同样，主演电视剧的大牌演员都是"百万美元俱乐部"的成员，如凯文·科斯特纳（Kevin Costner）、海伦·米伦（Helen Mirren）和马赫沙拉·阿里（Mahershala Ali），他们每集电视剧的片酬高达 100 万美元，而初登荧幕的新人只有拿到这个数字十分之一的片酬，尽管如此，仍然是个不小的数字。这还不包括从广告和促销合约中额外获得的数百万美元，这使得富者更富。经济学家罗伯特·弗兰克（Robert Frank）称这是一个"赢者通吃的市场",少数优胜者切掉了报酬的极大一块,剩下较小的部分则由其余人分吃。他们获得如此高的收入并非因为业绩比别人突出很多,而是因为他们"成功"登上了显赫的位置。最高层的管理者比其同事挣得多得多,这是名副其实的吗?我们中的任何一个人又有多大机会能够登上那个高高在上的位置呢?

工作的报酬并不取决于其对社会的贡献程度,对于此观念,我们已经习以为常了,以至于不会质疑它的正确性。在2021年的一项研究中,450多种职业中的从业者被问及他们是否认为自己的工作让世界变得更加美好。然后,研究人员调查了他们的工资,发现那些自认为工作有意义的人收入较低。一般来说,工作越有意义,工资越低。当然,也有二者可以兼得的,工作既有益于社会,报酬也很高,比如外科医生和麻醉师。但是,在该研究报告最有意义的工作列表中,神职人员的工作排名第一,其平均工资为46 600美元。排名前十的有意义的工作还有幼儿教师、康复顾问和宗教教育主任[1],他们的平均年薪都不超过4万美元。

为什么社会上认为最重要的工作往往报酬最少?一方面,一些对社会最有益的工作之所以对社会有益,是因为它惠及了那些无力支付服务费用的最贫困成员。这就是为什么律师事务所的无偿工作通常是为了做公益(或至少是为了树立良好的公关形象),而非考虑客户的支付能力,况且,富裕客户支付的高额费用足以补偿这部

---

[1] 宗教教育主任(directors of religious education)是通过教堂、礼拜中心或学校监督特定宗教教育运作的专业人士。他们与教师或其他讲师、教徒和其他宗教领袖合作,创建并坚持符合宗教教义的课程,向学生传授特定信仰的教义,工作地点包括基于信仰的中小学、教堂和宗教夏令营等。

分的费用。但是,可能还有另外一个原因。研究表明,选择在非营利部门工作的人往往内在动力更强,他们越是为了工作而工作,就越不关心薪酬的增长。在自己的研究中,珍妮弗发现:认为工作更有意义的人会付出更多努力,不管他们从事什么类型的工作;无论是否获得更多的报酬,他们照样会做自己的工作。

在市场经济中,无论好坏,现行工资往往就是人们同意从事这项工作的报酬。而在市场中,无论是按职业分,还是按地域分,如果工作机会很少,或者仅有的工作报酬很低,低工资就会长期存在。在学术界,兼职教授的工资也有类似的经历,他们中的很多人每学期被迫在多个学院承担多门课程的教学任务,而这些课程的工资加起来也仅勉强维持生活而已,并且他们不享受任何福利或工作保障。一位学校官员说:"我们之所以能提供如此低的工资和福利,是因为有人愿意接受。"说此番话时,那人的语气是冷漠无情的。若是认为市场上之所以存在这种结果,乃是因为它们是公平的,那目光太短浅了;同样,认为工资准确地反映了工作的真正价值掩盖了这样一个现实:相比其创造的价值,从业者的工资过低,却还要指望其过日子。如果社会工作者或居家保健助理能拿到高薪,而不是以管理理财账户或保险销售为业的人能获得更多的报酬,社会将会是什么样子呢?

## 为什么"女性的工作"价值被低估?

卢瓦泽尔夫妇经历了长达十年的磨难。十年间,为了偿还丢失的项链,他们过着一种新的生活:"他们辞退了女佣,搬了家,租了一间屋顶阁楼。"然而,卢瓦泽尔太太一分钱没挣,还债指望不上她。不过,她包揽了所有的家务,这在以前是花钱请女佣做的。假设将她的工作反映到利润表上,用会计术语说,就是她没有创造收入,但减少了支出。她的丈夫为了赚钱,又打了一份工。他将继承自父亲的遗产变现,又签了几张本票。在经济上,卢瓦泽尔太太什么也做不了。

自《项链》于1884年出版以来,时代和性别角色都发生了变化,但并不是我们想象的那样。凯瑟琳·格卢克在37岁时成为合伙人,但那是例外。她以前供职的公司在全球各级员工中实现了男女平等,其中49%是女性,但其合伙人中的女性只占23%,这在该行业中是一种典型表现。试想你是一位女性员工,却从未与女性合伙人有过交流,那你就更难想象自己会达到合伙人的位置了。榜样的力量会激励女性将自己视为领导者,并对自己的表现充满信心。显然,在这些公司中,女性从入职到晋升之间出现了一些问题,尤其是,职业发展和组建家庭这两个目标相互矛盾,影响了女性的发展。

同样,在我们所在的学术界,在希望抚养年幼子女的年龄前后的很多人其业绩压力最大。现实情况是,"无论文,便出局"的学术压力导致一些女性将养儿育女的时间推迟到获得终身教职之后。在新冠大流行期间,女性的生产力下降,男性的生产力反而提高了,有孩子的女性拒绝担任领导职务的比率是没有孩子的女性的三倍,而且这种影响是持久的。部分原因在于社会对两性在疫情防控期间的活动方式有不同的期望。在世界各地,当学校和托儿所关闭后,无偿育儿的责任过多地落在了女性身上,尽管她们可能仍然继续从事着有偿工作。在美国,女性进入劳动力市场的比率在下降,幅度超过了男性，没有大学学历的女性和非白人女性尤其如此。特别令人不安的是，在新冠大流行所带来的经济和就业压力下，一些国家对家庭暴力的态度更加宽容，当然，主要是指男性对女性的施暴行为。

尽管卢瓦泽尔太太那时所在社会阶层的妇女可能既没有经济地位，也没有足够的财力外出"打猎和采集"，但时至今日，妇女的经济能力仍然低于男性。2020年，美国女性的平均工资为男性的84%。性别工资差距已被广泛报道，其原因和后果却复杂而持久。研究表明，工资差距并非由男性与女性在教育、经验或能力上的差异造成的。其中一个因素是顽固的职业成见，即工作的性别适合性，这种成见让更多男性从事涉及科学和数学的高薪工作。生育、照顾家人以及与此相关的职业中断和工作时间的减少影响了妇女工作的连续性及其收入。职场歧视和骚扰是造成妇女机会不平等的另一个原因，其中包括晋升机会的不平等。当然，不仅仅是妇女，历史上受到歧视的群体在工资方面也处于劣势，而对于那些两种身份都占的人，如非白人妇女，她们的劣势更重。

玛雅·帕特尔（Maya Patel）在一家中型管理咨询公司工作，是其仅有的两名合伙人之一，也是一名非白人女性。她很早就意识到，造成公司工资不平等的原因之一是薪酬水平缺乏透明度。于是，她创建了一个标准的各职级工资表。表现出色的员工只有通过晋升才能增加工资。绩效考核影响的是一次性奖金，不会影响工资。工资表外的要求和其他试图通过谈判获得更高薪酬的尝试想都别想。这种做法与咨询业"无所不用其极"的进取文化背道而驰，事实上，玛雅很难让公司的其他部门采用这种做法。但是，在她负责的部门，人员流动率明显低于其他部门。在某种程度上，这与她看到的情况相符：初级员工已经开始接受绩效考核，并公开分享他们的薪酬信息。我们可能希望保持通过谈判获得更高薪的选择权，但真正重要的是我们知道得到了公平的待遇——根据职级，得到了该得到的。这种做法消除了主管偏见和男女薪酬不平等发生的可能。它还有助于那些不喜欢不断谈判薪水导致压力的人，或担心别人得到更好待遇的人。确保工资平等对那些因工资不平等而蒙受损失的人最有帮助，然而，所有员工都能从中受益。

在某些文化中，社会对经期妇女存有偏见，有些人因为买不起卫生护垫而无法离开家，这些都成为她们获得学历和加入劳动力队伍的障碍。哲学家玛莎·努斯鲍姆（Martha Nussbaum）主张改变我们衡量国家繁荣的方式，将健康和教育的公平纳入其中，以抵制在某些社会难以消除的偏见，即女性在基本健康、营养和身体完整性方面不配享有与男性同等的权利。由诺贝尔奖得主穆罕默德·尤努斯（Muhammad Yunus）创立的小额贷款先驱格莱珉银行（Grameen Bank）强调向妇女提供贷款，因为她们不太可能通过传统银行获得资金，而且因为传统就业的障碍，她们往往求助于创业。她们更有可能偿还贷款并非偶然。

所有证据都表明，当女性外出工作时，她们的工作质量与男性相当，但工作价值却一直被低估。这种薪酬的不平等表明了一个有关价值和工资的显而易见的结论：我们所赚的钱并非我们工作价值的完全体现。截至目前，世界上最富有的十个人都是男性，从而强化了这一传统认识：男性在自身净值方面高过女性。这一点对人的价值影响很小或没有影响，但在一个父权制的社会，它对维持财富的世代相传影响巨大。与此同时,女性在家庭中过多地承担了家务,它没有创造经济价值,对于社会却是无价之宝。经济上的无价值限制了女性体验高薪工作带来的自我价值满足感的机会,任何在职场被贬低工作价值的人亦是如此。政治家们提议为在家的父母支付报酬,但在是否支付报酬或支付多少报酬的问题上无法达成一致,而这不足为奇。对赋予家庭内的工作以价值表示质疑,表明了有关工作和工资的另一个结论:有时最有价值的工作得到的报酬却最少,还得是在有报酬的情况下。

## 我们为工作付出的代价值得吗?

凯瑟琳·格卢克一生都在想象合伙人带给她的美好感受。但是,她的合伙人生活实质上是一种认知失调的生活:在实现了不可能实现的最高目标时,她会有一种归属感,而当她尽了最大努力却未能实现收入目标时,她又会陷入绝望的低谷。现在回想起来,凯瑟琳意识到自己准备好了接受合伙人的智识生活,却没有准备好接受其情感生活。她每天的生活都在不断提醒她,尽管她一直在鞭策自己比以往任何时候更加努力地工作,但总觉得还不够。凯瑟琳反思道:"每天都在提醒我工作干得没有价值。"在她工作的那样的公司里,员工习惯于认为价值是一个维度,其余一切归结为另一个维度,那就是薪金。"创造价值"意味着赚钱。工作做得好的人可以分得"余额",表现不好的人则是公司的"负债",员工则是公司最重要的"资产"。

这些术语并非这些公司独有。它们已经完全融入了人们的词汇中,以至于听到它们不会立马想到它们其实是会计用语。在我们生活和工作的文化中,"花时间"是一个耳熟能详的习语,以至于我们不会考虑它是如何将时间变成一种可以花费的金钱。这种思维方式在我们的文化中根深蒂固,以至于莎士比亚在他的第30首十四行诗中,将"时间的浪费"视为我们"花钱买的"。我们工作在一个消耗(或花费)时间的体系中,其中,任何有价值的东西都被赋予一个价码,这个体系改变了任何按其规则生活的人对价值的全部理解。

赋予某样东西以货币价值时,我们是在谈论它的独立价值。另一方面,价值本质上是相对的,是一种东西的价值与另一种东西的价值的两两比较。货币只是一种便利交换的媒介。然而,我们在本章所提的问题总离不开用具有货币价值的东西交换其他具有非货币价值的东西,前者如我们的工作,后者如我们工作之外的生活。若是为了钱而工作,我们总会进行这种计算。

至于我们为工作付出的代价与得到的价值回报是否相当的问题,需要仔细研究我们最常用来形容工作所得的一个词:报酬。我们应该因为工作获得报酬这一概念不仅意味着工作使我们面临与工作相关的危险,而且意味着工作本身就是一种损失、伤害或痛苦,因此,我们需要获得相应的补偿。

最明显的损失就是时间。做这件事,就无法从事其他有价值的活动,若不是因此得到了报酬,我们本可以做其他事的。经济学家称之为机会成本,即没有得到的未选之事的潜在收益。顺便提一下,此类时间的价值往往不包括加班、通勤时间和情绪劳动,情绪劳动是我们为工作付出的心理代价。新冠大流行把通勤成本问题推上了风口浪尖,因为很多工人不再每天上下班,越来越喜欢上了居家办公的灵活性。公共卫生紧急状态结束后,雇主们试图强制要求他们返回办公室,却遇到了所谓的"巨大阻力":员工们拒绝了,有些人甚至宁可辞职,也不再回去。

正如伊丽莎白·安德森(Elizabeth Anderson)在《私人政府:雇主如何统治我们的生活(以及为什么我们不谈论它)》(*Private Government: How Employers Rules Our Lives [and Why We Don't Talk About It]*)一书所述:工作而致的损失还包括丧失自由。企业希望我们服从未经选举的上级,遵守一系列的标准:穿什么衣服、留什么样的发型,甚至工作时和工作之外允许说什么话。我们的通信受到监视,进出工作场所的时间受到限制;有时,涉及操作重型机械的危险工作时,我们可能还要接受搜身和医学检查。安德森描述的职场是资本主义社会的。如今,逐一记录行踪和击键(击打键盘)已经成为可能,借助人工智能和这些记录,同样的任务会受到秘密甚至更具侵入性的监控。与现代的咨询工厂[1]相比,斯密的大头针厂可能更容易造成工伤,但压力和劳累过度对健康的危害是一样的。工人经受的痛苦也是一样的,他们被困于循环重复中无法自拔。

对凯瑟琳·格卢克来说,这种自由的丧失体现在她所谓的"冷冰冰的机器"上,即一个可以跟踪记录数十个指标的考核体系,"任何一个指标只会让我更加苛责自己"。她开始扪心自问:相比她得到的报酬,从事这项工作付出的代价是否值得。为了回答这个问题,她使用了自己擅长的一种工具:转移定价。这一概念有时会被跨国公司滥用,以减少在高税收国家的利润,同时提升在低税收国

---

[1] "咨询工厂"与"咨询公司"同义。作者采用"工厂"一词,只是为了强调咨询公司的工作与我们想象中的大头针厂的劳作没有多大的区别。

家的利润，但企业内部的转移行为却是合理的应用。凯瑟琳设想如何将转移定价的逻辑应用到工作和生活中。她想知道，如果把生活中的各个领域看作相互给予和接受东西的部门，那会怎么样呢？一夜"假富"可以体验到喜悦和快乐，但是否值得卢瓦泽尔太太付出如此的代价？这不仅指为了替换丢失的项链而付出的辛劳和遭受的痛苦，还指如果补不上，即便继续过正常生活，她仍将面临的痛苦折磨。这台不近人情的"机器"充满自我怀疑和轻视，凯瑟琳的职责是否值得她为之付出不菲的代价？

凯瑟琳创造性地引用了另一种会计工具来帮助我们思考工作的价值：净现值。正如第三章中探讨的那样，有时我们不仅要核算现在生活的一部分与另一部分之间的交易，还要核算预期未来有回报的当前交易或决策的价值。可以说，我们在职业生涯早期的工作生活中付出的高昂代价，促使职业身份产生了变化，我们得以撰写本书。写一本值得他人阅读的书，几乎是没有休止的负担，或许这是我们的职业生涯迄今为止最大的挑战。它促使我们比自己希望的更早起床，晚上和周末写到很晚。一旦想到与本书有关的事情，我们就要不断地从生活的流程中抽离出来，必须立即写下来。净现值可以作为一种务实的规划工具，用于决定当前职业的投入是否日后会有相应的获利。

如果卢瓦泽尔太太将净现值法应用于自己的生活，她有可能放下自己的虚荣心，承认弄丢了项链，而不是颠覆自己的生活，去挣一条项链回来。如果一开始权衡过丢失项链的风险，她也许就不会沉溺于一晚的享乐之中。实际上，净现值认为金钱（或幸福、意义、时间等）的现值可能高于未来的价值。因此，如果要放弃今天对我们有价值的东西,以便将来能够拥有更多,我们的决定就应该考虑到需要推迟满足的时间,同时考虑到设想的明天可能永远不会到来的风险,对未来价值加以折现。

对凯瑟琳本人来说,净现值计算揭示了她早已知道的事实,那就是她已经到了崩溃的边缘。她过去曾与抑郁症和强迫症做斗争,感觉"我作为一个人的价值与我生产的东西息息相关",这将她推向了绝境。一次重度抑郁发作让她产生了轻生的念头。只有在被逼到这一极端时,凯瑟琳才清醒地认识到,从长远来看,坚持走这条路是不值得的。她"不愿意为这份工作去死"。凯瑟琳召集负责人力资源的合伙人开会,并获准休假,恢复身心,过一段时间再开始工作。2020 年,世界因新冠病毒肆虐而到处封城,她称这一年是她"重获新生"的一年。凯瑟琳在博客中分享了她在心理健康方面的挣扎和她的健康之旅,她的同事得以了解并理解当时发生的事情,同时,也有类似经历的其他人知道他们并不孤单,就像她经常感受到的那样。过了多年以后,她的博客已成了那些同样疲惫不堪的专业人士想知道退一步意味着什么的宝贵资源。凯瑟琳说,她每周都会听到与她情况类似的人的声音,她指出这些人往往是合伙人或即将成为合伙人的人。过去人们常问她,离开原来的公司后,她是否认为自己的职业生涯就此结束了。但她指出,不无讽刺的是,她现在有了更多的机会。

## 工作的无形价值

你如何利用转移定价和净现值确定自己选择的生活和事业是否

值得？如果克里斯托弗在购买钻戒之前计算了净现值，他就不得不为快乐和婚姻幸福定价，这些都是无价之宝，也应该是无价之宝。会计师称其为无形价值，它表明有些商品的价值是无法衡量的，但他们还是在资产负债表中为其单列了一个细目，因为会计师需要为所有的东西标价。克里斯托弗买下戒指后做的第一件事就是对它进行估价和投保，但戒指的可保价值与它对于他和妻子的情感、象征意义和无形价值并不相称。当克里斯托弗最终决定买下他能买得起的最好的钻戒时，店员却自以为聪明地劝他等赚到第一个 100 万美元后再来"升级交易"成一枚更大的钻戒。这些人跳不出将一切价值货币化的系统，认识不到金钱价值之外的其他形式的价值。如果不是因为戒指，她会答应他的求婚吗？她坚持说她会的。她也仍然每天戴着戒指。

将任何事物的价值简化为纯货币价值，让我们的生活变得贫乏，而用金钱衡量婚姻价值的荒谬性只不过是其中一个具有讽刺意味的例子。其他无法计算和定价的例子不胜枚举。在埃利芙·巴图曼（Elif Batuman）的小说《非此即彼》（*Either/Or*）中，主人公发现诗集的价格并不取决于字数。英国街头艺术家班克斯（Banksy）在其画作以 140 万美元的高价拍出后立即"自毁"，这一著名的惊人之举凸显了为艺术品开出如此高价的荒谬性。艺术品本身具有审美价值，但很可能会被买家收藏于家中，从此便从人们的视线中消失，而班克斯的街头艺术不同，大众可以免费欣赏。颇为讽刺的是，这幅画竟然在画框里的碎纸机里卡住了，没有完全切成纸条，这种破损状态使其更加出名，反而大大提升了它的价值。社会学家薇薇安娜·泽利泽（Viviana Zelizer）在其著作《给无价的孩子定价》(*Pricing the Priceless Child*)中指出，随着时间的推移，人们对儿童的价值的看法也在不断变化，从"经济上无用"到"情感上无价"，这导致了儿童人寿保险政策的潜在剥削性，也说明了任何事物的价值都可以货币化这一观点的局限性。

工作是另一种商品，其市场价格可能与其无形价值不成比例。选择工作时，人们可能会考虑哪种机会能以最小的付出获得最大的报酬。但是，这种方法忽略了工作的所有其他原因，包括超越自我、参与更大目标的机会、对所建关系的情感上的承诺，以及在做出贡献时感受到意义所在。

如果工作的价值同样体现为市场价值，那我们就很容易决定自己一生做什么样的工作。但我们并不生活在那样的世界里，应该警惕用有形的货币净值来衡量自我价值的无形价值。我们应该谨防因为报酬不够而限制我们从事重要工作的潜力。正如亚当·斯密所言，市场会以更高的报酬来回报令人痛苦的工作，反之，对我们来说最有价值的工作却往往报酬最低。这种不对等性有助于解释为什么很多内心生活很有趣而且有抱负的人常常感到困顿，就像被困在血汗工厂里，从事乏善可陈的职业，工作付出超过收入所得，却得不到正确评价。对他们来说，除了得到工资，对其日常的艰苦有所补偿外，这些职业几乎没有任何价值。然而，尽管凯瑟琳的境况很凄惨，但她还是找到了自己的立足之处。在离开合伙公司后，她得到了某技术公司首席执行官的职位，此后，她还担任了董事会顾问和高管教练。她有能力在价值和金钱之间做出选择，这是卢瓦泽尔太太和斯密考察的大头针工厂的工人都无缘拥有的特权。

## 第五章
# 热爱工作就够了吗？

不要为钱而写作，否则，你就是傻瓜。不要考虑盈亏损益，否则，你就是傻瓜。不要想着每小时赚多少钱，每年赚多少钱，甚至一辈子赚多少钱，否则，你就是傻瓜。最后，甚至不要为爱而写作，尽管这样想也挺好。你之所以写作乃是因为不写作就无异于自杀。

——［美］斯蒂芬·金（Stephen King），
《斯蒂芬·金的故事贩卖机》(*Skeleton Crew*)

## 华盛顿广场公园的浪漫与拉赫玛尼诺夫

一架施坦威小型三角钢琴摆放在格林威治村华盛顿广场公园的中央。无论怎么看，这一场景都谈不上协调。钢琴上粘着一句话：

"该乐器会杀死法西斯主义者",这是向伍迪·格思里著名的民谣吉他致敬[1],但从钢琴里传出的音乐明显是肖邦、德彪西和拉赫玛尼诺夫的古典乐曲。钢琴是如何来到公园中心的?看到搬运公司的厚毯子,便不难得知。现在,毯子铺在地上,以示邀请人们躺到钢琴下面,用身体当"声墙",以充分体验音乐。还真有两到三人并排躺到了钢琴下面。哈金斯是这一体验的核心人物,他之前是一位伴奏师,曾在音乐学院接受过专业伴奏训练,后转为全职街头艺人。自从第一次品尝到公开表演的滋味以来,他已经在这个公园用这架钢琴表演了15年。

哈金斯每天拖着一架重达900磅的钢琴往返于繁忙的纽约市公园,这充分说明了他对艺术的痴迷程度。他负责协调钢琴的保养、维护和存放,而这座城市非但没有为这些工作提供任何便利,而是恰恰相反。然而,如果职业成功的标准是做自己喜欢的事情还能获得报酬,那他的所作所为就是一个成功的故事。在这个生活成本高昂的城市里,哈金斯仅靠表演获得的施舍来维持生计。他每天都在做着自己热爱的工作,并与那些体验音乐的人直接交流,无论他们是站着,还是躺在钢琴下面。

他跟工作的关系就是典型的使命感,而珍妮弗与肖莎娜·多布罗夫(Shasa Dobrow)将"使命感"正式定义为"人们在某一领域体验到的一种强烈而有意义的热忱",该定义见于二人在2021年合写的一篇学术论文。在这种情况下,这个领域就是一个人的职业或

---

1 第二次世界大战期间,伍迪·格思里(Woody Guthrie)在他的吉他上贴着一张纸,上面的文字便是"该乐器会杀死法西斯主义者"。科林·哈金斯(Colin Huggins)也粘上了同样的字,灵感即源于此。

工作。你可能还记得，在第二章中，使命与工作和职业被并列为三种工作取向。视工作为使命可能会让人联想到受到某人或某事的召唤，最常见的是受到更高层次力量的召唤。事实上，早期的宗教思想家（主要是基督教新教传统的思想家）都在著作中提到神的呼唤，认为神明确地感召他们从事某种职业：成为神职人员。后来，呼唤的范围扩大到包括任何种类的工作。呼唤源于上帝赐予我们的天赋和能力，因此，听从呼唤就是履行我们对上帝的责任。这些能力可能是耕种、木工手艺或烹饪，它们都服务于上帝，实现了我们人生的最高目标。这种所谓的新教工作伦理与古希腊的观点形成鲜明对比，后者认为劳动更有可能分散我们对这种目的的注意力，而不是实现它。在现代，对工作的呼唤已经世俗化，人们可以通过工作来实现自己更高的追求，不管它是发自内心的，还是受到了外力的感召。

在何为使命这个问题上存在分歧。然而，哈金斯的故事是一个人与其工作之间浪漫关系的典型代表。在这种关系中，他们认为自己的使命就是他们的命运，是相比其他任何事情更愿意追求的东西，没有这种使命，他们的存在意义就会大打折扣；这也是值得他们追求的目标，为此，他们愿意克服困难，不惜放弃较为传统的生活。艺术家创造艺术可能是这种使命最明显的例子不过了，但也可能有人觉得自己的使命是建筑、计算、销售、教学或服务。

撇开浪漫不谈，按照一个看重职业成功、赚取稳定收入和在一个较传统的等级制度中晋升的社会标准，哈金斯的故事真实得有些令人沮丧。他的生活方式虽然离奇有趣，但注定不稳定。他能否工作取决于天气，而且公园里的其他活动也会分散他的听众，更不用提,严格地讲,街头卖艺是违法的。在接受《纽约时报》采访时,哈金斯承认了这种矛盾:"大多数人逐利求财,但我不那么做。我是一个街头艺人。我追求的是情感体验,给别人带去强烈的体验。这意味着我很穷,但那又怎样呢。"注意,最后一句话不是问句。

穷得饿肚子的艺术家长久存在,而且往往富有浪漫色彩。这让人联想到音乐家、画家或作家的形象,他们全神贯注于自己的创作,以至于放弃了一切物质享受。若将马斯洛的金字塔反转过来,只有富于创造力、活力和激情的自我实现才是最重要的。吃、喝、住等基本生活需求可以自行解决,或者通过赞助、资助,或者偶尔找到的比萨饼。事实上,毫不掩饰地追求名利可能与真实性和艺术完整性直接相悖,任何被称为"卖艺者"的艺术家都可以证明这一点。然而,这样的生活现实会让人疲惫不堪,即使是那些能够在这个声名狼藉的城市生存下来的人也不例外。在经济不稳定的时代,人们越来越不容易赚钱养活自己,失败的可能性巨大,后果严重。

## 使命就是召唤?

从事非艺术职业的人与哈金斯有相似之处。虽然我们的工作机会受到环境的限制,而环境又是我们无法控制的,但我们最终选择的工作可能会成为身份的组成部分。我们醒着的时候大都在工作,这就加深了错误选择的影响。我们做什么至少有可能代表我们是什么人。

从家族姓氏也能看出工作在我们生活中的中心地位,有些家族姓氏的字面意义表明了家长的职业,比如贝克(Baker)是做面包的人，卡彭特（Carpenter）是木匠，史密斯（Smith）是金属匠等。有证据表明，姓名与职业之间的这种对应关系也可以反方向地产生影响。例如，研究人员发现，名叫丹尼丝（Denise）或丹尼斯（Dennis）的人成为牙医的比例高于叫其他名字的人，这种现象被称为"姓名决定论"，尽管并没有证据证明姓名决定了职业。有趣的是，在克里斯托弗的宠物狗就医的诊所里有一位医生叫拉夫（Ruff），但让人啼笑皆非的是，她是在攻读兽医学位后才用这个名字作为婚后姓氏的；看到当地儿科诊所牙医的姓氏，珍妮弗的孩子们觉得好笑，其中就有尼德尔曼（Needleman）和赫兹伯格（Hertzburg）。[1] 最近，有证据表明，戴眼镜的人倾向从事法律和教育等职业。

即使你的名字或眼镜与工作毫无关系，你也可能感受到了某种程度的压力，要求你选择能定义你的工作。如果是这样，你并不孤单。最近，颂扬"做自己喜欢的事"达到了白热化的程度，其中最明显的是在我们任教的商学院。在这些学院的墙上，经常可以看到这样的陈词滥调："做喜欢的事，你一辈子都不用工作""你的激情就是你前进的动力"。很多大学会为大一新生指定一本共同读物，用于暑假期间阅读，待返校后用来讨论。最近最流行的读物之

---

[1] 给宠物狗治病的医生叫 Ruff，其有趣之处在于 ruff 的其中一个意思是"狗叫声"。当然，这是美国狗的叫声，中国的狗叫声是"汪汪"。needle 是针，它常与医疗和牙医联系在一起，因为它是注射或抽血的用具。正好那家诊所是父子开的，都姓 Needleman，小孩子看到 Needleman 会想到"打针的男人"。同时，两个打针的男人在干牙医，从而强化了一个人的姓名会影响其职业选择这一观点。而 Hertz 的发音类似 hurts（疼痛），小孩子害怕去看牙，因为他们有疼痛的经历，也就好奇为什么医生叫 Hurtsburg。

一是戴维·伊赛（David Isay）所著的《使命：工作的目的与激情》(*Callings: The Purpose and Passion of Work*)。书中收录了伊赛创立的口述历史项目——故事团[1]的访谈，主题是在工作中寻找人生的使命。其中隐含的承诺是，通过大学期间的追求，一个人将会找到充实的职业和满意的生活。据大学生们讲，选择专业时，他们最常听到的建议就是"追随你的激情"。往轻里说，这给18岁的年轻人施加了太大的压力。它还可能无意中鼓励学生选择符合社会规范和期望的那种激情，比如适合性别的专业。研究人员发现，当建议大学生追随自己的激情时，有很大一部分女性选择远离科学和工程等在传统上以男性为主的领域。然而，寻找激情的建议仍然随处可见，包括流行的求职公司 Monster.com 令人难忘的广告语："你的使命正在召唤你。"

找到自己热爱的工作之所以如此重要，是它不仅能带来精神上的满足，还能带来物质上的满足。流行文化中充斥着这样的信息，从书名诱人且不含蓄的书籍，如《做好喜欢的事，金钱自然来》(*Do What You Love, the Money Will Follow*) 和《找到你的使命，热爱你的生活》(*Find Your Calling, Love Your Life*)，到著名的使命布道者，如已故苹果公司创始人、文化偶像史蒂夫·乔布斯。2005年，乔布斯在斯坦福大学毕业典礼上致辞，称要将"工作当成是一个人最大的爱"，这句话广为流传，从而将这一隐喻推向了新的高度：

---

[1] 故事团（StoryCorps）是美国一家非营利组织，旨在记录、保存和分享来自不同背景和信仰的美国人的故事。该组织的使命是"一次一个故事，从而照亮所有人的人性，启迪他们的可能性，有助于人们彼此信任"。

你必须找到自己的所爱。工作如此，情侣也是如此。你的工作将占据你人生的很大一部分时间，而若真正对自己的人生满意，唯一的方法就是做你认为伟大的工作。而要成就伟大之事，唯一的途径就是热爱你正在做的工作。如果还没有找到所爱，就继续找。不要停。只要尽心尽力去找，当你找到它时，你自然就会知道。就像任何一段美好的感情一样，随着岁月的流逝，感情会越来越浓。所以，继续找，直到找到为止。绝对不要安于现状。

让我们稍作停顿，解读一下这个比喻及其寓意：在除了工作没有其他的生活中，"唯一"让人满意的方法就是热爱工作。如果你不热爱，那就是出了问题，你就有责任继续寻找。寻找一位富有情调的生活伴侣与寻找职业道路之间的相似性显而易见。跟找配偶一样，我们最初要四处"约会"，从一个工作跳到另一个工作，看看哪个适合自己，但最终要决定与"那个人"保持长期感情，而且是坚定且永远地。当然，言下之意是，这个拟人化的"配偶"也要对我们做出同样的承诺。但有很多例子表明事实并非如此。2023年初，曾被认为"免疫力"极强的大型科技公司进行了一连串的大规模裁员，比如谷歌裁员1.2万人，脸书裁员1万人，推特裁员5 500人。谷歌员工称他们是通过电子邮件被告知裁员的，没有任何征兆。充满热情地工作是那种毕业致辞中典型的鼓舞人心的话，但另一方面，从那些遵循乔布斯言论的人身上，我们也看到很是不可告人的现实，正如莎拉·贾菲（Sarah Jaffe）的书《工作不会也爱你：对工作的奉献如何让我们被剥削、精疲力竭和孤独无助》(*Work Won't Love You Back: How Devotion to Our Jobs Keeps Us Exploited, Exhausted, and Alone*) 所说的那样。

所有这些似乎都是 20 世纪后的主题思想，适合那些可能被疏离的城市精英，他们在试图了解快速变化的就业环境的同时，也在追寻有价值的意义所在。大约从 1980 年开始，"找到你的使命""找到你的激情所在""做你喜欢的事"等短语开始越来越多地出现在书籍中。而自 2005 年以来，一直是倡导"使命"的高峰期，乔布斯那一年在斯坦福大学演讲或许并非偶然。

20 世纪 70 年代初，"工作不仅仅是工资"的观念开始深入人心，因为从农场到工厂再到办公室的转变很快就遇到了科技突飞猛进和知识工作革命的挑战。斯塔兹·特克尔（Studs Terkel）的《工作中》(*Working*) 一书中有一章名为"寻找使命"。此章的采访对象是诺拉·沃森（Nora Watson），她是某出版机构的撰稿人，却宁愿按照自己的创意写作，也不愿"按要求写"。她说："我认为大多数人都在寻找一种使命，而不是一份工作。我们中大多数人就像流水线上的工人一样，所从事的工作太渺小了，承载不起我们的精神世界。对人来说，工作不够大。"从表面上看，并且与其他选择相比，工作的诱人之处是个人成就感、身份认同和意义的源泉。我们当中有谁想要一份扼杀精神、压垮灵魂而且"渺小"的工作呢？因为这意味着，连带着我们也成了渺小的。

然而在今天，找到自己使命的压力堪称巨大，让那些相信自己已经找到使命的人窒息，让那些没有找到使命的人不得不感觉自己彻底失败了。我们每年都会为那些不确定自己想要从事什么职业的学生提供咨询。他们不确定自己喜欢做什么意味着什么？他们了解自己吗？职业选择的问题已不再是简单的职业问题，而是关于存在的问题。谴责那些不追随自己内心的人已不仅仅是个人问题，也是社会问题。

因此，随着使命文化的兴起，必然相伴而来的是对其尖锐的批评，这一点不足为奇。在德光米娅（Miya Tokumitsu）的《做你热爱的事：以及关于成功和幸福的其他谎言》（*Do What You Love and Other Lies About Success and Happiness*）和埃琳·切赫（Erin Cech）的《失控的热情：为何在工作中追寻成就感，反而助长了不平等？》（*The Trouble with Passion: How Searching for Fulfillment at Work Fosters Inequality*）等书中，作者提出了令人信服的理由，指出以喜欢做的事情作为有偿职业带来的个人和社会弊端。这些论点不仅质疑了"做自己喜欢的事"对任何人来说是否都是正确的建议，而且质疑了将文化上对"使命"的痴迷等同于资本主义弊端的成因，包括工作过度、职业倦怠和经济不平等。从根本上说，我们对工作的热爱可能会被诱导，致使工人被剥削，而有权有势者可以继续得利。这让我们在这个沉迷于做自己喜欢的工作的社会中陷入了困惑。在其他条件相同的情况下，我们更愿意选择有意义的工作，而不是无意义的工作，但将"使命"视为从事有价值工作的唯一途径本身就会产生问题。

## 从浪漫到现实

根据美国全国音乐商协会 2006 年的一项研究，超过半数的美国家庭中有人会演奏乐器。这些家庭中的很多都有不止一人想成为音乐家，而不会演奏乐器的人希望自己会演奏。有数以千万计的人在拉琴以及吹奏、敲打和模仿弹奏乐器[1]，梦想着有朝一日成为专业的出色演奏家。

而在精英云集的器乐演奏圈子里，最珍贵的职位属于古典管弦乐团。美国有一千多家这样的管弦乐团，只有规模最大的乐团才有接近一百人的乐手编制，这意味着对于人数高达八位数的有志之士来说，可争取的席位最多也就六位数。换句话说，据粗略估计，也许每几百名有希望的器乐演奏家中只有一人有机会在专业交响乐团中演出。即使是那些从顶级音乐学院毕业的学生，也不能保证一定能进入乐团。

只有极少数乐团的预算能够支付给演奏者维持基本生活的工资，这使得作为乐团乐手谋生的机会充其量约为千分之一。再加上任何一种管弦乐器都只有几个席位，因此，在高雅的古典音乐世界，演奏者之间的竞争是残酷的。此外，只有少数乐团被公认为世界一流。因此，可以毫不夸张地说，受过古典音乐训练的音乐家在纽约爱乐乐团或克利夫兰交响乐团等著名交响乐团获得一席之地的可能性接近百万分之一。

鉴于成功的前景如此黯淡，我们更加敬佩我们的朋友和学术合作者肖莎娜，作为一位组织行为学教授，她在学术生涯的早期，曾在一个近乎精英的职业交响乐团兼任巴松管手。肖莎娜在哈佛商学

---

[1] 模仿弹奏乐器指假装弹奏某种乐器，模仿者手中其实并没有乐器，是空弹，但不是隔空弹奏（通过手势控制电子设备发出乐声）。

院获得博士学位，现在是伦敦经济学院的教授，这两所学校都是世界上最负盛名的教育机构，这意味着她不仅在音乐界，而且在学术界也逆袭成功。恰好，肖莎娜多年来一直在跟踪研究音乐家，他们中的很多人坚持不懈地追求自己的使命，而且往往是在越来越多的证据表明他们的职业理想在很可能无法实现的情况下，仍不被放弃。

他们为什么要如此努力，牺牲如此之多，只为得到如此微小的成功机会呢？管弦乐音乐家不断追寻他们的使命有诸多浪漫的原因。有人对各种工作、职业和雇主的使命感进行了大量研究，研究表明追寻使命有很多很好的理由：当人们将自己的工作视为一种强烈的使命感时，他们往往会在工作中更加满意和投入，更加致力于自己的组织和职业，生活得更加幸福。他们缺勤的天数更少，工作时间更长，而且一般都能超常发挥。一项研究发现，人们普遍认为，使命感强的人应该比使命感弱的人得到更多的报酬，这主要是因为他们是"好员工"，有些人甚至会说他们是"理想的员工"。如果故事到此结束，我们会对乔布斯的告诫感到满足：不要安于现状，找到使命，紧紧抓住。

然而，尽管那些有强烈使命感的人备受赞誉，有关特定职业的研究却往往发现使命感是一把双刃剑。根据一项对动物园管理员的研究，那些对工作有强烈使命感的人几乎牺牲了一切来照顾他们的动物，包括他们自己的个人健康和幸福。他们更有可能无偿地加班，最终收入低于使命感较低的同行。使命感强烈的动物饲养员对其供职的组织也更加挑剔，更倾向于做他们个人认为最好的动物护理，而不是完全听从雇主的安排，这与一项针对动物收容所工作人员的研究结果不谋而合。对这些员工来说,所谓工作的使命指的就是照顾那里的动物,几乎比其他所有实际问题都重要。还不止于此,研究表明,使命感会对个人和工作关系、压力水平甚至睡眠产生不良影响。一项针对牧师的研究发现,使命感最强烈的牧师工作时间最长,晚上从心理上脱离工作的能力最差,晚上的睡眠质量和第二天早上的精力都较差。有些人不禁要问,有强烈使命感的人是否会成为雇主的剥削目标,因为他们知道这些员工会不惜一切代价,甚至不惜牺牲个人利益把工作做好。为此,一项研究发现,人们认为因为那是自己热衷的工作,少得点报酬也能说得过去,他们的酷爱可以弥补报酬的损失。

回过头来看那些对音乐有强烈使命感的音乐家,他们与工作的关系被描述为一种职业生涯的"隧道式视野",他们认为必须不惜一切代价地追求自己的使命。鉴于乐团音乐家的收入并不高,这就确实成了不惜一切代价的追求。他们还可能抱有非理性的希望,希望成为少数不仅能升任首席,还能成功独奏的人,但只有极少数演奏家能实现这一愿望。一项研究发现,受到使命强烈召唤的音乐家对自己技艺的评价要高于专家对试演的客观评价(试演往往是盲评,演奏者在幕后表演)。音乐家的强烈使命感还伴有一种一意孤行的态度,他们会默默地忽视,甚至故意拒绝与自己意愿相悖的证据。对音乐有强烈使命感的音乐家也更有可能拒绝值得信赖的导师或音乐教师告诉他们不要从事专业音乐活动的建议。所有这一切都意味着,过多的人在感受到某种职业的召唤时,会对自己的天赋自我评价过高,并希望自己只差一步就能"大红大紫",结果却是终生无法实现自己的期望。与此同时,他们生活的社会不仅将艺术家浪漫化，甚至将饥寒交迫的艺术家也浪漫化，而人们却并不完全理解或无法体验这种需要全身心投入的使命是什么。

## 不要家人也要画笔的人

虽然保罗·高更的传奇故事真真假假，但他或许是将使命理想化的典型代表。这位法国后印象派艺术家的作品被挂在世界最负盛名的艺术博物馆的墙上，他的故事也将他描绘成一个人渣，以戏剧性的效果展示了他为追求这一使命而做出的极端选择。

据说，高更抛弃了妻子和五个孩子，远渡重洋，来到南太平洋，追求他热衷的绘画。在那里，他与未成年少女生下了更多的孩子，并将他们作为绘画的主题。作为一名画家，他在世时赚钱很少，也没有兑现给家人寄钱的承诺。不无讽刺的是，在他去世很久之后，他的画《你何时结婚》于2015年易手，据说创下了史上最贵油画的销售纪录。[1]如果高更的画作有一个期货市场，或许他就能补偿他加诸于家人的苦难。作为画家取得的成就是不是他放纵自己的借口？

在成为画家之前，高更曾经是一个勉力为之的股票交易者，以一种比较普通的方式养家糊口。他默默无闻地做着一份传统的工作，维持着体面的生活，他的妻子照顾着他们的孩子，不过，他讨厌她。每天清晨，他穿上工作制服，这标志着他是一个巴黎人，拥

---

[1] 《你何时结婚》（*Nafea Faa Ipoipo*）于1892年创作，高更于1903年5月8日去世。2015年，私人洽购该画，以3亿美元成交，在当时应该是史上最高价。因为直到2017年11月15日，达·芬奇的作品《救世主》以4亿美元落槌。

有中产阶级的经济地位；傍晚，他沮丧地回到家中，心中并不满足于现状。在一个父权制社会，他是父亲，在家庭中的地位决定了他是养家的人。跟很多工人一样，他每天也要忍受工作的无聊。工作不称心如意，他们每天却要指望它过日子，无法摆脱对它的依赖。

在其周围的人看来，高更摆脱日常痛苦的做法一定是令人吃惊、震撼和突然的，但其实他已经酝酿了很多年了。长期以来，他一直憧憬着将来能从事艺术工作，一边画画，一边收集艺术品。在其职业生涯的早期，他的两项职业相辅相成，令人满意。白天工作的可观收入不仅让他得以保持收藏的习惯，还为他赢得了与艺术品经销商的合作机会，后者会在周末出售一些他画的作品。也许他希望有朝一日能在艺术界干出一番事业，而不必抛弃其他一切。股市崩盘后，他的主要收入来源减少，画商也关门了。经济状况恶化的同时，他的新家也在添丁进口，二者的合力促成了一个再熟悉不过的困境：既缺钱，又没有时间。

多年来，高更对自己的未来举棋不定，就像诸多处于职业生涯初期到中期的人一样，他试图找出平衡工作和生活的方法。他举家搬去了一个小城市，那里的生活费用较低，但他并没有如愿。依靠家人和朋友的帮助，他们再次搬家，但他找不到稳定的工作。他独自回到巴黎，打算一旦有了经济基础就把家人接去团聚。他过着相对贫困的生活，靠打一些卑微的零工维持生计，比如在城市各处的售货亭和墙壁上张贴当地企业的广告，他无法不考虑自己何以如此快地跌落到这种程度。在经济上，高更比以往任何时候更加拮据。然而，失去工作反而让他的精神获得了释放，他将所有精力都投入绘画之中。就这样，他开始了与他要供养的家庭和厌恶的生活永久且极端的分离。

首先，高更向西航行到加勒比海，在那里，他开始痴迷于异国情调的题材和风景，它们与他对城市的认知完全不同。他随后去了法国南部，与跟他同样不愿意与人来往的同道中人凡·高同住，二人持续不断地竞争，最后分道扬镳，不过二人之后仍保持书信联系。（凡·高是另一位因不被人欣赏而沮丧至疯的传奇人物，高更对他的死有着不可推卸的责任。）在送钱回家之前，高更总是离成功差那么一步，更不用说回家，重新担起一家之长的责任了。后来，高更去了塔希提岛，在那里过上了自称为"野蛮人"的生活，这是他自相矛盾的表现，他对异域文明不屑一顾，却又想完全沉浸其中。他狂饮作乐，作画，目光狂野，不修边幅。从国内传来的他最爱的孩子夭折的消息让他心神不安，但并没有阻止他的命运。高更可能并没有打算永久脱离过去的生活，只是事实就是如此。他再也没有回到过去的生活或家庭中去，直到临终，他都在一个远离家乡的地方相对默默无闻地作画。

高更的故事之所以如此引人入胜，或许是因为他是一个与众不同的牺牲的典范：牺牲家庭，牺牲名誉，牺牲安全，普通人可能会有此梦想，但会因不切实际和拒绝自私自利而放弃。至少有两部小说描写了他丰富多彩的一生，威廉·萨默塞特·毛姆的《月亮与六便士》和马里奥·巴尔加斯·略萨的《天堂在另外那个街角》。前者把高更画画的强烈欲望比作一个掉进水里需要游泳的人："他必须离开，否则就会淹死。"因为高更正淹没在他作为商人和一家之主的沉闷生活中。话虽如此，后者的结论却是高更将自己的绘画需求置于子女的物质需求之上，他是一位伟大的艺术家，但他"是上帝和世间一切合宜之事的冤家对头"。这两部小说都描绘了一个"天才"和异类的形象，他在艺术家的使命和作为丈夫、父亲和人类的责任之间做出了宿命式的选择，无法两全其美。

道德哲学家们的想象力也受到高更传奇故事的吸引。作为一个职业艺术家，高更是成功的，但作为一个人，他是失败的，哲学家们对于他的选择是否值得持不同的意见。大多数人倾向于同意先要做人，无论你会成为多么优秀的画家，做一个好人是人类完美性不可或缺的一部分。然而，我们是否应该接受总是存在的"极其出色但不道德的人"，即若非不适当的行为使之成为可能，就别无他法取得令人称道的成就，对此人们一直争论不休。当你得知自己最喜欢的艺术、音乐或电影作品是由道德败坏的人创作的时候，你可能会想到这个问题。哲学家伯纳德·威廉斯（Bernard Williams）提出了一个相关的问题，他认为高更之所以成为一位杰出的画家，唯一可能解释的理由是他是一个人渣；如果他在绘画上没有取得成功，那么，这种失败就会让他的企图心"失去合理性"。威廉斯的论证思路表明，高更抛妻弃子可能是值得的，因为他成了现代艺术大师，但如果他的帆船在前往塔希提岛的途中遭遇突如其来的风暴，将他连同他作为画家的所有潜能一起吞没，他的工作就不值得了。换句话说，威廉斯得出的最重要的结论是：高更能留下艺术遗产是幸运的。

有可能的是，大多数人在选择个人爱好而非对他人应尽的义务时，不会那么幸运，或者说不会那么有才华，以至于可以看到自己的艺术遗产最终被证明是不朽的。然而，在意义与金钱的较量中，我们所面临的风险似乎不亚于高更，只是没有那么极端而已。只不过他恰巧把整个家庭当成了赌注，还赌上了自己的品德和成功等一切，把它们押到了自己寻找灵感之地的流浪上。不可否认的是，他的故事表明他本应输掉这场赌博，他和其他人也确实失去了很多[1]，但又不能不说，成功概率微乎其微的事居然发生了，他赢了。

高更的取舍跟我们是一样的，只是他对自己作为一个体面人的责任漠不关心可能使之有所不同。我们所做的事，所追求的地位，以及为什么这样做都表明了我们是谁，看重什么，以及愿意用哪些价值去换取他人的价值。我们的工作比我们希望必须做的还要多，却又担心找不到足够的工作来满足物质需求。我们迫不及待地等待更好的机会，但当它来临时，目光却已经瞄准了下一个机会。我们希望找到符合自己道德价值观的工作，但又不得不面对现实，工作有时还需要我们妥协。我们渴望做自己热爱的工作，但又不知道如果它成为我们的工作，我们是否还会热爱它。为了生活，我们醒着的时间用于工作最多，使得我们不禁反思自己活着是否只是为了工作。我们为了工作而牺牲自己的亲人和生活，而为了照顾他们，就要牺牲工作。我们从没停下来扪心自问：如果工作值得为之活着，我们会不会更想工作？生活就是这样，直到或除非我们冲向遥远的海滩，再也不回头。

## 你有使命吗，或者想有一个？

此时此刻，你有理由想知道自己是否有一个使命。甚至，你会

---

[1] 高更赌赢了只是部分的胜利，他成为一名出色的画家，却失去得更多，包括家庭和家人，或许还有他做人的诚信。"其他人"指他的家人，他们失去了父亲、丈夫以及他的收入。

想要一个使命吗？2021年，为了解人们是如何找到自己使命的，一项研究调查了各行各业的人，比如牧师、医生、国际援助工作者和教师，他们都认为目前的工作就是他们的使命。研究发现，人们往往通过两种途径实现自己的使命。

选择第一种道路的是辨别者，他们寻找自己真正的使命，即乔布斯所说的那种理想"婚姻伴侣"。有些人从小就知道自己的使命，并努力实现它们。另一些人并没有马上找到自己的使命，但知道自己从事的职业并非自己的使命，并确信自己的"使命"就在某个地方，于是开始寻找使命的旅程。有时，它源于自己内心清晰的认知，比如一位曾经的医生，通过斋戒他找到了自己的使命，后来当了牧师。另一些时候，它源自一位值得信赖的指导者，比如有位医生，他的高中老师曾经告诉他："别当高中老师，专心做医生。"

走在另一条道路上的人是探索者，他们的故事更多地表现为靠运气、偶然性和感觉来完成的，即他们是无意中发现了自己的使命，而非专门找到的。这一类人常常称自己在工作中没有得到满足，希望有所改变，比如一位国际援助工作者说："我确实感受到了一种使命感，要想办法把我的工作生活、家庭生活和精神生活融合起来，因为它们最终分属三个不同的阵营。你知道如何画出这些圆圈，让它们有更多的部分重叠在一起吗？我没有答案。"他说在他到国外做志愿者之前，甚至不知道有非政府组织的国际援助工作。这项工作最终成为他的使命。其他一些人则讲了在确定自己的使命方面"改变了一切"的事件：突然降临的工作，打开某扇"门"的谈话，或者其他的邂逅和巧合，有时归因于不希望发生的事件，如受伤、生病或失利。虽然那些沾沾自喜地忙于自己使命的人似乎已经想通了一切,但他们的故事是如何发生的,即使回想起来,实际情况往往是相当混乱的。

当然,需要承认的是,有些人通往使命的道路要坎坷得多。有些人可能在寻找使命的过程中并不成功,盖因他们无法确定自己的使命是什么。珍妮弗对这些人进行了大量的调查研究,得出的结论是:寻找使命是一种心理上不稳定的状态,充满压力和不适。另一种"使命文化"产生的压力表现为让人们觉得自己应该要有一种使命。然而,如果使命来之不易,我们就会看到人们在"应然"与"实然"之间挣扎。正如探险者那条路揭示的那样,有时使命会在我们最意想不到的时候到来,甚至在我们完全没有寻找的时候到来,这表明我们应该持开放的态度,乐于接受更有意义和(或)更能让个人满足的工作,而不是无望地固守一种可能性,如此可能结果更好。

对于任何特定的劳动力市场,还有一个现实,那就是人们明明知道自己的使命是什么,却就是找不到能回应使命召唤的工作。这一点非常像单相思,组织心理学家贾斯廷·伯格(Justin Berg)及其同事用之于工作研究,称之为"得不到回应的职业使命感",这种经历会导致心理上的不良反应,其特点是压力、遗憾和挫败感。实际上,研究发现,职业使命感得不到回应的人比压根没有职业使命感的人更糟糕。珍妮弗先是跟肖莎娜合作,后又与合著者汉娜·韦斯曼(Hannah Weisman)合作,她们研究了那些有强烈使命感却无法成为职业音乐家的音乐家。从统计学角度看,这种结果当然是最有可能发生的。她们发现,与从事音乐工作或从事其他职业但使命感较弱的人相比,这些潜在的职业音乐家的整体心理幸福感较低，收入也较低。该研究还调查了那些通过无偿从事业余音乐工作而继续活跃在音乐界的人，比如为了好玩而在车库里玩乐队的人。根据预测，这些业余音乐家不以音乐为主业或主要收入来源，但由于仍能从事音乐表演，因此，他们的生活比那些工作跟音乐完全不沾边的人更好。令人惊讶的是，事实并非如此。业余音乐家的幸福感和收入水平与那些完全不从事音乐活动的人一样低。这一发现让珍妮弗、肖莎娜和汉娜不禁产生了这样的怀疑：接触音乐是否会让这些业余音乐家非常强烈地联想到自己本应做的事情，从而更加凸显出他们期望的职业与实际职业之间的差距。这提出了一个非常现实的问题，即在高度选择性的劳动力市场上，没有得到回应的使命感会产生什么样的后果，这涉及个人和社会两个方面。它还揭示出，对于没有足够的运气找到工作的人和没有能力追求使命感的人来说，使命感可能更像是一种诅咒。

## 关乎使命的故事都有美好的结局吗？

马塞尔·普鲁斯特在临终前完成了经典小说《追忆似水年华》，他在书中指出，要想创作出经久不衰的艺术作品，艺术家的决心和牺牲精神是必不可少的。传奇的是，在他生命的最后十五年里，普鲁斯特大部分时间把自己关在一个寒冷的房间里，晚上疯狂写作，白天睡觉。当他写到男主人公，一位名叫贝戈特的作家时，可能已经预示了自己的结局："他的书……像张开翅膀的天使一样守夜，对他来说，这似乎是他复活的象征。"普鲁斯特一开始创作小说，就"对死亡的想法漠不关心"，这是艺术家的特点，他们认为自己的作品值得为之献身。然而，这些使命终结于幸福还是不幸？这个问题很复杂。普鲁斯特生前基本上放弃了自己的生活，以便在"死后继续生活"。

另一位作家是写《奇想之年》(The Year of Magical Thinking)的琼·狄迪恩，在这本自传中，她回忆了自己的丈夫约翰·格雷戈里·邓恩（John Gregory Dunne）在餐桌旁去世的那个夜晚。邓恩也是一位作家。她描述了他如何总是随身携带便签卡片，以免遗漏在普通生活中萌生的想法，这是他回应使命的方式，又不会完全错过日常的乐趣。在他去世后，狄迪恩加倍努力写作，以留住对他和他们的女儿昆塔娜（Quintana）的回忆。她会想象与他的对话，而这是她在现实中永远无法实现的，她解释说："我是作家。想象一个人说什么或做什么就像呼吸一样自然。"与其他艺术家的故事强调使命是无法逃避的一样，这些故事将使命描绘成一种命运。然而，至于追随自己的使命必然会收获幸福，还是遭遇不幸？它们却语焉不详。

在比较传统的职业中，使命可能导致模棱两可的结局。即将退休的百事公司董事长兼首席执行官英德拉·努伊（Indra Nooyi）[1]在给员工的告别信中分享了她的经验教训和遗憾。对于世界上最有权势的女性之一来说，她的工作堪称"一生的荣耀"，但在自己家中抚养两个女儿方面，她的权力相对较小，很多责任都委托给了其他家庭成员和专业育儿工作者。她写道："我有幸拥有一份令人惊叹

---

[1] Indra Nooyi 也有译"卢英德"，《第一选择》(My Life in Full: Work, Family, and Our Future) 中文版（代晓译，中信出版集团 2024 年版）用的就是"英德拉·努伊"。

的事业，但老实说，有些时候我真希望能花更多的时间陪伴孩子和家人。"

史蒂夫·乔布斯对待自己使命的热诚令人称道，在之前引用的演讲中，他将这种热情比作"随着岁月的流逝而变得越来越好"的"婚姻"，但据说这也是很多"感情"破裂的原因。因为在创意和战略上与其他领导者存在分歧，他曾一度被迫离开苹果公司。即使在他的新公司被苹果收购后，他重新返回后，员工们对他的激情是既敬畏又钦佩。他的个人生活也是一团糟，比如，他有一个孩子，但他最初并不承认与这个孩子的父子关系，他的自传也记述了他们之间麻烦的关系，直到他遇到劳伦·鲍威尔（Laurene Powell）并与之结婚，才随着岁月的流逝维持住了这段婚姻关系。他坚信自己的直觉是正确的，并坚定不移地专注于自己的工作，他的几位红颜知己甚至认为，正是因为他选择了替代疗法，而不是对可以治疗的胰腺癌进行手术，才导致了他本可以避免的早逝。

使命的利害关系可能不亚于生死，但更常见的是，它们需要以一种生活方式换成另一种生活方式：或是活着是为了工作，即把工作放在第一位，生活次之；或是工作是为了活着，即把生活放在第一位，工作次之。某些最具浪漫主义色彩的使命常见于富豪和名人，但现实中，普通人每天都在追求或放弃使命。不管是才华和赚钱能力正处于巅峰的技艺精湛的艺术家和企业高管，还是默默无闻的劳动者，都有可能需要做出自己的选择：什么样的生活对自己、家庭和社会最为有利。

2021年，美国发生了"大辞职潮"，在那年的某个特定月份，美国的辞职人数和职位空缺数都创下了历史新高，达到了数千万人。贾斯廷·琼斯（Justin Jones）就是这拨潮弄儿[1]中的一员。作为舞者，在其舞蹈生涯的初期，他体验到了典型的使命召唤。那时，在参加一位著名编舞家的试镜时，他"感觉……我这辈子想做的事就是在他的作品中跳舞"。即便舞蹈团的报酬很低，他还是加入其中，而且是一场接一场地演出，从而证明了他足够优秀，可以克服各种困难，在纽约成为一名舞蹈演员，只是所得收入只能勉强维持生计。在舞蹈团工作三年后，该团要求他离开，贾斯廷非常震惊。他回忆说，"我梦见要求走人后又加入了（舞蹈团）"，以此排解早年在职业上的失落感，但这并没有阻止他继续从事职业舞蹈长达15年之久。

在那些年里，贾斯廷还与妻子四处搬家，争取教职以"支持我作为艺术家的生活"。有了孩子后，他可以把孩子送到幼儿园，不用交学费；贾斯廷白天在幼儿园上课，晚上和周末则编舞、作曲和教舞蹈。"我还记得，教（舞蹈课）时，我用婴儿背带把孩子挂在胸前。"他的生活态度是：他是一个教学的表演者，而不是一个曾经表演过的老师。贾斯廷认为，虽然舞蹈家这个使命通常都需要全身心投入，但作为一名舞蹈演员，却是独一无二的。因此，"当你是一名舞蹈演员时，你就像是一个加工过程。你的身体、你自己就是这个过程。你是原材料。你也是产品，如果你离开这个过程去干别的，就必须重新认识自己，那会很费事"。

新冠疫情的暴发让贾斯廷开始重新认识一切。他们离婚了。

---

[1] 译者用"潮弄儿"想要表达被潮汐耍弄的人，相对"弄潮儿"而言，弄潮儿是戏耍潮汐的人。

"我只是觉得，我的个人生活不太如意，多次掀过桌子，我只是觉得，我的职业生涯也到了掀几张桌子的时候了。"他离开了曾担任艺术总监的舞蹈团，同时决定辞掉幼儿园的工作。刚刚单身，要尽家长的责任，这已经压得他喘不过气来了，还要花更多的时间为其他艺术家的作品谱曲，《纽约时报》也给予他正面的报道。他攒够了钱，得以休息了几个月，"暂时感觉自己是个人了"，并开始思考："如果我不是舞者，那会是什么人？"抛开这个身份只是想清楚下一步该怎么走的一个步骤。目前，他又回到了全职幼教的临时岗位上，"到时候我会想办法解决其余的需求"。

关于追求使命，还有一句话：是否追求使命似乎已经是一个关乎特权的问题。大多数人都在拼命工作以维持生计，而且做不止一份工作，不是因为想做，而是因为不得不做。没错，能够选择工作成为一种奢望，并非人人可以享用。当然，跟没有资源的人相比，那些出身优越、受教育程度较高、拥有地位较高的人际圈子的人肯定有着不同的工作机会。但是，如果由此认为只有这些人才能把工作当成使命来做，或认为他们的工作才是有意义的，那是不准确的。正如本书第二章所述，不管是工作取向、职业取向，还是使命取向，不同的工作类型、职称和职业中都可以体现它们的存在。有些职业的使命取向比其他职业更为典型，如提供社会公益的职业，或有机会可以展现自我的舞台。[1] 肖莎娜和珍妮弗的研究表明，平均而言，音乐家和艺术家的使命感要强于商科学生和经理人。然而，平均值并不能反映整体情况，因为有些音乐家的使命感非常

---

1 "展现自我的舞台"指具有创造性的职业，如艺术家或作家。

弱，而经理人的使命感非常强。

一项关于医院保洁人员的开创性研究发现了一个特别生动的例子，说明在意想不到的地方也会有人找到使命。当时的工作环境很糟糕，甚至可以说新冠疫情暴发前的环境也是如此，清洁工在人们不愿看到的房间里干着名副其实的"脏活累活"。然而，研究显示，有些希望提升工作质量的清洁工表现出了令人难以置信的韧性，而且有点鼓舞人心。研究将清洁工区分为被动型和主动型，被动型清洁工只是简单地整理完一个房间，再整理下一个房间，很少与病人或医院其他工作人员交流，而积极主动的清洁工似乎不受工作头衔和分配职责的限制，只是努力做到最好，为病人提供帮助。作者创造了"工作重塑"[1]一词，以探讨清洁工如何从现有工作中创造出自己想要的工作。例如，这些清洁工并没有认为自己是碰巧在医院而不是酒店或办公室工作的清洁人员，而是把自己的角色看成是由医生和护士组成的病人护理团队中不可或缺的一员。在他们看来，清洁工作可以改善病人的状况，并可能有助于他们加速康复。这项研究引发了很多后续有关工作重塑的研究，其目的在于激励工人，因为它表明我们可以让任何工作变得更有意义，而不必过分受制于工作名称或任务清单。然而，换个角度看，它传递了这样的信息：如果我们觉得自己的工作毫无意义，也许是我们不够努力。

---

1 随着工作环境愈加复杂多变，自上而下的传统工作设计越来越难以对工作进行规范性的描述。有些员工意识到在规定的工作范围内，他们可以积极主动地根据自己的需求对原有工作设计做一些改变，使工作结构和社交环境更符合自己的偏好和特长，更好地与自己的能力、价值和动机等相匹配。这便是工作重塑（job crafting）。

## 我们从哪里来？我们是谁？我们要到哪里去？

我们之所以被使命吸引，部分原因在于它说明了我们是谁，即我们的个人身份。这往往不同于谋生手段，即职业身份。那些在职业生涯中实现了个人使命的人有一种浪漫的魅力，因为他们应该是"想明白了"。然而，他们的使命往往是有代价的。研究他人的工作和使命故事可以帮助我们弄清自己的故事，也可以弄清这些故事可能带来的后果。

保罗·高更的代表作是一幅描绘塔希提天堂的巨画，他在画布的左上角题字，提出了三个简单而深刻的问题：我们从哪里来？我们是谁？我们要到哪里去？无独有偶，这三个问题也促使我们思考自己的过去、现在和未来。

这幅画的背景是蓝天、海洋和绿色森林，描绘了一幅草木茂盛的风景，使前景中的人显得格外醒目。该画现悬挂在波士顿美术馆的墙上，墙上的标牌写道，高更的"意图是从右到左'读'这幅画，从一个熟睡的婴儿开始，中间站立的青年达到顶点，最后结束于一个濒临死亡的蜷缩身体的女人"。这一构图清楚地表达了高更对于我们从哪里来（我们继承的价值观）和要到哪里去（我们向往的理想）的看法。本书是为画作中间的那个人而写，那个人既不是一个孩子，也不是一个走向死亡的女人，而是一个处于生命中间的人。那个人向上伸手，至于是向着天堂，还是要摘下一颗果实，不十分清楚。他们是谁？我们是谁？这个人物代表了大多数人一生中最漫长的阶段，在这个阶段里，我们把大部分时间都花在了工作上，而且有机会做一些值得做的工作，让生活变得有价值。

高更画出了杰作，却带给他人以痛苦，值不值得？而回答高更的三个问题并不比回答这个问题更容易得到答案。然而，这并不妨碍我们问自己这些问题。无论是考虑未来的职业，还是考虑改变现在的职业，抑或是对过去的职业心存疑虑，我们都有责任扪心自问，也为曾经依赖、现在依赖或将来依赖我们生活的人，问一问我们要往哪里去，我们应该往哪里去，为了让未来成为可能，现在值得做什么职业。当我们以事后神仙的态度反思曾经的工作生活时，应该重新考虑我们从哪里来，我们是谁。那么，工作需要而致的权衡取舍是否值得，我们是否愿意重新来过。

是以股票交易者为业继续过日子，还是追求自己当画家的使命？当高更考虑取舍时，若征求我们对其职业的建议，我们可能会指出追求自己热衷的事属于个人的决定，但可能并不像看起来的那么个人化。也许，出于对其家人的考虑，他可以白天做交易，晚上画画，而且画画的时间可以稍长一点，同时解决一些细节问题[1]。最终，他不得不考虑自己的选择，并做出决定。靠一份工作的收入支持自己追求使命，很可能会导致劳累过度，最终精疲力竭。追求一种使命往往需要某种形式的自我牺牲，但无论对自己，还是对他人，它都需要利大于弊。一个需要全身心投入的使命最好值得为之放弃一切，但我们无法想象一个画比人还值钱的世界。我们会告诫他要对自己的绘画前景不能期望过高，要意识到人类对于成功的机会有过于自信的倾向，并且忽视不可控因素的影响，如市场状况和

---

[1] 所谓"解决一些细节问题"，作者的意思是说，高更也许可以在做决定时更加谨慎，不要那么轻率，找到一种解决办法，在既不抛弃家人，也不打算照顾他们的情况下进行绘画创作。

驶向目的地时盛行风的风向。他一心想成为画家，而不是股票交易员，但讽刺的是，事实证明他还是交易员，不过是那种一次性冒所有的风险，而不是随着时间的推移建立一个平衡个人生活和职业生活的投资组合。

如果他接受了我们的建议，或许其家人会得到很好的照顾，而这个世界会失去一位绘画大师，因而变得没有那么丰富多彩。不过，这种损失是社会所乐见的，高更的家人乐意付出的代价。然而，我们怀疑他或任何正因迷恋自己热衷的爱好而晕头转向的人会采纳任何建议。不无讽刺的是，反而是高更留给我们的非艺术遗产促使我们自问他提出的那三个问题，尽管他自己回答这些问题的方式可能并不可取。

近20年来，克里斯托弗不断向学生提出这三个简单的问题，从年轻的本科生到经验丰富的管理人员，以帮助他们了解自己的工作故事。第一个问题是：学完这个课程一年后，你认为你会干什么工作？这个问题旨在解决当下的紧迫问题，因为他们求学的动机是为了获得一个特定的职位，以便能够支付账单，包括可能为求学而借的学生贷款。答案很现实，很像高更当交易员是为了养家糊口；英德拉·努伊在百事公司就职是因为那里离她家的孩子和女儿的小学只有15分钟的路程；从大学辍学后，史蒂夫·乔布斯利用自己的技术找到了设计视频游戏的工作。我们的学生通常会选择一个传统职位，既能用到他们的经验，又能学以致用。对于那些已经在公司就职的人来说，问题的答案则是从目前的职位升至下一个层级。

第二个问题关乎过去，即学生继承了什么样的价值观：什么样的工作对总体幸福感贡献最大？表述这个问题时，我们有意保持措辞上的宽泛和公正。回答"一年以后"那个问题时，人们会考虑适合个人技能的特定职位，比如会计师事务所的助理、食品公司的消费者洞察[1]主管等，而回答"总体幸福感"问题的答案以职业划分，如教师、医生或农场主，它们可能与受访者的职业道路没有多大关系。这个问题的目的是让受访者回答工作能为社会做出的贡献，往往与工作是否能带来经济收益无关，比如医院的清洁工就把帮助实现病人的愿望作为工作的动力。

第三个问题与未来有关，但不一定与工作有关：抛开可行性不谈，如果十年后你可以做任何事情，你会做什么？有些学生希望在这段时间内从工作岗位上退休，他们中既有年轻人，也有上了年纪的人。当被问及将如何利用充裕的空闲时间时，他们通常会想象自己去旅游或打高尔夫球。更常见的是，学生们在不经意间宣布了尚未实现的使命，他们可能认为，无论对错，这些使命都来不及实现，比如成为像鲍伊那样的摇滚明星，或者太不切实际而不敢尝试，比如成为像狄迪恩那样的作家。那些打算继续在自己的领域工作下去的人，即使他们不必如此，通常也会设想自己摆脱了组织层级制度的束缚：他们想要成为像努伊那样位于层级制度顶端的首席执行官，或者像乔布斯那样不受层级制度约束的企业家。

对于这个回答三个问题的活动，学生们最初的反应往往是他们的集体答案有很大的不同。有些人称第一组的答案为他们期望做的

---

[1] 消费者洞察（consumer insights 或 customer insights）是企业对数据的一种解读，用于深入了解买家或客户群体想要什么和需要什么，最重要的是，他们为什么会有这种感觉。通过这些观察，企业可以就如何更有效地接触目标市场做出明智的商业决策。

事，第二组的答案为他们应该做的事，而第三组的答案为他们希望做的事，这促使他们想要知道：既然期望的工作既不是应该做的事，也不是希望做的事，为什么他们还要如此努力地学习，付出如此高昂的代价来获得这份工作呢？虽然这种认知导致克里斯托弗的一名学生曾经宣布弃商从医，但几个月后她又改变了主意，毕竟说服学生改弦易辙并非此项活动的目的。恰恰相反，其中一点是强调在一个职位上实现所有目标有多么的不可能，比如同时追求个人技能与雇主需求以及为他人服务和自我实现之间实现"市场契合"。另一点是要促进均衡看待现实的现在与理想化的过去和未来[1]，并将眼光放长远一些，将自己的职业生涯视为一个职位组合，从而让自己能够随着时间的推移"拥有一切"。最后一点是鼓励他们考虑如何使自己目前的现实更加理想，努力寻找"离校一年后"的职位中那些有助于总体幸福的提升，并使人生富有意义的闪光点。

---

1　人们倾向于把过去和未来理想化，从而在回忆过去时只记得不切实际的积极面，展望未来时产生不切实际的乐观预期。

## 第六章
# 什么工作是社会不可或缺的？

> 我相信平凡且渺小的工作的价值，好比养儿育女、摘水果和打扫卫生。我认为它们是最有价值的工作，也让我觉得最值得尊重。
>
> ——［爱尔兰］萨莉·鲁尼（Sally Rooney），
> 《聊天记录》（*Conversations with Friends*）

## 从前线到四季酒店

2020年3月，因新冠疫情肆虐，美国政府宣布全国进入紧急状态，消费者挤满了杂货店，或涌向网上商城，着急忙慌地囤积食品和其他必需品。他们很可能发现货架上已经缺少了自己正在寻找的必需品，包括洗手液、消毒湿巾和橡胶手套。有些短缺是由趁机囤货居奇的人造成的，他们很会为自己找借口，声称如此做可以纠正市场的低效，比如有兄弟二人驾车穿越了田纳西州和肯塔基州，沿路买下了所有能买到的洗手液，并在网上以高达70美元的价格出售。在接下来的几个月里，公众将被迫应对基本生活用品的短缺，从木材到电脑芯片，再到婴儿配方奶粉，要是在以前，他们认为这些东西都是理所当然应该有的。而工厂停工、海关延误和延迟生产等造成的供应链中断远远超出了他们的想象。

然而，他们似乎最急需的必需品是卫生纸。因为工作场所和公共场所关闭，预计家庭卫生间使用量会增加，随着恐慌性购买的急剧增加，消费者进行了过度的准备。坐浴器的销量增加了，但还不足以阻止卫生纸销量的急剧增长，卫生纸的销量比上一年增长了71%。商店实行配额制，以便更公平地分配剩余的供应量。宝洁公司的办公室员工赶到恰敏（Charmin）卫生纸工厂的车间里帮忙。3月13日星期五，当金佰利公司的一位高管离开公司总部时，他在回家的路上停在了当地的沃尔玛超市，发现他负责的棉柔（Cottonelle）和适高（Scott）两个品牌的卫生纸已经断货。跟很多办公室工作人员一样，那将是他在很长一段时间内最后一次看到自己的办公室。

很多在周末及以后仍坚持工作的人被归类为"必要工作人员"，没有他们，必需商品的生产和重要服务的提供就无法维系。必要工作人员通常在所谓的前线工作，这是一个与保护他人有关的军事比喻。被选定为上前线的必要工作人员要尽某种职责，比如说，确保火车准时运行，因为公共交通系统往往是其他必要工作人员上班所不可或缺的。它也可能是一种荣誉，在世界各地的城市中、在重症患者挤满病床的医院里，每晚都会不时地响起掌声，这是送给医护人员的掌声。或被认为是必不可少的,这可能是对系统维护工作的一种认可。有时,受益者是看不到这些工作的。必要工作又被宣布为是对失业压力的缓解,因为它确保了这部分员工收入的持续,如食品加工者可以继续生产食品,而不像餐厅服务员那样被立即解雇。

必要工作可能是所有这些好事,但也可能是一种诅咒。这些员工被迫冒着个人安危的风险前来履行职责,这些责任既包括研发疫苗这样的宏伟事业,也包括操作收银机这样的平凡工作,在当时那种情况下,这些都不失为一种英雄主义。有时,也会造成混乱:在某些地区,教师被要求无限期地转向上网课,而在另一些地区,他们又被命令回到教室。有时,"必要的"是一种反讽的恭维话,意味着在组织层级中地位低下。毕竟,正如在托尔斯泰的《战争与和平》中拿破仑把他的士兵比作棋盘上的棋子一样,一个人在组织中的地位越高,就越远离在前线战斗者面临的风险。

与此同时,非必要工作人员就像是放了一个无限期的雪假,对于那些坐办公室的人来说,无疑是一种特殊待遇,他们学会了居家办公。穿着精心设计的服装,在视频摄像头前,他们尽显专业;在屏幕外,他们又很舒适,二者可以得兼。对于有些人来说,付不出工资和欠款,也不再被人需要,那可就惨了,有些餐馆老板因此彻底关闭了自己的店面。与此同时,失去收入来源的员工也令人担忧。新闻头条不断地报道人满为患的医院令人恐怖的场面。此时,人们觉得做那种保持社交距离也能完成的工作对个人不啻是一种安慰。对于销售代表和活动经理来说,他们不再飞往世界各地,而是在简易的地下室和储藏室这种"办公室"里参加会议,这是一种全新工作方式的探索,让人怀疑他们到底有多大必要出现在现场,或者说，他们到底是否被人需要。对于富裕阶层，远离前线体现了他们在社会和组织中的地位，反倒给他们提供了一个撤退到乡村庄园、山区甚至豪华游艇的机会。滑雪胜地的缆车大排长龙，有人听到一位在周三乘坐缆车的乘客说：「再也没人工作了。」另外两名乘客也附和道：「我们现在正在工作。上午开会，下午滑雪。」有些客户认为投资组合的流动性至关重要，为了满足它们的需求，一家贸易公司将员工搬到了四季酒店。他们远离城市的交通拥堵，一起在那里工作，就像在办公室一样，下班后还可以在游泳池里畅游。同时，当病毒在外面的世界肆虐时，他们一直依靠酒店的必要工作人员提供的低配版的服务，帮助他们维持一个隔绝新冠病毒的安全港湾。

## 必要工作在"实质上是有争议的概念"

显而易见，对社会最有价值的工作就是对社会最为必要的工作，但在实践中，并不总是如此简单。必要工作人员必须上班，其他人则留在家里。在特殊情况下，历来有使用类似术语称呼工作场所的传统，比如，在恶劣天气时召集的是"必要工作人员"，在破坏性灾难时召集的是"连续保障工作人员"。从历史上看，在战争时期，人们被迫服役，以支持战时必不可少的职能，而那些从事被认为是必要职业的人可以延期服兵役。为了考虑什么工作对我们的社会最重要，让我们来看看在 21 世纪迄今为止的两次起决定性作用的危机中什么工作是最必要的。

"9·11"事件发生的当晚，政府告知所有美国居民必须尽快返回工作岗位。与此相反，当美国为应对新冠大流行而实施封城时，

"必要工作"和"必要工作人员"这两个词就进入了美国通用词汇表。自 20 世纪的两次世界大战以来，一直到 2020 年新冠大流行之前，这两个词还没有被经常使用过。（其他一些英语国家则更喜欢使用"关键工作人员"，但在"9·11"事件后和新冠大流行期间，越来越多的人开始使用这两个术语。）

波特·斯图尔特大法官就何为"淫秽"说过一句著名的话[1]，与他的话相似，大多数人认为他们看到"必要工作"时就知道什么是"必要工作"了。在新冠大流行的第一个冬天，必要的设施工人防止了水管结冰，必要的食品工人保证了农产品的生长，必要的急救人员仍在灭火，必要的医护人员在努力挽救病人的生命。这些关于谁是必要的、谁不是必要的判断在很大程度上是没有争议的，就像起初关闭所谓的非必要工作场所一样，娱乐场所、学校甚至是宗教场所就是非必要的。

然而，很多概念本质上是有争议的，诸如淫秽、艺术和正义，对它们来说，何为必要的，不仅本质上有争议，还意味着一种会影响现实世界的价值判断。在新冠大流行期间，人们对"必要工作"突然熟悉起来，掩盖了它具有的政治意义，更不用说我们决定的意义所具有的深刻哲理了。必要工作应与社会离不开的东西有关，但谁来决定我们需要什么？我们需要的东西是否总是或永远就是我们认为的最有价值的东西？那么，在工人看来，有价值的工作与必要工作是否不同？

---

[1] 1957 年，美国法律中出现"淫秽"（obscenity）一词，但联邦淫秽法对于淫秽没有统一的判断标准。1964 年，美国最高法院法官波特·斯图尔特（Potter Stewart）写道："我今天不会对什么确切构成淫秽给出定义……但我一看便知。"

那些被归类为必要工作人员的人，在冒着被感染的风险行使自己谋生权的同时，被赋予了一个可以说是不令人羡慕的选择。身居要职的人通过指定哪些工作是必要的来彰显他们的偏好，比如一位声名狼藉的肉食主义总统命令肉类加工厂的工人继续上班。在车间里，病毒在相距很近的分割生产线上肆意传播。在佛罗里达州，世界摔跤娱乐公司成功地获得了"必要工作"的地位。随着摔跤手们重新开始比赛，围绕着他们展开了一场"必要工作"本质的大论战。政治家们试图提供帮助，例如，他们提出了"必要工作人员权利法案"，其中包括健康和安全保护，以及他们所称的有意义的补偿，还提出了"必要工作人员公民权法案"，为那些在新冠大流行期间从事必要工作的无证打工者提供一种获得永久公民权的途径。然而，多年之后，这些法案仍在委员会的审议中。

## 我们应该如何重视必要工作？

"9·11"事件后，美国政府认为有必要成立国土安全部，因此，它是建立时间不长的一个政府机构。新冠大流行初期，它发布了一份备忘录，指定了"必要的关键基础设施岗位"。按照以前的说法，"9·11"事件后，任何维持经济运行的工作都是一种道义责任，而新冠大流行备忘录建议："如果你在国土安全部定义的关键基础设施行业工作，如医疗保健服务、药品和食品供应，你就有特殊的责任维持正常的工作安排。"在16个关键基础设施行业中，大多数是令人讨厌的工作，包括殡葬服务、种植、养殖和食品加工、石油钻探和废弃物管理。该指南还强调了几乎所有行业的安全，从国防系统和核反应堆的人身安全到金融机构和通信系统的技术安全。因此，新冠大流行不仅唤醒了我们对必要工作意义的认识，而且还向我们表明，我们所确定的必要工作与我们重视它的社会背景是分不开的。

然而，对于维持社会关键基础设施以维持生命所必不可少的工作并不等同于值得维持运转的工作。随着疫情的发展，我们开始意识到需要卫生纸和公共卫生指导，也需要灵感。3月12日，百老汇宣布将关闭五周。就在五周延长至十八个月的同时，百老汇炙手可热的《汉密尔顿》的门票通过流媒体服务商"迪士尼+"（Disney+）登陆了小屏幕。剧作家兼诗人奥斯卡·王尔德有句名言"一切艺术都是无用的"，但这并不意味着它的重要性有所降低。相反，罗宾·威廉姆斯在《死亡诗社》中饰演的深受学生爱戴的诗歌老师约翰·基廷告诉他的学生："医学、法律、商业、工程，这些都是高尚的追求，是维持生命所必需的。但诗歌、美、浪漫、爱，这些才是我们活着的意义所在。"

3月11日，犹他爵士队中锋鲁迪·戈贝尔（Rudy Gobert）成为第一位检测结果呈阳性的美国职业篮球联赛的球员。他在赛后新闻发布会上通过触摸记者的麦克风和录音机来嘲笑新冠病毒，两天后，他就被查出感染了病毒，不久他就为此胡闹行为道歉。该联赛成为美国第一个暂停比赛的大型体育项目，也是第一个在7月30日恢复比赛的体育项目，它在迪士尼乐园[1]划定了一个隔离区，花

---

1 该迪士尼乐园指美国佛罗里达州布埃纳文图拉湖（Lake Buena Vista）的迪士尼乐园度假区。

费近 2 亿美元建造了一个公共卫生安全地带，球员在家人的陪同下为只能通过电视机观看的观众打比赛。新冠大流行还导致汽车影院的复兴，自己的汽车就是隔离舱，人们可以在里面观看电影，也促使皮克球运动的流行，它是可以在保持社交距离的情况下开展的运动。

我们认为的必要工作也能表明我们的政治倾向。在华盛顿特区以及各州议会和市政厅，政客们就经济衰退和传染病哪个造成的破坏更大争论不休，提醒我们无论答案是什么，工作都是社会稳定的必要条件。在得克萨斯州，在一些商场和餐馆获准有限度地重新营业后，一些酒吧和文身店却违抗命令继续关门，由抗议者组成的武装民兵守护在它们的门前。最高法院以 5∶4 的投票结果支持了一些州对参加宗教活动的限制，但在当年晚些时候，新法官宣誓就职后，这一结果又发生了变化。5 月 25 日，黑人乔治·弗洛伊德（George Floyd）被一名白人警察跪压致死，引发了明尼阿波利斯和世界各地针对种族歧视的抗议活动，人们认为，相比控制病毒的传播，抗议活动更为重要。据此，集体行为表明了一种社会共识，也就是说，尽管人们对于经济、娱乐和公正等哪些优先事项最为重要普遍存在严重分歧，但即便迫在眉睫的公共卫生威胁也不应干扰公民从事社会长期存在的优先事项。

## 社会如何珍视生命和工作？

就在新冠疫情暴发前夕，即"9·11"事件发生近 20 年后，经过激烈的政治辩论，"9·11"事件受害者补偿基金（VCF）再次获得了授权。该基金最初是在袭击发生后几周内设立的，目的是向受害者家属补偿损失，只要确认情况特殊和收入损失额，政府就给予金钱"补偿"，并提供经济赔偿。[1] 补偿金从25万美元到700多万美元不等，平均超过200万美元。对于家境一般的索赔人来说，在应对亲人离世的同时，这些钱确保他们未来的日子会好过一些；而对于一些富有的金融家的悲伤的家属来说，补偿金使他们能够继续支付大额的抵押贷款[2]，而不会影响自己奢侈的生活水准。"9·11"事件本身造成2 977人死亡。在这些遇难者去世之后的很长一段时间里，归零地[3]附近的工人和居民也获得了领取受害者补偿基金的资格，这些人在随后的几年里因吸入废墟燃烧而释放出的有毒物质出现健康问题，因此给他们提供经济救济。这让人们更加认识到，金钱永远无法足够补偿生命和福祉的损失，同时重新审视了某些形式的工作是否应该比其他工作具有更高的经济价值这一问题。

在迈克尔·刘易斯（Michael Lewis）关于20世纪80年代华尔街的自传《说谎者的扑克牌》（*Liar's Poker*）中，人称证券交易员

---

1 袭击遇难者的家属和身受重伤的幸存者如果放弃起诉航空公司、世贸中心、飞机制造商等的责任，就可以选择政府补偿的救济途径。但是，并不是每个遭遇不幸的家庭和幸存者都能得到政府的金钱补偿。而且，金钱补偿是对收入损失进行补偿，并不是所有的经济损失都能得到赔偿，也不是所有的损失都能用金钱补偿。

2 富裕金融家的家属会投资房地产，领到补偿金后，他们会用来支付大额房贷，因为利率较低，他们不会全额还清，而是继续用抵押贷款去投资，以赚取更高的利息。

3 归零地（Ground Zero）原指大规模爆炸中心点，在此特指"9·11"袭击摧毁的16公顷区域。

为"大摇大摆的迪克斯"[1]，他们富得流油，在办公室里用美元纸币玩牌。在汤姆·沃尔夫（Tom Wolfe）关于同一时期的小说《虚荣的篝火》(The Bonfire of the Vanities)中，债券交易员自诩为"宇宙大师"。这些对证券交易员的讽刺表明，在"9·11"事件中丧生的证券交易员通常收入颇丰。然而，他们的工作对经济体系的重要性可能没有得到普通民众的重视。"9·11"事件后的几天，证券和股票交易恢复，但证券市场提前几天重新开放，因为是在技术更先进的电子平台上交易，普通投资者并不知情，证券市场对宏观经济的稳定是必不可少的。建达资本在纽约的员工有960人，"9·11"事件那天失去了658人，它是丧失员工最多的雇主。仅仅两天之后，它就重新开业了。幸存的员工决心依靠哈得孙河对岸新泽西州的一个卫星办公室来挽救公司，以照顾受害者家属。1993年，恐怖分子在世贸中心地下车库引爆爆炸物，那是该大厦首次恐怖袭击，之后，他们就建立了这个灾难恢复点。

当证券交易员们准备重新启动他们的交易平台时，纽约证券交易所首席执行官迪克·格拉索（Dick Grasso）却在他睡了整整一周的办公室里醒来，监督并参与真实交易大厅[2]的清理工作。纽约证券交易所离双子塔坍塌的地点只有几个街区，现在是灰尘和碎屑遍地，还有曼哈顿下城大部分居民疏散时留下的其他乱七八糟的东

---

1 "大摇大摆的迪克斯"的英文是 Big Swinging Dicks，是个很粗俗的词，主要指喜欢傲慢地显摆财富和权力的男人，如同他们炫耀自己性器官的尺寸一样。
2 "9·11"事件后的几年里，虚拟交易大厅激增，自然不是可以让人脚踏实地的交易大厅。作者用"真实交易大厅"意在指出，经过恢复之后，证券交易已不再通过电子或虚拟方式进行，而是开始清理场地，迎接可以互动的真实交易员的进入。

西。在交易员们等待返回的同时,托管人的清理工作成了当务之急,该项工作很有价值,却非常烦琐和辛苦,不过,最后还是出色地完成了。格拉索后来获得了 1.4 亿美元延期补偿金,并提及他在危机中的领导作用。此补偿金备受争议,批评他的人质疑他是否值这么多钱。在纽约证券交易所经历"9·11"事件重新开业两年后,他辞职而去。

多年以后,在研究"9·11"事件遇难者的工作时,克里斯托弗和珍妮弗研究了世贸中心及其周边公司的员工。世贸中心规模很大,以至于拥有自己的邮政编码。在五种最常见的职业中,会计、行政助理和设施维修、改造工这三种工作显然并没有什么魅力。当我们把社会需要解决的重大挑战浪漫化时,也许我们忘记了同样需要面对的日常挑战。世贸中心袭击事件受害者从事的另外两种最常见的职业是急救人员和金融家。急救人员的工作毋庸置疑是必不可少的,但他们的收入通常也很低,而金融家的收入往往是最高的。

"9·11"受害者补偿基金的特别管理人肯尼思·范伯格(Kenneth Feinberg)负责确定分配方案,用于决定每笔补偿金额的多少,而"是否每个人都应该得到相同的金额"是他必须考虑的问题之一。如果不应该相同,那以什么样的理由区别对待呢?英雄人物是否应该得到更多?那些很能赚钱从而失去更多的人是否有理由获得更多的补偿?赚钱能力指现在的收入乘以时间和未来还会增加的潜在价值。最终,与高收入金融家的家属相比,在袭击中丧生的急救人员的家属获得的补偿金要少得多,根据克里斯托弗的分析,平均少近 100 万美元,这无疑是雪上加霜。建达资本提交档案,试图说服范伯格增加对收入在 98 百分位数以上者的遗属的补偿,但最终不得不妥协。该公司指出，跟刚接受完基础培训的证券交易员大不相同，已经有三年经验的交易员年收入接近 30 万美元，再过 5 年，每年就能拿到 100 多万美元，当然，是以 21 世纪初的美元计。

在其《生命的价值何在？》(*What Is Life Worth?*) 一书中，范伯格为将补偿与赚钱能力挂钩的分配方案进行了辩护，他称"市场体系及其对个人选择的依赖"是"美国特色的做法"。正如他所暗示的，将市场经济与美国价值观联系在一起会让我们相信经济价值就体现了社会价值。然而，"9·11"事件和新冠大流行中的必要工作人员跨越了职业和经济界限，这似乎是不言而喻的。他们的工作往往是艰难而危险的，尽管并非总是如此。尽管范伯格在其书的结论中承认，"我确信'9·11'受害者补偿基金的分配方案存在缺陷"，并且"所有符合条件的索赔者都应获得相同的金额"，但我们不会进一步指出所有工作同样有价值，也不会进一步地论证经济价值和社会价值明显成反比，正如前一章所讨论的那样。相反，我们会用经济学的术语来断言，必要工作的使用价值（它对社会的效用）与其交换价值（它在市场上的价格）不完全相关，而且前者往往大于后者。我们甚至无法确定最有社会价值的工作是否应该是最赚钱的工作，只是觉得社会价值最低的工作不应是薪酬最高的工作。

## 你应该为自己工作还是为他人工作？

如果你有幸能够选择从事何种职业，你会选择可以帮助他人的工作吗？1984 年，诺曼·凯尔（Norman Care）发表了一篇名为

"职业选择"的论文,却未得到人们的重视,但称凯尔为哲学家是再恰当不过了。这篇论文包含了一些务实的建议,告诉我们如果有选择的话,应该做什么工作。凯尔观察了世界范围内的人类状况,指出数百万人正"贫困交加",表现为"营养不良、无家可归、完全缺乏教育和受政治压迫";社会经济地位和相关机会之间存在着巨大差距;而为减轻这些痛苦和缩小这些差距所做的努力"不但量少,而且不足"。1984年的世界存在的问题和不平等与我们今天的世界非常相似。他的论文是为那些有能力选择的人写的,他们有权力,也有地位,可以选择改善自己生活或影响他人福祉的工作。但他想问的问题是,用他的话说,我们应该选择"自我实现或为他人服务"。换言之,我们应该优先考虑自己的利益,还是社会的利益?

凯尔对这一看似简单问题的探讨汲取了几千年来关于正义的哲学思考。他将这个问题置于两种世界观之间,一种是"一个人仅且只能活一次",另一种是我们"同舟共济"。凯尔得出了一个初步的结论,也许是显而易见的结论:最好的工作是能够让我们在服务他人的过程中实现自我。与其二选一,不如二者兼得。但是,如果我们没有这种奢望呢?如果我们必须在两者之间做出选择呢?这是"9·11"事件和新冠大流行时冒着生命危险拯救他人的急救人员面临的问题。

这个问题的根源在于我们主要关心利己主义倾向与同情心冲动之间的根本矛盾。例如,我们对美好生活目标的看法让问题变得更加复杂。每个人仅仅生存就够了,还是我们的目标是促进全人类基于平等的繁荣?在古代雅典思想中,人类的繁荣被认为是最好的幸福,但在雅典的社会实践中,这种幸福只留给最有特权的有土地的男性公民。建议我们培养一个更具同理心、平等主义和自我实现的社会,这似乎是一种无私的理想主义,但这也会给我们带来自身的利益。托马斯·霍布斯曾做过一个思想实验,设想人类摆脱了社会的束缚,像自然状态下的动物一样自由地追求自己的利益,他由此得出了一个著名的结论:这样的生活将是"孤独、贫穷、粗鲁、野蛮和短暂的"。

伊索寓言再次让"为自己工作还是为他人工作"这个问题易于理解。乔安妮·丘拉讲述了"蚂蚁和蜜蜂"的故事。两只昆虫为谁更勤劳争执不下,转而向阿波罗寻求裁决。阿波罗认为蚂蚁和蜜蜂的劳动成果存在差异,蚂蚁贮藏食物是为了自利,蜜蜂酿的蜜整个社会都可以享用。蜜蜂跟蚂蚁一样辛勤劳作,但其成果的社会受益性提升了其工作的价值。这一观察结果支持了这样一种观点,即判断一个人工作价值的大小取决于其满足他人需要之能力的高低。

但是,商界并非总是如此决定什么工作是最有价值的。在职业生涯初期,克里斯托弗参加过一次世界经济论坛的会议,商界领袖小组称查尔斯·达尔文的《物种起源》是一本经典的商业书籍,暗示资本主义"丛林"就是自私自利的生存竞争。然而,近年来,达沃斯的精英们越来越多地接受了该论坛创始人克劳斯·施瓦布(Klaus Schwab)倡导的更具社会意识的经济生活理念。哲学家罗伯特·爱德华·弗里曼(R. Edward Freeman)描述的新商业故事与管理学者林恩·夏普·佩因(Lynn Sharp Paine)观察到的价值转变不谋而合,即从只关注财务表现到关注环境和社会绩效。政治经济学家苏布拉马尼安·兰甘(Subramanian Rangan)也提出了类似的挑战，让我们思考企业的目的究竟是追求经济效益还是追求社会进步。战略学者迈克尔·波特（Michael Porter）和马克·克雷默（Mark Kramer）认为企业的目标是创造共享价值，即在追求经济成功的同时带来社会效益，而不仅仅是为投资者增加股票价值。就连由多家美国顶级公司首席执行官组成的商业圆桌会议也在2019年采纳了这一观点，即公司的执行官应该引领公司以所有利益相关者的利益为经营理念，而不仅仅是为了股东的利益。

虽然凯尔的哲学问题是在认真地询问我们应该选择什么样的工作，但组织心理学家亚当·格兰特（Adam Grant）观察到，我们在现实中往往会选择为他人的利益而行动，他称之为"亲社会动机"。格兰特的结论是，我们帮助他人的冲动最终对我们自己有帮助，支持他人成功的"给予者"往往比只关注自己成功的"索取者"更成功。在就亲属对"9·11"受害者工作的看法研究中，我们发现，作为一种使命，工作可能包括服务自己、服务他人或兼而有之。

所有这些都说明，选择为他人服务可能比以往任何时候更有可能在职业生涯中实现自我价值，反之亦然。但是，如果与自我实现相矛盾，我们是否还会坚持服务他人呢？选择何种职业看似纯属私人问题，但凯尔对这一问题的回答是基于正义理论的，该理论是当代哲学中最著名的政治理论，因此，他的答案是不证自明的，即我们不能将决定从事的工作与需要我们从事这项工作的社会分开。如果不能两全其美，如果我们生活在一个需要帮助的世界，就必须选择为他人服务。面对眼前与遥远未来之间的巨大鸿沟，凯尔并没有回答社会最需要的工作是否就是最有价值的工作。

## 你能用你的工作或金钱产生较大的影响吗？

约翰·洛克菲勒全盛时期的净资产超过美国国内生产总值的1.5%，被公认为美国历史上最富有的人。他创建了标准石油公司，在电力发明之前为人们提供了光源，在汽车普及之后为运输工具提供了燃料，因而发家致富。但他对社会最重要的贡献是因为他作为一个商人的工作吗？还是作为一名慈善家，为从芝加哥大学到洛克菲勒基金会等受人尊敬的机构提供了创办资金？

在2018年之前的本世纪大部分时间里，比尔·盖茨是美国在世的最富有的人，他因为什么被人们记住呢？世界上最大的个人电脑软件公司微软的共同创立人，还是比尔和梅琳达·盖茨基金会？到2018年，比尔·盖茨几乎将其职业生涯的全部精力都投入该基金会中，以推动公共卫生、教育和应对气候变化的行动。

杰夫·贝佐斯与他的前妻麦肯齐·斯科特相比，谁的工作对社会更重要？贝佐斯创立了亚马逊公司，2018年，他在美国富豪榜上超过了盖茨。在新冠大流行期间，亚马逊公司将生活必需品安全地送到前门廊，同时逐步用机器人取代仓库工人，用无人机取代送货司机，因此，既受到人们的尊敬，又受到人们的漫骂。与贝佐斯离婚后，斯科特成为美国第二富有的女性，并迅速承诺将她的大部分财产捐献出来，用于支持种族和性别平等、民主和环保。

无论是不是亿万富翁，这些事例都促使我们自问：我们是否可以通过直接贡献自己的专业时间、技能和专业知识，或者通过努力致富，然后把钱捐出去，从而为社会事业做出更大的贡献？即使经济条件一般，如果你是一位热心的环保主义者，你是否需要从事直接影响环境的工作，或者是否可以保留日常工作，然后向支持的慈善机构捐款？彼得·辛格（Peter Singer）承认，与一些金融家相比，典型哲学家的收入微薄，他敦促有能力的人捐出收入的三分之一以上。辛格是一位著名的功利主义者，功利主义是哲学伦理学的一个流派，它以最多的人获得最大的利益来衡量影响。他特别建议将资金从发达市场重新分配到发展中市场，因为这样可以增加每元钱的边际效用。这就是小额贷款背后的逻辑，小额贷款的目的是将小额捐款投向能够带来巨大变化的地方，通常由在线捐赠平台提供业务上的便利。辛格的哲学可以说是发起了一场"有效利他主义者"的运动，他们超越了亿万富翁传统的慷慨赠予，致力于通过财富实现社会效益最大化，既帮助眼前濒临死亡的人，也帮助在遥远的地方或将来遭受困苦的人。

有效的利他主义者既考虑眼前的社会需求，也考虑不可预见的未来。他们既担心现在营养不良的人，也担心遥远的将来人工智能会被滥用，以至于极权主义政权得逞。萨姆·班克曼-弗里德在读本科时曾想成为一位动物福利工作者。然而，他开始相信慈善家或许能间接地带来更大的改变。他创建了一个加密货币交易所（Futures Exchange，FTX），却因它的兴衰而声名狼藉，并被判犯有欺诈罪和共谋罪。班克曼-弗里德将自己的大部分资金捐献给慈善事业的计划似乎很奏效，直到 FTX 的倒闭让有效利他主义的受益人损失了数百万美元。虽然成为亿万富翁慈善家可能是一个值得称赞的愿望，但班克曼-弗里德的垮台无疑是一个警示，告诫人们，跟大多数一夜暴富的如意算盘一样，此等计划往往以失败告终。

大多数人永远不会有机会选择如何最好地分配我们的经济财

富。但我们仍然会自问金钱是否比工作产生更大的影响。也许我们可以做得更多，让目前的工作与所关心的社会事业更好地结合起来。研究表明，如果雇主允许员工在工作中采取与他们看重的社会事业相一致的行动，比如环保行为，员工就会对组织更加忠诚。公司每个工作年度会为公关性的义工或外联日预留一定的天数，但这些活动往往受到嘲讽，说是有漂绿[1]的嫌疑。这就意味着，除此之外，雇主必须多安排一些工作日开展这些活动。重要的是，员工可以在工作时间灵活地探索他们所在乎的社会事业，并确保他们的雇主也支持这些事业。

当然，对于是通过捐钱间接为社会事业做贡献，还是通过有社会价值的工作直接为社会事业做贡献？我们必须权衡利弊，因为后者的报酬往往很低。哲学家的工作可以说是报酬低但有社会价值的一个例子。苏格拉底在雅典街角谈论他认为比金钱更重要的事情时，一贫如洗、蓬头垢面，而他的妻子和孩子实际上都在挨饿。如果无视化石燃料、数字鸿沟和垄断行为对社会的不良影响，那就太天真了。然而，如果认为炼油、软件开发和在线零售对社会没有价值，那就等于忽视了一些亿万富翁在提高后工业时代美国人的生活质量方面不可或缺的作用。有效的利他主义是不是一种两全其美的方法：既能积累数百万财富，又能标榜自己的高尚目标？

在本书创作之时，埃隆·马斯克是最新跃居美国富豪榜榜首的人，他曾试图在致富的同时解决社会面临的最大挑战。虽然马斯克

---

1 漂绿是一种广告或操控舆论的方法，它利用有欺骗性质的绿色公关和绿色行销手段改善公众对其品牌、目标和政策的看法，让人认为它们都对环境是友善的。实际上，公司有可能什么也没有做，甚至是反其道而行之。

对有效利他主义的目标表示认同，但对自己的慈善意图却非常注意保密。相反，他的公司一直被认为是电动汽车行业的领导者，有助于应对气候变化（我们会输掉这场战斗吗？）及探索太空，并有可能将其他星球改造成地球一样适合人类居住。从最为有利的角度理解，马斯克和很多社会企业家的工作或许可以证明，从逻辑上讲，经济价值和社会价值的结合并非不可能。

然而，也有很多人批评马斯克的所作所为，特斯拉工程师指责他降低了汽车自动驾驶功能的安全性，批评者认为太空探索技术公司（SpaceX）是一个虚荣心作祟的项目，社交媒体用户则认为他收购了社交媒体平台推特（Twitter）之后加剧了错误信息的泛滥。同样值得一问的是，社会是否应该相信：那些将自己的天赋、勤奋和非常大的幸运转化为商业成功的亿万富翁，在解决影响到其他人的社会问题时同样具有天赋、勤奋和幸运？如果说一个亿万富翁是否能通过他的工作为世界提供有价值的直接服务还没有定论的话，至少我们可以同意经济价值和社会价值并不总是一致的，甚至也许它们经常是错位的。如果经济价值和社会价值总是一致，那么，选择做哪项工作就很容易了。然而，就像累进税制的逻辑一样，有效利他主义的逻辑本身寓意市场是不完美的。有时需要对财富进行重新分配，以满足社会的需求，因为有社会价值的工作往往被低估，不管它们是试图解决社会面临的重大挑战，还是仅仅提供适当的服务以造福他人。

## 为本地社会做贡献好，还是为全球做贡献好？

当劳伦·梅杰斯（Lauren Majors）还是大学生时，她以为自己将来会加入政界，从事与生殖健康相关的工作。然而，在美国参议员芭芭拉·博克瑟（Barbara Boxer）办公室实习时，劳伦不得不接受年轻是把双刃剑这个现实。在拜访国会议员和游说者的办公室[1]时，她被误认为是一个高中生在做学校布置的研究课题，没有人认真对待她。这次经历，加之她意识到政治进步难免缓慢，让她对自己的职业道路进行了彻底的反思。劳伦沮丧地看到通过当官推动大规模变革几无可能，她很沮丧，自问道："为什么我要求别人做我能做的工作？"她开始在少年拘留中心做志愿者，了解到药物滥用和少女怀孕之间的交叉关系，发现自己想做的工作是那种直接与她一直想通过政治影响其生活的人打交道。她成为一名社区保健执业护士，现在大部分专业时间都在为弱势群体服务。在新冠大流行期间，她曾在"无家可归者旅馆"工作过，这些临时住所有助于减轻疾病在那些原本可能睡在庇护所或街头的人中的传播。不过，她的热诚和专长在于为药物滥用症患者服务。

人称"穆里"的穆里西库·雷福（Murisiku Raifu）也从事医疗保健工作，但他的职业轨迹可以说与劳伦·梅杰斯截然相反。劳伦从立志从政到为个别病人服务，而穆里第一次接触工作是帮助母亲在当地集市上出售零星物品，当离开加纳到美国上高中时，他说："我的希望是有一天我会做一些规模更大的事情，影响人们的生活。"如今，他是一名私人神经外科医生，为需要他的病人提供

---

1 美国的游说者通常有自己的办公室，因为游说是公开活动而不是走后门，但其办公室的门不会贴有"游说者"的标牌，可能是"律师""倡导者""协会"，或其他什么名称。但如果他们的工作是说服政治家支持他们的政策倾向，那就是通常说的说客。

服务，并认识到作为一名医生，他得以洞察病人的需求。不过，他仍然是一名执业医生的另一个原因，是为其创业项目筹集资金，现在这事占据了他越来越多的精力和时间。他打算新创立一家医疗技术公司，旨在通过对新兴市场的医疗记录进行数字化处理，改善公众的健康状况，增强患者的抗病能力。穆里不仅希望他的公司能够"改变人们的生活"，他还为自己雇用的"50人正在创造可以让他们养家糊口的某种产品"而自豪。

玛丽娜·金（Marina Kim）创立的爱创家（Ashoka U）是一个"变革者的校园"网络，其中就包括雇用克里斯托弗和珍妮弗的教育机构。金将影响力分为四个层次，从直接服务（直接与可能需要帮助的个人打交道）到框架变革（改变心态和市场的工作，希望未来在服务者和被服务者之间不再有深深的鸿沟）。亚当·格兰特认为，当工作人员与他们工作的最终受益人联系在一起时，组织绩效就会提高，而且金说影响范围内的所有工作都值得去做。然而，她的工作也可能被认为是在暗示我们应该自问一下劳伦和穆里似乎在问自己的那些问题：我们应该把工作精力投入为最需要的人提供直接服务上，还是通过政治和社会创业等方式实现大规模的变革上？这个问题类似于问谁的工作更重要：是那些捐钱的亿万富翁慈善家，还是那些完成了工作的捐赠对象？在新冠大流行期间，撇开政治因素不谈，谁的工作更重要：是将关键基础设施工作人员的指导意见告诉公众的决策者，还是照顾病人并保持通信畅通的关键基础设施工作人员？是预测卫生纸生产需求上升的高管的分析对社会更有益，还是生产卫生纸的车间工人对社会更有益？总而言之，谁对社会的贡献更重要：是那些处于组织和社会层级制度顶层者的努力,还是那些处于层级制度底层者的付出?前者提供资本、整合资源,并管理他人的工作,后者是实际的工作者,专门从事某项任务或研究某一学科,并亲力亲为。

在《阿特拉斯耸耸肩》(*Atlas Shrugged*)描写的世界里,答案显然有利于在顶层工作的人。这本小说是安·兰德(Ayn Rand)关于新自由主义资本主义的专著,恰巧在亿万富翁中非常受欢迎,也是有史以来最长的小说之一。在小说中,一群工业巨头因政府干预和工会干涉他们的工作而感到沮丧,他们举行罢工,发誓要"让推动这个世界的马达停转"。只有在他们的缺席导致社会分裂和政府崩溃之后,罢工的实业家们返回岗位,错误才能得到纠正。相比之下,在列夫·托尔斯泰研究人类心理和历史的著作《战争与和平》描写的世界里,问题的答案是那些最底层的人。《战争与和平》的篇幅甚至超过了《阿特拉斯耸耸肩》。托尔斯泰把军事组织比作圆锥体,统帅独占最顶端的位置,士兵处于最底层,人数也最多,他们听从上司的命令"刺杀、劈杀、焚烧和掠夺"。托尔斯泰最后不无讽刺地指出,圆锥体顶端的强势首领最不强势,因为"下达命令的人在行动中所占的比重最小"。

如果非要选边站的话,我们无疑会推荐托尔斯泰,他是比兰德更好的小说家。然而,在资本主义经济中,工业领袖和普通劳动者谁更必要,我们认为这个问题很重要,但最终在相互依存的劳动力要素之间做出了错误的选择。资本家依靠劳动者进行生产,劳动者则需要资本投资才有机会生产。经济史学家托马斯·皮凯蒂(Thomas Piketty)指出,赢家通吃的市场体系会导致上层与底层之间的收入不平等日益加剧。然而,我们认为,在这样的市场体系中，工作在第一线的人做出了重要贡献，特别值得称赞。当被问及她是否认为自己每次服务一个人的工作产生了她想象中作为政治家可能产生的那种影响时，劳伦·梅杰斯回答说："我不这么认为，这不是一个人的事……他们会跟他们的朋友谈……药物成瘾会影响整个家庭。"正如劳伦表明的那样，当"病人也看到了医疗保健系统"，并影响到很多病人和医疗服务提供者的观点时，直接服务就会成为一种结构性变革的形式。

## 有意义且必不可少的工作

从长远看，必要工作可能与我们眼前最看重的工作截然不同。我们可以有效而不确定地工作，不去思考我们的工作是否有意义以及为什么重要。但是，如果不反思工作的意义，我们可能会对为谁或不为谁工作、做了什么或没有做什么、工作太多或太少，或者做了一些回想起来似乎不那么重要的工作而终生遗憾。

"9·11"和新冠疫情肆虐等事件让我们在面对自己或他人死亡的可能性时反思生命的意义。它们还促使我们认清工作在有价值的生活中的地位和优先权。玛西娅·齐默尔曼（Marcia Zimmerman）拉比称这些思考什么是重要的机会为"临界时刻，这些都是过渡、身份、出生、死亡的时刻，［但］主要是死亡时刻"。齐默尔曼是美国第一位女拉比，她领导的会众涉及两千多个家庭，尽管她的父亲担心传统观念会让女性在这一职业上举步维艰，她还是坚持了下来。她每年至少主持 50 场葬礼，新冠肆虐期间主持的更多。那时，由她担任高级拉比的会众基本上都在网上举行葬礼。尽管死亡的不可预测性意味着任何一天的任何时间都有可能接到电话，但无论她是否计划当天不上班，她都会为她认识的每个人主持葬礼。齐默尔曼拉比反思道："死亡并不可怕，这也是我喜欢面对它的原因。我们活着的时候，生死离别，在所难免，也会走向生命的终点。然而当死神真的降临时，我们都会感到震惊。"

戴维·布鲁克斯（David Brooks）在《品格之路》（*The Road to Character*）一书中区分了简历美德（你带到市场的技能）和悼词美德（在你的葬礼上被谈论的美德），指出我们大多数人都花了很多年来完善自己的简历美德，尽管"我们都知道悼词美德比简历美德更重要"，但往往损害了悼词美德。简历美德可能是我们受雇从事正确工作的原因，但悼词美德更有可能引导我们为正确的原因工作。

必要工作在执行过程中可能并不总是让人感到有意义，那些在新冠大流行期间仍在为维持经济运转而从事重复性工作的人就可以证明这一点。然而，正是因为工作是必不可少的，工作才是有意义的，就像齐默尔曼拉比在生命最后阶段所做的工作，或是急救人员拯救生命的工作。工作之所以重要，是因为它是有意义的，就像维系生活的教育和娱乐一样，没有工作，生活就没有价值。我们可能希望不必用一个全球性的流行病或死亡威胁来让社会认识到必要工作的价值。然而，当这些威胁揭示了什么是最重要的时候，地位较高的非必要工作和地位较低的必要工作之间的区别就很难被忽视。即使是地位相对较高、收入丰厚的医生在新冠疫情肆虐期间也经历了意义危机，这意味着作为一个社会，我们需要批判性地思考如何认识和保护各种类型的必要工作者，使其免于精疲力竭和被人利用。

# 第三部分
# 值得做的工作

## 第七章
# 你的工作有更高的追求吗？

要是有人比我们更能让世界变得美好，我可不想生活在这样一个世界里。

——电视剧《硅谷》中科技巨头公司的
首席执行官加文·贝尔森（Gavin Belson）

## 每个人都认为我是一个特别重要的人

贝丝·哈格里夫斯（Bess Hargreaves）的父亲是一位杰出的核工程师。她从小就希望能让世界变得更加美好，也想知道自己如何才能达成像父亲那样的成就。她打算从事法律工作，为公众利益服务，但首先她必须还清助学贷款。因此，从法学院毕业后，她沿着父亲为她铺设的道路，加入了纽约市一家顶级律师事务所。第一年,她担任助理律师,赚的钱比她父亲当大学教授赚的钱还要多。她想:"好吧,我终于赢了。我终于赢了,我终于胜过了他,不过,我真的累坏了。"

贝丝为了高额奖金而长时间工作,她形容这些案件让她心力交瘁,比如为大型银行和石棉制造商辩护。在一次绩效考核中,她被告知她的公益法律服务应该留到晚上 9 点到凌晨 2 点之间开展。所以,她跳槽去了一家中型律师事务所,接受了较低的薪水,换来的是计费工时减少了,却发现自己承担的责任大了,得到的支持却少了。在那家事务所工作期间,她开始接手家庭法方面的案件,发现这让她更加满意。离开私人执业的工作后,她加入了一家非营利组织,为生活贫困的妇女(其中很多是家庭暴力的受害者)提供免费的婚姻法和移民法方面的法律援助。她认为自己找到了一直在寻找的职业方向:"我觉得我在做的是需要完成的重要工作。"她也刚刚结婚不久,觉得新职业似乎也符合她的个人生活:"我的大多数上司都已为人父母,所有上司都是女性,所以,我觉得这是一个适合给小孩子当妈妈的好地方。"

贝丝在这家非营利机构干了 12 年,其职业生涯大体是成功的。她开始拓展一项新的业务,即为那些因施虐的丈夫积欠下债务而负债累累的妇女提供辩护。她的职位得到晋升,成为主管。她和丈夫组建了家庭,还通过协商将工作时间减少了 80%,以便有更多的时间陪伴孩子。她认识到,这些都是她有幸拥有的个人特权,如果当时不争取,她将永远无法挽回陪伴年幼孩子的时光。

不过,事后看来,从一开始就有迹象表明,这份工作会让她疲惫不堪。该机构告知她,因为资金有限,她的起薪没有商量的余地，这意味着她的薪水在整个任期内都很低。虽然兼职的工作时间安排给了她较大的灵活性，但她仍需肩负全职工作的重任，而完成工作的时间越来越少。用她的话说，纽约的家庭法庭就是一团扯不清的乱麻，在新冠大流行期间更是雪上加霜，除了最紧急的案件，家庭法庭完全关闭。难的是她要远程办公，还要带着年幼的孩子尝试远程学习，同时，她的丈夫也在工作。贝丝回忆说："我把自己锁在卧室里，听这些妇女讲述可怕的虐待故事，不得不告诉她们我们无能为力。"当她离职时，新冠大流行结束在望，但她已经累到精疲力竭，"就像血管里的胆固醇一样"。

有时，她会因为离开委托人，变成不再是"大家眼中特别重要的人"而感到无比内疚。她所说的这个领域的"自我殉道崇拜"与她开始职业生涯时所在的大型私人律师事务所并没有想象中的那么不同。在大律师事务所，"他们拥有你"，而在非营利组织从事法律工作，贝丝的感受是它会耗尽你的精力。她记得在非营利组织工作初期的一次颁奖典礼上，作为获奖者，她的故事集中在她为了委托人而牺牲家庭和个人时间的英勇事迹上。贝丝仍然不知道自己下一步会做什么，但当她回想这一切时，她说："对于离开一个职业，或者，你知道的，做一个行善者，或者忙碌，或者有成效，或者赚钱，我的感受很复杂，所有这些事情我都有复杂的感受，但我不再感到复杂的是，这不再是一份好工作。"她的法律职业已经开始了近20年，现在她一边兼职为法律专业的学生提供职业咨询，一边也在努力为自己的职业生涯寻找答案。她说："一切都还没有定论，我也慢慢接受了这一点。"

## 对目的的承诺

工作可以带给人一种目的感,从而让人觉得生活有价值。目的感可以来自内心的召唤,就像艺术家的传奇故事那样,对工作的热爱既让他们感到自己还活着,又驱使他们走向自我毁灭;也可能来自外部的召唤,如道德的约束,甚至是宗教的感召。所有这些都有可能让我们成为殉道者,为了更高的追求甘愿牺牲自己。正如我们已经讨论过的,在工作中追寻目的并不一定要有使命感;有目的的工作是最终实现价值的一种手段。但如果这些都不是呢?如果我们失去了那种使命感,而工作却不再值得我们为之牺牲,或者如果我们的工作从一开始就不是使命,却仍然要求我们付出更多,那该怎么办?用存在主义哲学家阿尔贝·加缪的话说,一个值得为之献身的目的最好值得为之活着。然而,正如斯塔兹·特克尔那句长久不衰的感慨所言,当工作等同于"一种从周一到周五的死亡"时,它非但没有赋予我们目的感,反而让我们失去了目的意识。

将工作界定为有目的的事情是一回事,宣称工作的目的有意义则是另一回事。有目的的工作是为一个组织或经济势力认为值得付给报酬的职责服务的。正如贝丝在谈到工作时所说,当市场需求的劳动契合我们能够提供的技能时,"忙碌、生产或赚钱"都是有目的的。但是,如果工作既有目的且有意义,就会让人感觉是在做必须要做的工作,而且与个人可能获得的报酬无关。目的会让工作值得做。

谈及有意义的生活时,哲学家苏珊·沃尔夫(Susan Wolf)称,它存在于"主观吸引力和客观吸引力"的交集中。这一点同样适用于有目的的工作。对于从事这项工作的人来说，它应该是有意义的，但也应该是值得获得回报的。这种目的感高于我们个人的难题和喜好。它有可能将我们跟比我们自身更大的事物联系在一起，同时让我们能够比较和评价某些项目客观上是否比其他项目更有价值。然而，这种目的感也高于社会所看重的贡献。换句话说，有些工作看起来比其他工作更有价值仅仅是因为它确实如此。我们对这些工作的个人感受和社会认可可能与这些客观价值相一致，但这并不是这些工作有价值的原因。相反，我们对这些工作感觉良好，并因此获得赞誉，是因为这些工作有价值。例如，医学、教育和军人是最受尊重或最诚实的职业，而政治、游说和销售是正好相反的职业。这并不是说前者总是可敬的和有价值的，后者总是不可敬的和没有价值的，而是说在其他条件相同的情况下，我们可能需要付出更多的努力才能在其中发现目的所在。

然而，有价值的工作的客观吸引力并不总是与其主观吸引力相一致，主观吸引力体现在市场对它的金钱回报上。这也是贝丝偶尔会对她以前的同学和同事感到不满的原因之一，那些人都成了他们法律事务所的合伙人，他们"有几分像是有钱的慈善家，'哦，你喜欢到处跑，做这种费力未必讨好的工作，真是了不起，我们偶尔会给你一些钱，这样你就能拿到少量的津贴了，而我还得继续私人执业，赚一大笔钱，然后告诉你我有多钦佩你'"。

人活一世有比我们自身生物性生存更有意义的目的，这一观点由来已久。生命是否有意义和目的是最古老、最重要的哲学问题。古希腊、中国以及其他地方的哲学家都专注于思索人类的美好生活（美好生活往往包括沉思，这有点循环论证的味道）、工作在美好生活中的作用（毫不奇怪，大多数知识分子更愿意其他人从事体力劳动）以及灵魂的不朽（关于这一点，稍后将在第 9 章讲到"遗产"时详述）。另一方面，如果说有史以来，"人的工作是有目的且有意义的"这一命题时兴时寂的话，那么在 21 世纪，它又成了热门话题。华里克（Rick Warren）以目的驱动的人生[1]为主题写的书籍和开发的产品大受欢迎，而且获利颇丰，证明亚伦·赫斯特（Aaron Hurst）称我们在"以目的为导向的经济"中工作的说法是对的，也可以理解为什么丹尼尔·戈尔曼（Daniel Goleman）等人将新兴的一代领导者称为"以目的为导向的一代"，这些都表明，就像寻找你的使命一样，在工作中追寻目的的压力从未如此之大。

## 坚持做英雄

在皮克斯的经典影片《超人总动员》中，一个超级英雄家庭因为打击犯罪附带造成了财产损失，当公众情绪转而反对他们后，被迫加入超级英雄搬迁计划。弹力女超人在郊区安顿下来，成为全职妈妈，她的丈夫超能先生则挤进公司办公室的格子间，成为一名富有同情心的保险理赔员，他努力"每次用一张保单来拯救世界"，渴望重返超级英雄的行列。

在我们的世界里，超级英雄可能不是一种可行的职业选择，但我们的工作仍然可以是英雄式的。英雄式工作的典型特征包括：自我超越，即努力成为比自我更大的事物的一部分；无私，即他人的

---

[1] 目的驱动的人生（the purpose driven life）的中文版译为《标竿人生：我究竟为何而活？》(上海三联书店 2010 年版)。

福祉先于自己的福祉；为了个人生存以外的目的而甘冒风险的勇气。相比之下，传统的普通保险理赔员则是一个反英雄式的，即是一个规避风险的遵从者，不把他人的福祉置于底线之上，而且眼界高远，不把工作当成谋生的手段。

对消防员、救援人员和士兵等传统英雄职业的研究表明，英雄主义的浪漫情怀是很多人的动力。虽然英雄们的牺牲往往得不到金钱上的补偿，但由他人的钦佩而致的社会地位会给他们带来一定程度的满足感。大多数人从事英雄职业的原因并不在于获得按金钱衡量的报酬。通常情况下，一种更强烈的目标感会给予追求不一定能获得物质回报的工作以肯定。

然而，研究也表明，即使是英雄也很少感受到天天在做英雄主义的行为，也有脏活、累活以及无聊和枯燥等，将这些职业的崇高目标理想化会让人们不再觉得现实生活中日常的谋生手段如此地不堪忍受。消防员花在等待、清洁和擦拭引擎上的时间可能多于乘车去救火的时间，有些消防队接到的电话更多的是处理吸毒过量和救猫的任务，而不是拯救被困在着火建筑物中的人。援助人员经常远离家乡，在孤独和令人沮丧的环境中工作，其中一些人在努力改变现状的同时，患抑郁症和婚内出轨的比例过高。为捍卫自由而战的士兵往往放弃个人自主权，在指挥和控制的军团中决定为了什么目的值得冒什么风险。也许英雄主义最令人敬畏的一面也是最令人警醒的一面：为了他人，不仅有可能牺牲自己的生命，还有可能失去自己的全部福祉。

尽管存在这些现实问题，甚至考虑到这些现实问题，但从办公室格子间的角度看，追求更高的英雄主义可能是诱人的。为了利用新兴一代工人对于让世界变得更美好的狂热,以前可能一心只想着赚钱的企业现在也有了精心制作的宗旨声明,承诺员工可以采取英雄主义的行为。在克里斯托弗的前雇主普华永道,员工们"在社会中建立信任,并解决重要问题";而在珍妮弗以前的雇主埃森哲,他们"帮助客户成为下一个最好的自己"。这些公司的竞争对手声称,他们的目标包括:"建立一个更好的工作世界"(安永),"在一个更加公平的社会中建立信任和信心"(德勤),以及"通过技术释放人的活力,创造一个包容和可持续的未来"(凯捷)。2015年,毕马威会计师事务所的一位合伙人写了一篇名为《一家会计师事务所如何让员工相信他们可以改变世界》的文章,他写到了他所在事务所的宗旨声明,描述了该事务所在1994年通过审计证明纳尔逊·曼德拉的当选合法有效、不存在欺诈时所起的作用,它打出的标语是"我们塑造历史""我们捍卫民主"。与此同时,诸多科技公司声称自己的主要目的是拯救世界,以至于它成了电视讽刺喜剧《硅谷》中反复出现的一个笑话。

## 功能性目标和更高的追求

进化生物学告诉我们,活着就是为了生存、成长和繁衍。但是,若生命仅此而已,那就没有什么目标可言了。如果我们断言,除了生物功能之外,人的生活还必须有更高的追求,那么,我们就会遇到无穷倒溯的逻辑问题。比如,如果你的人生目标体现为你和后代取得成就、你和后代长寿以及你的成就的持久,那么,除了你后代的成就和他们后代的成就的持久,它们存在的意义又是基于什么呢？[1] 在某种程度上，任何试图解释更高生活追求的科学尝试都必然引出一个问题：赋予万物以目的的那个终极目标是什么？

为了解释企业的宗旨，哲学家和利益相关者资本主义的倡导者罗伯特·爱德华·弗里曼对宗旨和手段进行了区分。利润是企业生存的必要条件。它可以支持企业实现其宗旨。利润也可以是企业有效实现其宗旨的结果。但企业的最终目标并不仅仅是盈利。更确切地说，它是为了满足世界的需求，解决一个重要问题，或让世界更加美好。弗里曼写道："企业的宗旨通常是由一个充满热忱的企业家追逐改变世界的梦想决定的。"这一观点取代了对利润最大化的高度关注。"利润最大化"这种观点在20世纪70年代因米尔顿·弗里德曼（Milton Friedman）而广为人知，它在职场中仍然具有影响力。这也意味着，当看到拯救世界的宏图大略时，我们应该加以辨别，看它是真心实意的追求，还是出于营销的目的忽悠人的。

有时，需要一个改变人生的事件引导我们认识到工作生活可能不只是为了赚钱。在"9·11"事件发生后的几周和几个月里，媒体报道了几位幸存者的故事，他们都称遇到了一位共同的救助者，那人用红头巾捂住口鼻，引导他们抵达了安全之地。人们努力寻找这名男子，最后确认是韦尔斯·克劳瑟（Welles Crowther），他可能在那时放弃了自己作为股票交易员的职业目标，而选择了作为急救人员的更高目标。《捂着红头巾的男人》（Man in Red Bandana）

---

[1] 这里的基本逻辑是，你的人生目标必须有某种基础，但如果这种基础是短暂的，那它就不是一个持久的目标。通常，担心自己死后人生是否有意义的人认为他们的后代会继承他们的遗产。因此，要想让成就持久，他们和他们的后代还需要长寿。

是2017年为纪念克劳瑟而制作的一部纪录片，讲述了这个小伙子的故事，他总是在裤子后兜里装着一块红头巾，这是他父亲送给他的礼物。7岁时，他就帮忙清洁消防车，十几岁时，他加入了纽约上尼亚克（Upper Nyack）的帝国云梯消防公司（Empire Hook and Ladder Co.）第一分队，成为一名志愿消防员。该消防站在哈得孙河上游，距离世贸中心约30英里。大学毕业后，他来到设在世贸中心的桑德勒·奥尼尔投资银行（Sandler O'Neill）工作。据信，他是在随同纽约消防员向上攀爬，前往世贸中心2号楼78层空中大厅的途中与他们一起牺牲的，其间他拯救了至少十条生命。该纪录片在最后几分钟总结道，他没有跟随同事离开大楼，而是将自己的红头巾蒙在脸上，以防吸入浓烟，跟消防员一起带领其他人到达安全地带。在影片中，克劳瑟的父亲说他的儿子曾告诉他打算离开金融业去干消防，并留下了一份没有填写完毕的纽约市消防局的申请表。

"9·11"事件后，寻求更高工作目标的人数激增。和平队的申请人数创下了30年来的新高，有些纽约人决定加入纽约市消防局，很多美国人响应号召参军服役。帕特·蒂尔曼（Pat Tillman）就是其中的一员，他原来是一名职业橄榄球运动员，为了参军只好将自己的职业生涯暂时搁置。2004年，在阿富汗东部遭遇伏击，他在掩护战友时死于友军误击。然而，"9·11"事件后展露了一些曙光，如果真有这样的曙光的话，事实证明也是暂时的。"9·11"事件后的20年内，美国的国家团结的意识演变成了对政府信任度的下降和政治分裂。

新冠大流行影响了为更高目标而工作的做法，但情况较为复杂。在医疗保健领域，估计有 150 万未直接参与新冠患者护理的工作人员被迫失业。在经历了多波感染后，护士们报告的职业倦怠程度达到了创纪录的水平，并打算离开这个本就高离职率的职业。一家医疗保健人员劳务派遣公司的调查发现，近一半的医生在新冠大流行期间更换了工作，而更好地平衡工作与生活是首要动机。然而，在医护人员大量流失的同时，新的医护人员也在涌入。对教育工作者和学生的调查显示，越来越多的学生考虑从事医疗保健行业，尽管原因可能涉及薪酬和稳定性，这跟考虑"目的性"的水平相当。有能力承担失业风险的各行各业的工人纷纷辞职，这是 20 年来最大的离职潮，其动机更多是出于自身利益的考虑，如薪酬、晋升和灵活性等机会，而非被人认为的更高的目标。

## 理解目的的问题

普遍为人接受的工作目的的概念位于以下四个问题的交集：

- 你喜欢做什么？
- 市场会为什么买单？
- 你擅长什么？
- 世界需要什么？

目的介于热诚、报酬、技能和社会需求之间，这一观点与多种传统有关联。这四个问题源自"生存的意义"这个日本的传统概念，也与基督教神学家弗雷德里克·比克纳（Frederick Buechner）

的教导有关。关乎热爱和世界的需求这两个问题与凯尔在伦理上区分自我实现和服务他人相一致,而关乎技能和薪酬这两个问题则与劳动力市场的经济逻辑相一致。从当代职业顾问,到现代管理大师,每个人的建议无不浸润着对这四个问题的思考和回答,而且其他地方也能见到这些问题的影子,从办公室用于赠送的小礼物到会议室的墙壁上[1],不一而足。

人们很容易将这种目的概念视为流行心理学,但我们认为每个问题都很值得一问。然而,要回答其中一个问题就已经很困难了,更不用说回答所有四个问题了。在多个问题的回答中找到一致的地方更是难上加难。当你思考任何一份工作时,很可能会觉得无法回答其中一个或多个问题。这很正常。正如贝丝·哈格里夫斯的职业故事暗示的那样,大多数工作都需要权衡利弊,而很多职业都需要考虑何时在满足哪一个问题上做出妥协。以下是一些处于不同职业阶段的人的故事,他们在工作中追寻目的,但发现即使不能在某一特定工作中"同时拥有这四个问题的肯定答案",他们也有望在不断变化的职业生涯中"拥有大部分的肯定答案"。

## 你并不爱这份工作

林内亚·孔巴·达尔(Linnea Komba Dahl)从美国东海岸一所学费昂贵的大学毕业后,在哈佛广场的一家餐馆当服务员,感觉来来回回转圈也挺好,不知道下一步该干什么。然而,她的父亲看到她这样

---

[1] "小礼物"指的是雇主为了激励员工而送给他们的小工具或小玩意,比如印有"做你喜欢的事"字样的铅笔,或是贴在会议室墙上的"找到你的目标"的宣传画等。

十分担忧,他是一个人脉很广的商人,却是从奥斯陆的穷乡僻壤一步步爬上来的。她怀疑是父亲为她精心安排了一份来自挪威电视制片人的工作邀请,但做了一年后,因制作资金枯竭,她又重新做回服务员。

回到美国后,她见了一位职业顾问,阅读了自助经典《你的降落伞是什么颜色》,她做了性格测试,结果都指向宗教和神学。她曾尝试到波士顿的一家翻译公司工作,以便利用自己的语言技能,但受到性骚扰,以至于每天坐地铁时都带着一个塑料袋,以防在上下班途中呕吐。之后,她去了一家投资公司,谋到了一个初级职位,虽然工作"极其枯燥乏味",她却如释重负。工作时间合理,同事人都不错,两年之后,她就拿到了一大笔奖金。

然而,尽管林内亚并非在一个宗教氛围浓厚的家庭中长大,她还是无法继续从事这份让她感觉没有灵魂的职业。从小她就被生命中两位有影响力的女性的故事吸引,接触到精神世界,她们是她的母亲雷吉娜和继祖母阿格尼丝。阿格尼丝遇到雷吉娜时,阿格尼丝是坦桑尼亚的一名非专业的传教士。雷吉娜比她小四岁,是坦桑尼亚仅有的四名通过剑桥考试的女学生之一。然而,作为一个由德国修女抚养长大的双种族孤女,雷吉娜的前景似乎很黯淡。阿格尼丝依法办理了手续,收养了雷吉娜,为她提供食物、关爱和住所,并充当她唯一的母亲(雷吉娜从不知道自己的亲生母亲是谁),还帮助雷吉娜获得了美国大学的奖学金。几年后,雷吉娜生下了林内亚,阿格尼丝成了这个女孩的继祖母,也成了她在精神上的行为榜样。

受这个故事的启发,再加上林内亚此生最赚钱的工作所获收入的支持,她终于可以自由地追求她的榜样和职业建议所指引的道路。"我用奖金支付了神学院的学费,尽管我并不清楚如何才能找到有报酬的工作。"学了临床牧关教育[1]训练课程的一个单元,她就在医院牧师的指导下开始帮助病人,不到一周,她就知道这就是她一生想要做的事情。现在,她是波士顿一家大型医院的佛教慈护师,也是哈佛大学神学院的牧师研究讲师。她反思道:"我绝对需要这份工作,这种联系能满足我的愿望。这并非像人们有时说的那样,我是个好人才会做这项工作。我因此快乐了起来,并为自己能从事这项工作感到幸运,非常有福气。我遇到了最棒的人,他们让我走进他们的生活,信任我。"

## 工作报酬不高

索耶·迈克尔森(Sawyer Michaelson)是克里斯托弗最年长的孩子,跟很多即将毕业的大四学生一样,他不确定上大学后是否真的能找到工作。他不禁对那些选择了不同道路的儿时朋友的命运感到好奇,比如一个人高中毕业后住在父母的地下室里,尝试成为一名职业电子游戏玩家,但一段时间后,他又回到了学校;另一个人读完大一后就离开了学校,宣布参加 NBA 选秀,并被选中了。跟很多追求大学教育的学生一样,索耶也感到了压力,他不仅要找到有报酬的工作,而且工作还要能让他"觉得自己能为他人的生活做出积极而有意义的贡献"。在大学期间,他主修神经科学。作为一

---

1 临床牧关教育(clinical pastoral education)是一种结合神学、医学、社会工作和心理学的临床教育。"牧关"是牧会关顾或教牧关怀(pastoral care)之简称,顾名思义,即关心照顾每一位处于困境且需要牧灵关怀的人。

名学生运动员，他发现神经科学将他对人类思维的痴迷与社会对运动员大脑健康的日益关注联系在一起。

但是，在寻找全职工作时，他内心深处对学习经济学的校友羡慕不已。他们中的一些人在大三暑假到银行实习后，收到了工作邀请和签约奖金，而那些银行向他们债务压身的同班同学推销高利率的信用卡。平均而言，主修商业和计算机科学等实用学科的学生大学毕业后第一份工作的收入要比人文学科的学生高出约50%。在典型的大学校园里，学习如何"让世界更加美好"的学生把那些身穿职业装的校友视为"背叛者"[1]，而他们被视为"软心肠"。

索耶面试的大多数工作都是研究实验室里的低薪职位。其中一个是阿尔茨海默病研究，这是一个很有价值的课题，但他的职责是对数百只老鼠实施安乐死，或者，正如他描述的那样，"我的目的只是成为死神"。相反，他找到了一份心理测量师的工作，负责测量心理影响和心理过程。他的工作需要直接与病人打交道，帮助他们控制头部创伤可能导致的脑部疾病。他认为自己的收入可能只有他在银行工作的朋友的一半，但能利用自己所学直接为需要帮助的病人服务，他感到非常兴奋。他并不指望快速致富，而是希望自己的训练和经验有朝一日能让他继续从事临床实践或影响健康政策。

## 你并不很擅长此事

丹尼斯·柯利（Dennis Curley）在大学时曾与几位同学同台演

---

[1] 指为了赚钱而不惜放弃道德原则的人，严重者甚至会出卖自己的良心或灵魂。

出,后来他们都名利双收。因此,当他在芝加哥剧院临时担任过一次钢琴演奏员之后,就再也没有了发展前途,他开始怀疑自己不是一位优秀的表演者,于是选择去一家公司当法务专员,处理知识产权案件。这让他想起了在古典文学系勤工俭学的日子,也就是在这家公司,他认识到自己仍然可以追逐梦想,做自己真正想做的事情,那就是表演,因为白天的工作枯燥乏味,无法让他全神贯注。

五年间他搬了几次家,知道自己不想干什么工作,却没有理由相信他想做的工作需要他。一时兴起,他参加了为一个市场较小的演出安排的试镜,最终,他面对这样一个选择:在一家律师事务所工作,有一个稳定的职位,每周425美元,外加福利和带薪休假;或者去演出,每周425美元,但持续多长时间无法保证,之后是否还能找到其他演出机会也无法保证。他对自己说:"'这是个机会。时机转瞬即逝。'这就是我从认为自己仅仅需要一份'工作'到意识到自己可以成为一名独立承包商或独立表演者的转变过程,从那时起,我就一直这样做。"他重返剧场后,每周演出10场,每场90分钟,从不离场,没有中场休息,一演就是两年。

他说:"一遍又一遍地做同样的事情……你会更多地了解自己。你学会了如何在生病的时候表演,你学会了如何在不在乎的时候表演,你还学会了经历如此的情绪波动时如何应对——'哦,我太激动了,这太有趣了,我喜欢正在做的事情,我讨厌待在这里,但观众不可能知道,所以,我必须让他们觉得这是我第一次表演'。"

25年来,丹尼斯到处打零工,先后干过婚礼歌手("我大概唱过700次YMCA")、教堂钢琴师["人们不需要知道(我并不信教)……他们只想听好听的音乐"]、企业娱乐演出(他的医疗技术客户"将在圣地亚哥召开一个大型会议，他们要推出一套新的验尿试纸，然后需要歌手为此献唱"），以及在晚餐俱乐部和地方剧院预约表演了几年他自编的约翰·丹佛剧（"我是在这种背景噪声中长大的"）。另外，与人共同创作的音乐系列剧为他带来了收入（被动收入是"音乐的圣杯"）。虽然他没有像他的一些大学同班同学那样进入百老汇和影视界，但对他来说，他的成功故事很简单："我一直想成为音乐家，现在我就是音乐家。"

## 世界不需要你的工作

当肖恩·王（Shawn Wong）从旧金山州立大学转学到加州大学伯克利分校时，他注意到他的同龄人正在准备拯救世界。他周围的学生都在为结束越战而大声疾呼，大学校园里也开始开设种族研究课程。他挖苦道，大多数美国亚裔医学预科生都默然接受了"虎妈"的印象，主修生物学或化学，以便成为医生。但肖恩是加州大学伯克利分校 1 100 名学生中唯一一主修英语的亚裔男生，他想成为小说家。他继续在旧金山州立大学上课，因为该校有亚裔美国人研究系和一位他钦佩的创意写作老师，尽管他担心如果被这两所大学发现，自己可能会被双开。

肖恩回忆说："我意识到我是全世界我唯一认识的亚裔美国作家。"直到他的导师凯·博伊尔（Kay Boyle）把他介绍给创意写作研究生杰弗里·陈。通过陈，肖恩认识了另外两位亚裔美国作家。在一次新书发布会上，他们第一次真正接触到多元文化文学，见到了伊斯梅尔·里德（Ishmael Reed）、亚历克斯·海利（Alex Haley）

和维克多·埃尔南德斯·克鲁兹（Victor Hernandez Cruz）等作家，那时他们还没有成为家喻户晓的作家。这四位朋友后来共同编辑了第一本亚裔美国人写作选集《哎呀呀！亚裔美国作家选集》（*Aiiieeeee!*），由一家小规模的大学出版社出版。当时的主流出版商，甚至是传统的大学出版社，还不知道世界需要亚裔美国文学。

在肖恩还是大四学生时，这本选集就得到了《滚石》和《纽约客》杂志的好评。五年后，他出版了自己的第一部小说《宅基地》（*Homebase*），讲述了在肖恩7岁时去世的父亲和15岁时去世的母亲的故事。他写道："我对他们的故事负有责任。除非我写，否则没人会写。"但是，肖恩无法靠这本书的收入生活。他靠给餐馆做点评维持生计，有一次他在21天内光顾了15家中国餐馆，还在没有医疗保险的情况下，在大学当了10多年的兼职教师。他甚至在博伊尔的海特-阿什伯里（Haight-Ashbury）家中租了一个房间，然后才收到第一份西雅图的华盛顿大学预备终身教职的邀请，他在那里当了40多年的教授。

直到他的第二部小说问世，他才知道世界上至少有人需要他的作品。他跟正与癌症抗争的妻子计划去夏威夷度假，而她想在旅途中读点什么。她问道："为什么你不能写一本我可以在海滩上看的书呢？"他意识到她半是开玩笑，半是在向他提出一项挑战，要他写出那种他认为自己是个严肃作家而不会写的书。他记得，在她去世25年之后，"作为照料者……你真的无能为力，你知道的。除了开车按预约送她去看病，你不知道［你能做什么］。你无能为力，感觉茫然无措。因此，［写这本书］给了我一个目标。我的工作就是逗她笑，你知道的，所以，我决定为一个人写一整本小说，我写了《美国膝盖》(*American Knees*)，只是为她写的"。这本书也受到了读者和评论家的好评，并被改编成电影。

## 目的与价值

正如前面的例子所示，在我们工作生活的任一时刻，要在同时满足四个问题的交集处发现我们的目的实际上是不可能的。但这并不意味着我们在工作中发现不了任何目的。这可能意味着，我们要在职业生涯中从事的一系列活动中寻找自己的目的，而不是在一个完美的职位上寻找它。在这些寻找工作目的的故事中，有些表明未必要有英雄气概才能通过工作对世界做出有价值的贡献。其他故事则肯定为更高的目标而工作堪称英雄。还有一些故事则暗示，如果不同时实现我们的功能性目的，即保持活力，并感觉自己还活着，那么，仅仅拥有更高的目标无法支撑我们活下去。它们都表明，即使我们没有得到明确的答案，扪心自问这些问题也是有益无害的。

目的包括希望工作可以超越日常的生存、成长和生产，以及希望生活不仅仅是荒谬的麦克白式的绝望，即生活是"一个白痴讲的故事，充满了喧嚣与愤怒，毫无意义"[1]。然而，要抱有这样的希望，我们需要有理由相信工作和生活是有目的的，而不仅仅是"凡事皆有因果"的感性的愿望，从好莱坞明星玛丽莲·梦露到雅典哲学家

---

[1] 这是麦克白最后独白的一部分，显示了麦克白的心理状态。他深感沮丧，因为他想要的一切，自从背叛国王以来所做的一切，让他走到了如今的地步。但结局却是荒谬的一无所有：他最爱的那个人已经死了；原本忠心耿耿的追随者也抛弃了他；再也没有任何人，也没有任何东西可以支撑他活下去，唯一能做的就是像个战士一样战死沙场。

亚里士多德都是这样认为的。虽然亚里士多德没有明确指出有目的且有意义的生活标准从何而来，但他明确指出，它包括在工作和行为中追求卓越，为了自己的利益而重视与他人的关系，而不只是重视它们带来的效用或快乐，以及做道德高尚的行为。中世纪的哲学家们继承了亚里士多德的目的论，他们称目的之源为"上帝"，从而解决了无穷倒溯的逻辑问题，并且倾向于宣称有目的的生活是按照上帝的目的生活。西蒙娜·德·波伏娃是无神论者和存在主义哲学家，她没有接受只有更高的力量才能从外部赋予我们生活以目的的结论，而是主张道德自由使我们能够并赋予自己权力，从自身以及与他人的关系中赋予生活以意义，并使之充满目的。无论哪种思想流派最吸引你，它们都有一套共同的主张，包括人类生活是有目的的，有些目的高于其他目的，人类生活的目的比生存、成长和繁衍等功能性目的更重要。

本章中的故事和问题表明，发现工作的目的并不全在我们的掌控之中。事实上，哲学家撒迪厄斯·梅茨（Thaddeus Metz）告诉我们，相对于那些可能会造成他所说的"贬值"的事物而言，赋予生命以价值的大部分东西都是我们力所不逮的。然而，梅茨认为，我们能够控制的是我们能够从自身所处的环境中创造出有意义的东西，就像（犹太人）大屠杀的幸存者维克托·弗兰克尔（Viktor Frankl）一样，他后来创立了意义疗法（logotherapy）这一精神病学方法。他始终坚信，即使在绝望的情况下，生命也是有意义的。正如贝丝·哈格里夫斯一样，她"慢慢地接受了"不知道自己工作目的的事实，我们仍然可以做一些值得做的工作，在想明白的时候，这也是值得过的生活的一部分。

## 第八章
# 不工作如何还能活出价值？

> 似乎我忙忙碌碌，做着一些近乎毫无意义的事情，但又与前天的有所不同。
>
> ——王子（Prince），歌曲《紫红色贝雷帽》(Raspberry Beret)

## 明天会特别美好

游客来到迪士尼世界都会不由自主地感受到创始人、远见卓识的沃尔特·迪士尼对未来的痴迷。从神奇王国的明日世界到未来社区的实验原型的测地线穹顶，迪士尼对未来的痴迷无处不在。不过，穹顶的另一个名字艾波卡特（Epcot）更为出名。"小小世界"游乐设施备受关注，不是没有道理的。游客在迷幻的全球景观中漫步闲逛时，一群孩子随着一首耳熟能详的旋律起舞，他们的服装和肤色不同，却长得差不多，不禁让人疑惑他们是怎样体现多样性的。但就像在艾波卡特的世界橱窗景区一样，欧洲国家的景点过多。最终，游客来到一个天堂般的房间，孩子们都聚在那里，令人费解的是，他们都穿着白色的衣服。不过，明日世界的"进步旋转木马"景点或许最能将沃尔特对未来的憧憬与现实中的未来联系在一起，而后者在今天仍在不断上演。解说员告诉观众，他们即将看到的表演最初是为1964年世界博览会创建的，是"进步乐园展馆"的一部分。

据悉，该演出"从头到尾"都是沃尔特自己的创意，其特点是有一个固定的圆形舞台，观众席围绕舞台旋转，这就是名称中"旋转木马"的由来，好比坐着旋转木马看进步。舞台分四个部分，每部分大约在前一部分的二三十年之后，共同勾勒出整个20世纪。开场是世纪之交的一个家庭，父亲列举了新冰箱的优点，母亲有了一台新洗衣机，"只"花五个小时就能洗完衣服，儿子用立体眼镜自娱自乐，女儿准备参加情人节在城里举行的舞会，而且是乘坐新的无轨电车前往。我们跟随这个家庭走过了漫长的岁月，直到今天的便利生活。妈妈在电脑上给智能家居设备编程；爸爸则测试通过语音指令提高烤箱温度和降低灯光亮度；小儿子和奶奶戴着虚拟现实头盔玩电子游戏，等等。

正如迪士尼的主题想要表达的一样，进步旋转木马的主题是显而易见的。剧中人物提醒我们，每一代人都相信事情不可能比现在更好。每次革命发生时，歌曲《明天特别美好》(*It's a Great Big Beautiful Tomorrow*) 就会重复播放，既表现了乌托邦式的乐观主义，又能让听众在清醒的时刻萦绕心头，这两方面可与小小世界相媲美。但《明天特别美好》提醒我们，美好的明天"只不过是幻想"。在当下，我们无法想象一个更美好的世界，但凭借人类的智慧和科技的进步，更美好的世界终将到来。

进步旋转木马确实从几个角度进行了探讨，但都暗含着反乌托邦的意味。那位生活在20世纪40年代的爸爸吐槽他开着新汽车上班的行程：

> 哦，还有一件新鲜事。我今天在收音机里听到了一个新名词。电台主持人那个小伙子说我们现在有种东西叫"疲于奔命"。你听过这个词吗？说的就是我的生活。我现在的工作叫作"通勤"，整天开车进城上班，然后掉头一路开回来。公路上挤满了同样奔波的家伙！

同时，现代的爸爸不小心把智能烤箱的温度调得太高，把圣诞火鸡烤焦了，而在舞台之外传来了爷爷的声音，他正对智能马桶抱怨不已。不过，"明日旋转木马"中最令人忧心忡忡的元素可能还是由32个音频动画机器人组成的演员阵容。在1994年发布的一份解说词中，解说员自豪地强调这些演员能够全天候地持续表演，无须休息。耳熟吗？有意思的是，在最近的演出中，这部分内容被省略掉了。不知道是不是迪士尼了解到它可能会让游客们深切地感受到自己被类似的机器人取代的威胁，从而心生恐惧，因此取消的。但其中的含义是不言而喻的：在特别美好的明天，机器人至少会抢走我们的部分工作。

几个世纪以来，从亚当·斯密到约翰·梅纳德·凯恩斯，很多经济学家都预测机器将解放我们，让我们过上悠闲的生活，凯恩斯称之为"技术性失业"，并估计到2030年，人们每周只用工作15个小时。最近，世界经济论坛创始人克劳斯·施瓦布首次提出了"第四次工业革命"这一概念，它所描绘的未来是这样的：机器可能取代体力劳动，人工智能可能导致知识工作者失业，从而带来生存危机和生存焦虑。世界银行和麦肯锡的报告估计，大约有45%到65%的工作面临被自动化取代的风险，其中收入最低的工作和发展中国家的工作风险最大。人们纷纷猜测：哪些工作最终会被完全外包，有知觉的人工智能的进步如何改变任何特定的工作，以及这对人类有价值的生活来说是好消息还是坏消息？

无论预言家们这次预测未来是一个没有工作的世界是否正确，值得思考的是，如果工作对我们生活的经济机会不再必不可少，我们将如何打发充裕的闲暇。这将彻底改变几个世纪以来对工作和生活的看法，即在我们看来，大多数人都希望在一生中富有成效的时候花相当长的时间谋生。在这个想象中的乌托邦里，智能机器将为我们工作，普遍可以领取的基本收入将会降低谋生的需求。古往今来，很多思想家都认为闲暇可以让人实现最有价值的目标，从而过上一种充满创造力和智慧的精神生活。

然而，在当今社会，用工作把时间填满，让我们不必决定自己一生真正想要做什么。结束工作带来的终生闲暇预示着另一种压力。这种新的情形造成我们产生一种反乌托邦式的紧张感，想要过一种没有工作但有意义的生活，而我们以前可能并没有意识到，恰恰是工作让生活变得有条不紊，并赋予存在以价值。如果工作让生活更有意义，那么，当工作消失时会发生什么呢？有什么东西能填补这个空白吗？无论是因为工作被剥夺而被迫面临失业，还是因为失业是一种礼物，我们关于在未来可能没有工作的情况下如何生活的想法可以为思考在有工作的当今世界如何生活有所启发。

## 做了又几乎啥都没做

当王子的歌曲《紫红色贝雷帽》响起，乍一听，似乎是一首表现爱情和憧憬的欢快流行歌曲，其实它也是一首关于职场拒绝的歌曲。一开始，主人公在一家廉价杂货店工作，他感到无聊，这让他的老板麦吉（McGee）先生很是不满，认为他的员工"有点太悠闲了"。后来，当那位跟王子歌里唱的戴着紫红色贝雷帽的让他心仪的对象"从出口[1]那道门走进来"后，他就骑上自行车带着她去兜风，经过约翰逊老头的农场时，他似乎完全放弃了这份工作。虽然我们的主人公似乎对自己无忧无虑的工作方式并不后悔，他选择了爱情和闲暇，而不是简单机械的劳作，并且头都不回一下，但在工作至上的美国文化中，只是不想整天上班似乎都不被人接受，是应该避免的命运，更不用说完全不工作了。

20世纪90年代，有关逃避工作之人（slacker）的故事充斥着电影和电视荧屏，透露出那一代人的心声。他们刚刚踏入一个工作稳定的社会，感觉乏味，他们既有《蹩脚伙计》(*Clerks*)中的便利店收银员（"我今天根本不该在这里"），也有《办公空间》(*Office Space*)中坐在格子间里的中层人士（"我想说的是，一周之内，我

---

[1] 美国的很多商店，一扇门上标有 IN，意为"进口"，另一扇门上标有 OUT，意为"出口"。如果有人从"出口"走进商店，就违反了规定。

真正干活的时间大概只有 15 分钟")。由此看来,社会就业不足,人们对日常工作感到厌倦,而且成为资本机器上一个令人沮丧的齿轮,似乎是无法回避的现实,也是工作生活的真实写照,对于那些处于职业生涯初期到中期阶段的人来说尤其如此。影片中的主要人物既贴近生活,又令人反感,他们的情绪反应从随性的逆来顺受到渴望反抗,不一而足。在《办公空间》中,彼得放弃了公司办公室的工作,成为一名建筑工人:"还不算太坏,是吧?……身体得到了一些锻炼,还是在室外工作……"没错,彼得已经离开了一份让他精疲力竭的工作,据他自己说,那份工作让他一天比一天糟糕,但他现在好过了吗?

千禧年前后,逃避工作的文化大行其道,其中 2002 年还上演了一部名为《懒虫陷情记》(*Slackers*)的电影;新冠大流行后,社会上出现了所谓"悄悄辞职"或"做最低限度的工作"的现象。尽管如此,作为一个专用名词和一般的概念,slacker 这个词的意思其实既不新鲜,也不过时,它指的是"逃避工作的人"。2007 年,汤姆·卢茨(Tom Lutz)的著作《无所事事》(*Doing Nothing*)出版,对"懒散状态"进行了深度思考,追溯了在美国整个共和国的发展历程中未就业和未充分就业的人是如何持续存在的,并特别关注了他们在 20 世纪的演变。例如,在赫伯特·乔治·威尔斯(H. G. Wells)1898 年的小说《波利先生的故事》就出现了这个词,让这位跟书名同名的人物感到奇怪的是,"他真的只是一个应该'振作起来'的'不愿工作的懒汉'吗?"第一次世界大战期间,slacker 这个词有了新意,用于形容战时逃避服兵役的人,从此流行起来。"你想逃避服役吗?如果不想,那就参军吧",当时的征兵告示中如此写道。卢茨恰如其分地指出:"不喜欢工作与工作本身一样历史悠久。"

然而,"不工作"的概念并非总是如此充满文化色彩。20 世纪 30 年代有关拒绝工作的电影以《哈利路亚》(*Hallelujah*)、《我是流浪汉》(*I'm a Bum*)、《假日》(*Holiday*)和《浮生若梦》(*You Can't Take It with You*)为题,美化了失业状态。工作是为了寻找更加真实的自我而需摆脱的束缚,追求的不是雇主希望你做的事,而是自己整天想做的事。人们被描绘成没有工作也会过得更好,虽然也表达了为生计奔波的意思,但他们的日常开销似乎可以自己解决。

弗兰克·卡普拉(Frank Capra)在 1938 年拍摄的电影《浮生若梦》就是一个很好的例子。当地银行的员工因工作生病,患上溃疡、痉挛和心脏病。与此形成鲜明对比的是,范德霍夫老爷爷一家则是自由自在的,"每个人都在做自己想做的事情",从跳舞到绘画,再到制作烟花,而不是为别人工作。当爷爷得知银行出纳员波平斯先生热衷于制造玩具时,他恳请波平斯辞去工作,加入他们那个快乐的大家庭。当波平斯问是谁在照顾这个家时,爷爷回答说:"跟照顾田野百合花的是同一个人,波平斯先生,我们只不过辛苦多一点,舞蹈旋转得快一点,非常开心。如果你愿意,也可以过来当一朵百合花。"事实上,这个家庭靠投资的被动收入维持生计,住在漂亮的豪宅里,甚至还雇了仆人。他们组成的公社不受传统束缚,并且乐于接纳任何有梦想者的加入。这些大萧条时期的电影崇尚自由、自我表达和创新的美国价值观,但有趣的是,工作并不像今天一样是这些价值观的提供者,反而是这些价值观的阻碍者。工作让我们远离自我,而闲暇让我们找回自我。

相比之下,在当今社会,选择不工作(事实上是不做任何事情）并非一种光荣的生活方式，而是一件值得警惕的事。设想一个处于最佳工作年龄且身体健康的人告诉你他不工作会怎样吧。它隐含着这样一个问题：为什么不工作？工作是我们壮年时期默认要做的事，而不工作实际上是不可思议的。最近，一位从咨询师转成全职妈妈的女士告诉珍妮弗，她每周都要为一家公司做几个小时的私人教练，她很喜欢这家公司的课程，"主要是为了能跟人说我有工作"。虽然工作并不是一个人有效利用时间的唯一方式，但不工作就等同于懒惰，而懒惰是一种极致的侮辱，几乎等同于说"你毫无价值"。

在《无所事事》一书中，卢茨概述了我们在文化上痴迷逃避工作之人的悖论：既羡慕他们，又厌恶他们。我们会认为自己懈怠当然是自己懒惰的证据，却是对工作狂文化的一种合理的舒缓。别人的懈怠可能会激怒我们，因为他们不工作却从政府手里领钱是不公平的，但也可能激励我们，因为它会激励我们像他们一样设法什么也不做还能赚钱。空乘史蒂文·斯莱特（Steven Slater）通过内部通话装置宣布辞职，抓起一罐啤酒，从疏散滑梯离开飞机，结束了自己长达28年的职业生涯。此举意在抗议刻薄对待他的乘客和对他保护不力的航空公司，崇拜他的人赞誉他为英雄。他的故事在网上疯传，为向他致敬而建立的粉丝网页很快就拥有了25万名成员。

每一代人都倾向于把自己的后辈描绘成懒惰和自私自利的、不愿意工作的人。但是，对不同时代但处于同一人生阶段的年轻人的比较研究并没有找到证据，表明情况确实如此。事实上，今天的年轻人似乎在不断增加工作时间，减少闲暇，以至于他们报告的筋疲力尽的程度达到了创纪录的水平。换句话说，他们似乎与不愿工作的人恰恰相反。

尽管如此，总会有人自愿退出职场。从文化上讲，有一种比较容易接受的说法，那就是父母为了照顾年幼的孩子而暂时或永久地离开工作场所。获得和负担优质托儿服务的障碍给父母照顾子女带来了越来越大的压力，因为许多人的收入不足以支付托儿服务的费用，致使他们无法工作。尽管情况正在发生变化，但选择退出事业的通常仍然是母亲而不是父亲。

有趣的是，对于知名度高的女性而言，即使正处于事业的黄金期，她们的成功和高收入似乎也决定了她们必须继续工作，但近年来，她们也开始选择主动辞职。其中就包括塞雷娜·威廉姆斯，她毫不含糊地宣布退出网坛，以陪伴自己的女儿："相信我，我从未想过要在网球和家庭之间做选择。我认为这不公平。如果我是男人，就不会写这些东西，因为我要去打球、赢球，而我的妻子要生孩子、带孩子，为一个不断扩大的家庭辛苦付出。"杰辛达·阿德恩是新西兰的总理，也是一个小孩子的妈妈，42岁那年，她也是突然辞职，自称"精力不足，难以履行这一职责"。[1]

在新冠疫情肆虐期间，当学校课程变成远程的网课，很多家长失去工作时，谁在工作呢？我们看到了一个有趣的转变。父母中的一方，通常还是女性会离职在家照看年幼的孩子，有510万名女士就是这样做的，致使自1986年以来妇女从事有偿工作的比例降至新低。与此同时，仍在上高中的青少年开始参加工作，有时是全职工作，因为他们觉得必须帮助家庭，而家庭直接威胁到他们继续上

---

[1] 杰辛达·阿德恩（Jacinda Ardern）生于1980年7月26日，2017年当选新西兰的总理，2018年6月21日生下女儿，2023年她辞职时，女儿才5岁。

学的能力。在一定程度上，这些文化规范决定了什么是适当的职业暂停，什么是逃避工作。

## 我们是机器人

这本书不是机器人写的。其作者是两个人，相距1 300英里[1]，分别坐在键盘前，费尽了心血。后来，几百英里之外的编辑和出版团队也加入进来，但我们可以确定的是，他们也不是机器人。本书任何一部分的写作用过人工智能吗？我们用过搜索引擎，这些搜索引擎利用算法提供与我们的术语最匹配的排序结果，包括学术论文。因此，我们对学术论文的了解有所提高，但仍不是百科全书式的，这往往取决于有限的记忆力，且容易记错。我们偶尔也会点击所写文字下方的波形线，它们表示此处有拼写错误或语法错误，我们用的文字处理软件（说起来这个措辞已经很老了）会建议替换。大多数人在电子通信中可能用过类似的辅助工具，无论是电子邮件、短信还是即时通信，甚至可能都没有注意到发生了什么。如果你想知道自己有多依赖短信应用程序的自动更正功能，不妨尝试将其关闭看看。某种形式的人工智能已逐渐融入我们的日常生活，起初看似可怕的东西变得如此有用，以至于我们不再注意到它的存在。但随着人工智能扰乱社会的可能性不断增大，它又变得可怕起来。当然，也有一些人工智能被认为是不可取或无用的，它们就会被搁置一旁，再也不会为大众接受：还记得谷歌眼镜吗？

---

1　1 300英里约2 092公里。编注。

## 第八章 不工作如何还能活出价值?

几年前,在我们俩以前效力的其中一家公司,一个由高绩效员工组成的全球团队开展了一个项目,研究如何让他们的工作更有意义,从而吸引和留住最有前途的人才。该团队的建议包括将大部分琐碎且重复性的工作和其他机械性的杂活外包给公司在印度的开发中心。当被问及将最令人不愉快的任务交给海外同事是否会降低这些同事工作的意义时,该团队解释说这不是他们的问题。他们声称研究项目的领域是解决他们所在的发达国家的劳动力挑战,而不是发展中国家的劳动力挑战。此外,他们还假定,印度班加罗尔的员工只会因为有工作可做而感到高兴。

他们的外包建议延续的是最初以利润而非意义为动机的倾向。在 21 世纪版本的全球虚拟流水线上,美国和欧洲时薪高的员工利用时差,把零碎活分配给印度廉价的开发中心员工,还能保证第二天早上西方人可以及时接续工作。不无讽刺但又具有创新意义的是,随着时间的推移,开发中心的员工反过来又将这些机械性的工作外包给了机器。他们将委派给他们的枯燥乏味的工作自动化,从而避免了毫无意义的工作。尽管如此,他们也不无忧虑,说不定哪天他们会因此失业。

外包让忙碌者腾出了时间,他们的主要工作不再是一些普通且必要之事,显然这是一种节省时间的好方法。它代表了进步,最终我们会认为这是理所当然的,就像汽车里的 GPS 导航一样。当外包取代了某人的工作时,它就代表着一种生存威胁。当然,这也引出了一个问题:"人工智能会在多大程度上影响我的工作?"神经紧张的人们貌似问了无数遍,已经到了令人厌烦的程度。他们既担心自己的工作可能就是下一个被淘汰的,又否认会被淘汰,不知所措。

2023年，世界经济论坛估计，到2027年，预计有近1/4的工作会发生变化。他们估计，到2027年，技术将淘汰8 300万个工作岗位，同时创造6 900万个工作岗位，净损失1 400万个工作岗位，占目前就业岗位的2%。目前，机器占劳动力的34%，到2027年，这一比例将变为42%。总的来说，技术将为全球GDP带来数十万亿的增长，并创造就业和财富。然而，具体到个人的工作，人人自危。

技术未来主义纪录片《未来的工作与死亡》(The Future of Work and Death)直面这个话题，提出了在不久的将来，我们的工作和生活会变成什么样的问题。片中达成的共识是，涉及创造力或人际交往技能的工作将最难被取代，因为它们有效实现自动化的难度最大。《纽约时报》的一位撰稿人尝试与必应（Bing）的聊天机器人进行深入对话，但很快就变得非常奇怪。这段对话的文字记录令人不安，而且毫不意外地立即在互联网上迅速传播。作者在对话后心烦意乱，无法入睡，这充分证明了聊天机器人的失败。机器人不仅在某些事情上一错再错，而且当它试图变得更像人类时，比如以一个隐秘的角色出现，承认自己有阴暗的想法，它的情绪调节就会出问题。作者反思说，这次经历让他意识到，原来最让他担心的是聊天机器人会出错，也确实会出错，但现在，这已经不是最让他担心的影响人类的问题了。事实上，他最担心的是生成式人工智能（generative AI）[1]能够影响人类用户，从而激发我们最阴暗、最具破坏性的冲动。正如其他人指出的那样，聊天机器人往往过于自信，

---

1 与遵循特定规则的传统人工智能不同，生成式人工智能可根据用户的输入创造新内容，属于深度学习的一个分支，通过学习数据中的规律或模式生成新的内容。这些内容不限于文本，可以包括图像、声音乃至于动画和3D模型等其他类型。

不管他们实际上在说什么，而且似乎不喜欢被纠正。包括埃隆·马斯克这样的科技领袖在内，超过2.5万人签署了一封致人工智能开发者的公开信，要求暂停进一步开发，理由是它会"将社会和人类置于极大的风险之中"。谷歌的"人工智能教父"辞职了，部分原因是他畅所欲言地谈论不加节制的人工智能开发带来的威胁。如此，旨在监控、纠正和控制人工智能潜在社会危害的新工作可能会出现。这些工作比人工智能将要取代的工作更好吗？这些工作可能涉及试图打败机器人的创造力，预测机器人可能的用途，并将计划不加限制地传达给广大民众。

尽管咖啡师和服务员机器人已经问世，罗宾·斯隆（Robin Sloan）还是在讽刺小说《酵母》(*Sourdough*)中对自动化食品生产提出了另一种看法，他幽默地指出了"鸡蛋问题"，即机器人很难干净利落地敲碎用于烘焙的鸡蛋，而不把蛋壳弄到面团里。如果这是阻碍全自动烘焙、煎蛋饼制作等的唯一障碍，那么，要想把这一项任务搞定，就要投入数百万美元的资金。事实上，需要如此关注细节和微小修正的任务可能只是技术是否足够先进到能实现它们而已。在某种程度上，问题不是一项工作能否外包给技术，而是技术能否像人类一样出色地完成这项工作。食物中不能有蛋壳，这事没得商量，若技术能做到完美，则技术可用。否则，就不可用。但诸多其他领域会因为技术做得足够好而获得大力发展。

另一个问题是某些工作是否应该外包。正如《摩登时代》和《诺玛·蕾》[1]描绘的那样，我们已经跨过了卢比孔河（Rubicon），

---

1 电影《诺玛·蕾》(*Norma Rae*)在新加坡译为《工运女将》。

走上了一条不归之路，因为曾经在嘈杂的工厂里、危险条件下完成的流水线工作已经被机器所取代，而这些工作曾经是工会努力保护和确保安全的对象。有观点认为，在自动驾驶汽车问世的早期似乎跟我们现在看到的一样危险，但总有一天它们会达到普及、可靠和安全的程度，从而造福社会，并让我们反思为什么让人类自己驾车这么长时间。另一个观点支持有知觉的人工智能的崛起，认为它让我们摆脱了无聊乏味的工作。这样，《办公空间》中的彼得和他坐在格子间里的同事们就不用再无休止地准备报告了，虽然这些报告在技术上是在电脑上完成的，却需要他们费力地填写无穷无尽的软件模板。展望未来理想的工作，更多简单乏味的要素将不复存在，我们得以腾出手来从事更具创造性和饶有趣味的工作。技术自动化将对有意义的工作产生积极影响，这一论点的关键就在于此。

但是，按格雷伯的说法，如果人工智能取代了某人的"狗屁工作"，即主要由无聊任务组成的工作，那这个人可能会质疑自己的价值。历史学家路易斯·海曼（Louis Hyman）则有不同的说法："如果一个宏指令可以在五秒钟内生成你的日常报告，而无须你花费五个小时，那么你的价值何在？"而工人如何看待自己，使得我们关于哪些工作值得外包的假设变得更加复杂。如果他们喜欢既安全、稳定又能获得金钱和其他福利的机械简单的工作，从而在工作之外过上最充实的生活呢？或者，他们可能会在别人看来单调乏味的工作中找到积极的意义。在《未来的工作与死亡》一书中，当一位长途卡车司机被问及如果自动驾驶卡车取代了他，他将作何打算时，这种观点变得再清晰不过了。他说没有计划。用他的话说，他想"死在卡车里"。毫无疑问，一些工人会发现他们的工作已经被外包了，但他们并不希望这些工作消失。那么，他们的生活将会怎样呢？

## 当工作消失时

当新闻期刊引用失业率时，记者通常会谈及经济健康状况和商业前景。然而，这些统计数据背后隐藏着一个现实。正如作家沃尔特·科恩指出的那样，"失业率是一个抽象概念，是无形数据的集合，但失业却是一种亲身经历，牵动每一根神经"。失业会造成伤害，不仅对企业和社会有害，对失业者本人更是如此。失业是一种毁灭性的经历，它带给人的是生理和心理的双重痛苦。失业是人生中压力最大的事件之一，堪比亲人患病和离世。有几个因素会使失业变得更加困难，例如，如果失业是非自愿的，比如有人被迫辞职。当工人被解雇时，情况也会更加困难，因为工人可能会反求诸己，认为是自己的过错造成的，而因经济裁员被解雇更容易从外部找原因。

一项关于失业问题的开创性研究表明，无论是由于裁员，还是其他经济因素，当大批的人同时失去工作时，可能会从根本上破坏社会稳定。20世纪30年代，一群社会学家来到奥地利维也纳郊外的一个小村庄马林塔尔（Marienthal）。马林塔尔其实是一个工业小镇，它是围绕着一家纺织厂建立起来的，该厂是这里的主要雇主。1929年，纺织厂关闭后，村里几乎每家每户都有人失业。工厂关闭近两年后，研究人员来到马林塔尔，面对的是一个严峻的现实。当时，只有1/5的家庭有稳定的工作，而且是不管形式如何，属于稳定的工作都算在内。3/4 的家庭仍在领取政府发放的失业救济金，但数额很少。研究小组进行了走访，以了解该村村民在长期失业状态下是如何应对的。直觉上，一般认为绝望会产生动力，但研究结果与这一概念背道而驰。村民没有成为政治活跃分子，也没有试图反抗。研究人员写道："长期失业导致人们对什么都漠不关心，在这种状态下，受害者甚至连留给他们的为数不多的机会都不想利用。"作者表明，马林塔尔人心灰意冷，情绪沮丧，希望再也不要看到类似情况的重演。村民们失去了工作，也失去了个人价值、本质和个人意志。

然而，后来的研究推翻了"解决没有工作的办法就是找一份新工作"的观点。新工作的质量很重要：如果找到的是不满意的工作，人们的幸福感会比继续失业更差。当然，并非所有的人都像马林塔尔的居民那样陷入困境。如果比较幸运，他们知道会有很多工作机会等着自己，但这有可能让他们在最终选择工作时更加挑剔。当然，如果失业时间不长，找到一份好工作会容易一些。失业时间越长，找工作就越难，成功再就业的期望值就越低。

我们所说的工作质量差和再就业不成功部分是指就业不足的情况。就业不足通常适用于经验或受教育的程度超过某个岗位的要求的人，或者是那些从事在某些方面低于标准的工作的人，可能包括工资、福利或管理水平达不到标准。就业不足是一种普遍现象。据估计，10% 到 30% 的劳动力处于就业不足状态。就业不足也是有害的，它会影响工作满意度和总体福祉。更糟糕的是，就业不足的人会陷入恶性循环：他们在不理想的工作岗位上工作，妨碍了他们被聘用去做更胜任的工作。同样，在寻找新工作的过程中，最好还是坚持寻找一份值得花时间做的工作。然而，正如马林塔尔的故事提醒我们的那样，人不能在失业中煎熬太久。

如此，我们已经确定失业是不令人向往的。即使我们选择失业，也不应该在失业中苦撑太长时间。"骑着马容易找马"，这话说得太对了。但是，有些人即使对失业感到沮丧，最终也会把它看作是一种不幸中的万幸，使他们能够转行或在现有职业中找到更适合自己的工作。那么，哪些因素有助于人们成功再就业呢？无论是在情绪层面，还是在操作层面，关键在于你的社交网络中支持你的那些人。他们可以帮你找到新工作，帮你探讨职业前景，帮你进行职业规划。毫不奇怪，拥有较多社会和经济资源的人可能最容易渡过失业难关。但那些最容易受到技术性失业影响的人呢？

## 工作生活何时结束

这里的结束是有歧义的。当我们希望结束工作时，通常不会同时希望结束生活。相反，正如俗话所说，我们希望结束工作，以便开始生活。活在这种世界观下，每天的工作都毫无意义。不难想象，最糟糕的命运就是像西西弗斯那样，日复一日地滚巨石上山，哲学家理查德·泰勒（Richard Taylor）称之为"无休无止的毫无意义"。

圣奥古斯丁相信有来世，弗朗茨·卡夫卡则不相信有来世，但无论相不相信，从圣奥古斯丁到卡夫卡的哲学家们都认为死亡赋予生命以意义。颇为相似的是，一个人工作生命的结束也能赋予工作以意义。克里斯托弗记得，他最近一次去中国旅行时，游览了几个公园，看到那里挤满了退休人员，他们的工作生命因而结束，大都50多岁（相应地，到了35岁，有些工人就被认为年龄太大，不便雇用了）。有些常去公园的人在打麻将，一个人吹着竹笛为唱中国戏曲的朋友伴奏，但很多人似乎都在漫无目的地闲逛，不知道退休后自己该做些什么。

克里斯托弗的继父也参加了此次旅行，他在同一家律师事务所工作了40年，退休后，他反复做一个梦。他把它写了下来：

> 梦有好几个版本，有时梦到律所搬家了，我在市中心转来转去，试图找到它；或者发现它经常在另一栋大楼里，但我忘记了楼层；或者知道楼层，但电梯到那一层不停……或者到了律所，但找不到我的办公室，或者它只是开放区域的一张办公桌，或者在某种程度上很难走到它跟前，或者可以进入属于我的办公室，或者只是共享办公室，或者新办公室的布局很陌生，或者那里的人我几乎都不认识……三四年后，当不再做这些梦时，我知道自己已经完全适应了退休生活！

对于曾经失去一个地方、一个人甚至一份工作的人来说，这种梦可能并不陌生，因为这些地方、人甚至工作曾经是其归属感和身份认同感不可或缺的一部分，回想起来，这些地方、人甚至工作赋予了他们生命的意义和价值感。退休后，当你被问及"你是做什么的"这个普遍会问的问题时，你如何回答？如果你不再做曾经是你的那份工作，你将如何介绍自己呢？除非你能在有价值的工作之外又培育了一种身份。

## 工作的崭新天地

显然,我们对罗伯特·格斯特(Robert Guest)的访谈从一开始就与写本书时进行的其他访谈不同。Zoom 视频屏幕一打开,就看到罗伯特坐在他那辆本田越野车里(汽车是停着的)。罗伯特买这辆车是为了出租,而且专门在图罗(Turo)应用程序上接单。图罗是汽车租赁代理机构的另一种选择,通过它人们可以租用别人的真实车辆,就像汽车界的爱彼迎(Airbnb)一样。通过社交媒体,他萌生了通过图罗赚钱的想法。他在抖音国际版(TikTok)上从有同样想法的人那里寻找灵感;跟他一样,那些人都想轻松赚取被动收入。本田汽车在图罗上很受欢迎,这意味着它通常是出租用的。所以,罗伯特很少驾驶他的本田车,不过没关系,因为他基本上不需要开车到处去。他住在一辆大巴里,并且一直在装饰,以便居住。装饰已经接近尾声,在我们谈话前不久,他刚刚在车尾加了一个门廊。他的开销不大,主要是油钱,因为他可以把大巴的电源接到一台发电机上或朋友家。他目前有一份扫大街的兼职工作。他喜欢这份工作,因为它有两大好处,一是从大巴出发骑自行车去,路很近,二是晚上只需要工作四个小时。

罗伯特自称是个夜猫子,看到日出,然后开始睡懒觉,对他来说就是最完美的一天。他不适合朝九晚五式的传统工作方式,而且对现在的生活毫无怨言。他刚满四十岁,光棍一条,没有长期保持亲近关系的人,把冒险、新奇和不断学习看得比什么都重要。一旦大巴完全装饰完毕,罗伯特计划开着它沿着泛美公路从查尔斯顿前往哥斯达黎加,在太平洋沿岸的海滩上等待朋友们的到来。这些朋友经营着一家户外运动公司，向喜欢冒险的游客出租滑翔机等。但罗伯特并不打算加入他们的行列。相反，他计划靠两项收入生活，一是图罗租车的收入，他可以远程管理，将清洁和送车的活外包；二是他的军人伤残补助金，在军队服役期间，他曾多次前往阿富汗战场。他正考虑添置第二辆车，以赚取更多的收入。

通过交谈，我们发觉罗伯特的故事似乎既代表了一个逝去的时代，也代表了我们使用手机应用软件（App）的当代生活。如果《浮生若梦》中的范德霍夫老爷爷及其家人住在一个小的移动住房里，罗伯特就会很像范德霍夫老爷爷。在社交媒体大肆宣扬房车生活时，罗伯特并没有像很多同行一样，孜孜不倦地拍摄他翻新大巴的照片，供公众消费，而且似乎对自我推销毫无兴趣。对于本书对他的介绍，他漠不关心。然而，他却是21世纪有代表性的人物，考虑到所谓的打零工的趋势，尤其如此。打零工已成为新千年伊始到现在的一个决定性变化。

2021年，皮尤研究中心对零工经济工人[1]进行了一项研究，据估计，16%的劳动力在过去一年中曾在网上零工派工平台赚过钱，参与人数更多的是年轻人（18岁至29岁）、非白人（30%的西班牙裔成年人在过去一年中曾通过平台接过零工）和低收入阶层的务工人员。大多数人视这些工作为副业，而非全职工作，主要是为了赚取外快，尽管想自己当老板和自己决定时间安排也是很重要的动

---

[1] 2016年，哈佛学者戴安娜·马尔卡希（Diane Mulcahy）提出"零工经济"概念，指自雇者透过承接短期工作为生的经济模式，并著有《零工经济》（*The Gig Economy*）一书。"零工经济工人"指零工经济状态下的工人，以区别于传统意义的零工。

机。当然，也有人对零工经济中的自雇现象提出了激烈的批评，认为这听起来对工人有利，但最终使他们更加依赖于运营这些平台的公司。因此，关于优步（Uber）等网约车公司的司机究竟是合同工还是雇员的争论就一直没有停歇。事实上，皮尤的研究显示，大多数零工认为他们在薪酬和派工方面受到了雇主的公平对待，但在福利待遇方面，约有一半的零工认为他们没有受到公平对待。对工作的其他抱怨还包括不安全感、被骚扰或被粗鲁对待。这些抱怨在年轻的非白人工人中更为常见。他们大多数人缺少一个社会保障的安全网，也没有多少积蓄。

在皮尤研究中心的报告中，大多数人每周通过派工平台得到工作的时间不到 10 小时，这还要包括等待派工的时间。然而，处于等待时间意味着他们无法做其他事情，也就是说，这段工作时间是无偿的。经过计算，这些工人认为他们从零工中赚取的额外收入值得他们花时间等待派工。据推测，这种计算是合理的，或感觉是合理的，否则，他们也就不会继续做下去。亚马逊公司有一个机械土耳其人平台（Mechanical Turk），人们称其为 MTurk。顺便说一下，它的名字源于 18 世纪末开发的一个下棋机，它曾与本杰明·富兰克林和拿破仑·波拿巴等人一较高下，表面上是它由计算机控制的机器，其实是一个下棋傀儡。该平台将时间与金钱的权衡进一步推向了极端：人们可以通过"微任务"获得精确到分钟的报酬，其中很多任务只需不到一小时的时间，报酬虽少，却可以积少成多。我们曾利用 MTurk 为我们的研究招募参与者。像优步、MTurk 和跑腿兔（TaskRabbit）这样的平台，让我们每分每秒都有可能赚钱。这值得我们放弃宝贵的闲暇时间吗？

罗伯特·格斯特认为不值得。在我们的访谈中，他提出了一个非常有启发性的问题：与我们想做的其他事情相比，工作到底值不值得做。从他本人的情况而言，他的童年漂泊不定，自那时起就渴望旅行、探险和新奇的经历，而不是工作世界提供的稳定和安全感。在高中毕业纪念册上，罗伯特写道："我想在与狮子的搏斗中死去。"最近，他听说哥斯达黎加的海盗活动有所抬头，一想到会被海盗绑架，他简直可以说是兴奋到发狂。

罗伯特讲道，他看着周围的人为了支付越来越多的账单而无休止地工作，以满足自己的消费。他认识到，房子和苹果手机等是身份的象征，是人们骄傲的源泉，但也正是生活压力的深层根源，其实，犯不着承受这种压力。他感叹自己想退出这种生活方式比留在其中更难：

> 其实是人们不愿意费劲离开它。他们置身其中，安于现状，沾沾自喜，对大多数人来说，这种传统的有保障的全职工作还不错。他们说喜欢这样。接下来怎样你是知道的，转眼你七十岁了，也就这样了吧。你没有什么可期待的了，只能回首往事，件件桩桩，打发日子，我不想那样。我想不断获得新的体验，一直到死。

不难想象，罗伯特在军队期间的有偿工作有多惊险：他穿着阿富汗人的服装执行秘密任务，会见当地军阀以及北约和联合国的高级官员，并经历了该国的全国大选。退役后，虽然他梦想着回去继续帮助阿富汗人民，但现在的工作和生活跟他选择的冒险和勇敢的生活截然不同。对罗伯特来说，他的选择必然出于道义上的责任："人们总是渴望和平、安全和保障，但如果我们不受磨砺，部分本质就会迟钝。"

在罗伯特看来，和平及安全是与工作相联系的，而勇敢与冒险则标志着他所向往的闲暇。亚里士多德的看法则不同：和平、美德和艺术鉴赏力让我们拥有闲暇，而勇气是工作所必需的。亚里士多德认为，我们的目标是创造一个社会，让我们摆脱必须工作这种需求，从而能够从事人类真正需要做的工作。如果不再需要让工作告诉我们要成为这个世界上什么样的人，我们就可以重新发现自己的基本美德，发掘人文艺术才能，比如音乐、阅读、写作和绘画等，它们本身就是有价值的追求。然而，遗憾的是，亚里士多德没有生活在机器人时代，因为必须有人干脏活累活，知识分子往往雇用奴隶。

正如乔安妮·丘拉在《工作生涯》一书中解释的那样，马林塔尔的失业居民享受不到所谓的闲暇，因为他们的生活跟他们在工作时一样受到限制。共享经济的所谓目标是让工人比传统就业更自由，但事实往往正好相反：他们最终落得更加依赖他人，受他人的控制。对于技术性失业的受害者来说，等待他们的可能也是类似的命运。至于人工智能，它会真正解放我们，让我们过上自己选择的生活，还是会让我们比以往更加依赖他人，无法享受新得到的闲暇？

## 在一个没有工作的世界里，我们应该或者能做什么？

痴迷于未来给人一种奇怪的感觉。未来总是如此之近，却又如此之远，它在我们前方若隐若现，却又根本无法预知。因此，"未来"这个概念总是联结着恐惧和害怕以及乐观和希望。对于那些习惯于或至少试图控制周围世界的创始人兼首席执行官来说，未来世界仍然在他们的影响范围之外，充满诱惑。从霍华德·休斯（Howard Hughes）和史蒂夫·乔布斯等现代企业家的前瞻性思维，以及埃隆·马斯克、理查德·布兰森（Richard Branson）和杰夫·贝佐斯之间的准太空竞赛中，我们同样看到了沃尔特·迪士尼对未来世界的痴迷。批评者的质疑不无道理：既然地球上有如此多需要解决的问题，为什么我们还要花大量的时间、金钱和精力去月球或火星呢？"对月发射"这个词给人以启发：现在它已经成了公司用语，表示"一个雄心勃勃的项目或目标"。它需要公司展望未来，确立终点，然后制定从现在开始达成目标的战略，而不是立足于现在，从头开始，向前推进，想出接下来何去何从。这与个人职业生涯的设计有得一比：如果你以未来为起点，甚至以退休为起点，确定那时发生之事，然后退回到当前开始规划，会是一个什么样的职业设计呢？如果你可以随心所欲地设计自己的职业生涯，你理想中的未来会是什么样子？这种理解意味着你今天的工作将要如何选择？

当然，当我们尝试制订计划时，宇宙往往会报以嘲笑。迄今为止，对全球经济和个人工作破坏性最大的并非有知觉的人工智能或其他技术创新的突飞猛进，而是一种不起眼的病毒，它让我们的世界戛然而止。就像那些过于自信的聊天机器人一样，未来预言家们往往对他们可能错得最离谱的事情反倒言辞凿凿。

我们需要一个什么样的未来世界？特别是选择哪些工作由自己

来做，哪些工作实行自动化的世界。认真思考未来世界的样子对我们当前的世界还是很有用的。很简单，我们当前的工作世界往往意味着，不论是迫于需要，或是选择，我们发现自己忙于工作，以至于在不工作的时候，我们真的不知道自己该做些什么。亚里士多德称这是一种岌岌可危的存在状态，他认为我们可以在闲暇中发现人的基本美德。大多数人可能已经忘记了如何休闲、如何放松、如何选择自己想做的事情。对于那些在不工作的时候，家里有需要他们照顾的人，或者其他把每一个爱好都当成工作的人来说，难有闲暇可能尤为突出。不过，即使我们忘记了如何充分利用闲暇，但愿这并不意味着我们不再记得如何休闲。要想纯粹按照自己的意愿过好闲暇，我们必须免于需求的影响，这就需要具备安全、保障、教育和和平等条件。这些可能会取代全民收入[1]，以满足我们的基本需求，同时需要认识到工作本身并不总是基本需求。这可能还需要我们抛弃大脑中被灌输的那部分旧思想和习惯，因为大脑无法想象没有智能手机的生活，也无法想象智能手机带给我们的认知能力和可支配收入的提高，以及需要我们在认知能力和可支配收入上的投入。这在一定程度上让我们得以解脱：确保愉快的闲暇而不是绝望的失业是需要社会承担的责任，需要政府的干预和监管，就跟它们是我们的问题一样。然而，在特别美好的明天即将到来之际，如果我们不能共同解决这些问题，势必会造成人员伤亡。

---

[1] 此处的"全民收入"相当于全民基本收入（Universal Basic Income，UBI），指每个成年公民定期获得固定数额金钱的政府项目。其目标是减轻贫困，取代其他可能需要更多官僚参与的基于需求的社会项目。随着自动化越来越多地取代制造业和其他经济部门的工人，全民基本收入的想法在美国发展势头大增。

变化总是艰难的，即使我们承认在最好的时代变化是不可避免的，而在最差的时代变化会导致不和谐，就跟我们所处的混乱环境一样，新冠大流行刚刚过去，社会动荡不安，地球正在变暖。我们害怕变化，无论它能否对我们有所帮助。然而，很多人自信地认为，当面对变化时，当我们学习、成长并经历一个与以往不同的过程时，我们才会感到最有活力。人类最早的工作从根本上说就是关乎变化的：种植食物、建造住所和创造生命。无论新的工作时代是由机器人、失业还是退休带来的，它都需要变化，而且无论变化是好是坏，都需要我们成长、挖掘潜力、勇于尝试和重塑，其中的任何一个都有可能提供一个机会，让我们更接近采集狩猎的先辈，或者大胆地走向一个前所未有的崭新的明天。

## 第九章
# 你的工作会留下什么遗产？

我不是说知道自己出现在书里一点也不激动。我只是说，我的意思是这很酷。很有意思。但我并不想给人留下什么值得记住的东西。

——罗伯特·格斯特，退伍军人、街道清扫工

**遗产机械师**

查德·索科洛夫斯基（Chad Sokolovsky）写的童年诗被收录在他的第一本书《预言机械师》(*Prophecy Mechanic*)中，这些诗可能与很多十几岁男孩的性意识觉醒的体验有关：

女孩们像蘑菇云一样

绽放在我们胸窝的浅沟里

这些诗也让读者想起了自己童年的游戏，披着"我们用擦盘子碗的布做的短斗篷"到处跑。阅读查德的诗，你不会意识到他是在他所说的"末世论邪教"环境中长大的，他出书用的姓是其祖父从俄罗斯移民后简化的，但名字用的是索科尔（Sokol）。查德高中毕业时，他的未来已被预言。18 岁时，他被提拔为牧师，跟从小就仰慕的教会长老一样，他会过着贫穷的生活，干体力活，因为末世即将来临，没有必要再创立一番事业了。在加利福尼亚州莫德斯托（Modesto），他在一个温度经常接近 38 ℃的仓库里操作立式钻床，时薪 4.95 美元，帮助制作收西红柿季节用的木托盘箱。

　　查德关于青春的自传体诗暗示了诗人自己未来的生活，对自己"生于平地"以及是"一个失败的预言"[1]表示怀疑。18 岁那年，母亲"最后一次"为他理发：

> 我终于明白她不会好起来，
> 或者我们永远不会像那些下午般亲密，
> 当我承认我不相信上帝时，
> 她假装没有听见我的话。

　　几年里，他敷衍应付，周日布道，挨家挨户传教，结婚，有了一个女儿。19 岁那年，他在开市客（Costco）的停车场工作，推拉

---

1　"生于平地"源自地平说，暗指他生下来就有的不科学信仰，或指在那个邪教中枯燥乏味的生活体验，没有任何追求的目标。"一个失败的预言"指他在邪教中的长辈认为他失败了，因为他离开了邪教，或者他们预言的世界末日从未发生过。

购物车，每小时 9 美元，但有医疗福利。他想：哦，上帝，我就要成功了！除此之外，我真的没有其他目标了。

有两次经历让他"大开眼界"。一是社区大学的学习经历。查德曾被劝阻不要接受外部教育，但看着父亲和其他教会长老随着身体的衰老已经难以进行体力劳动了，他认为当教师比干体力活更长远。西方文明课挑战了"我自以为了解的所有历史知识和大事年表，第一学期结束时，我开始怀疑，那是我第一次开始质疑自己的信仰体系，很快我就离开了那个宗教。从那以后，一切开始步入正轨"。他离了婚，获得了女儿的监护权，他和女儿离开了他们生活了一辈子的社区。查德与父母疏远了，因为他认为：

> 我不需要牧师或修道士，
> 也能从我孩子的脸上看到神性，
> 他们梦想着在一个更大的世界里玩耍。

另一次让他大开眼界的经历是在开市客的工作。他坚持做了下去，直至自己读完了大学，并为女儿购买了医疗保险。在等待申请法学院的消息时，查德在公司的区域采购办公室得到了一份工作，这让他认为自己可以在那方面打造职业生涯，为自己提供长大以后从未有过的经济保障。他把法学院的事抛到了脑后，从助理采购员做起，后来晋升为采购员，并不断晋升。查德回忆道：

> 日子过得很快，自从我大学毕业，20 多年过去了。我在开市客担任食品采购员，负责西红柿罐头业务。我们去弗雷斯诺

市（Fresno）参观一家罐头厂，去了收获期的罗马番茄田。我坐上了其中一辆收割机……当我们抵达第一条垄沟的尽头时，我看到了成堆的空托盘……就是我以前用来制作托盘箱的那种托盘。顿时，我进入存在时刻[1]，感慨我转了一圈，20年后又回到了原点，不过，现在的我可是负责数百万美元项目的采购员[2]。这是我人生中最具决定性的时刻之一，我记得自己一直在想，在过去的20年里，我在人生和职业生涯的任何阶段都没有不快乐过，尽管我的经济状况一直是在勉力维持，直到最近几年才搬到华盛顿，并得到晋升。我从一开始就没有明确的目标要达到今天的成就，开钻床时也从未想过会从事其他职业。

在我们采访他的五年前，查德·索科尔带着第二任妻子和继子搬到了西雅图，他的女儿现在已经长大成人，他当上了开市客的高管：葡萄酒和烈酒副总裁，在得到这个被他的一些同事称为公司最好的职位之前，他已经申请了五六次。这个职位让他可以参加品酒会和有趣的旅行。不过，该职位的工作压力很大，每周工作时间超过50小时，而且随时都会收到首席执行官和首席财务官的短信。他说："所以，我是那种始终在线的人。"无论如何，这个角色对年轻的查德来说是难以想象的，他所在的与世隔绝的社区教会长老

---

1 指一个人在某个瞬间对自己的存在和生命的意义产生了深刻的思考。
2 大卖场中的采购员（buyer）是真正意义上的采购员，即专业类型的买手。他们是整个采购流程的决策者，从最开始的产品定位，一直到将符合标准和要求的产品采购回物流中心。相对而言，不需要太多行业经验和背景的普通采购员是negotiator，主要是跟供应商谈交易条款。

们也从未考虑过这个问题,因为这与他们的生活方式格格不入。然而,这种生活方式是他自己培育的,并且声称这就是他现在的生活方式,对他来说,好在这是他的选择,不是传袭给他的。

他的同事很少有人知道,查德早上 5 点起床,之后到 6 点开门的咖啡馆里写诗,然后,7 点赶到办公室,每个工作日都是如此,因为当"我把……150% 的精力投入职业……我只是在工作……我的灵魂就会开始一点点消失"。他的诗歌曾多次获奖。他参加过全国性的诗歌朗诵比赛,还表演过音乐。我们谈话时,他的一本新书已写了 3/4。《预言机械师》(Prophecy Mechanic)以"想象中的遗产"结尾,讽刺了遗产有时带给人的一种自负心态:

> 我将成为国家元首,
> 　面前的政令,
> 　　堆积如山,
> 　　等着我严谨地签署,
> 　　还有蚂蚁般行进的一队黑色轿车。
> 　　在我滔滔不绝演讲时,
> 　　他们会把郁金香和百合花堆放在我旁边,
> 　而我则像铁轨旁孩子们口袋里的零钱一样掉落,
> 　　我那张铜铸的脸被压扁在铁轨上。[1]

---

[1] 诗中的叙述者自以为是地想象着自己留给世人的形象有多么高大上,比如将自己的脸刻在山上(如美国著名的拉什莫尔山),或复制在硬币上。然而,孩子们口袋里的钱掉了下来,硬币上的脸被火车压平在轨道上。这情境表明,他们的遗产可能并不似想象中的那么荣光。

预言是对未来的预测，通常与来世有关。遗产通常包括对过去的事件和当前的行为进行盘点。查德的故事表明，规划遗产可能并不比预测预言更容易，这似乎正是哲学家索伦·克尔凯郭尔在日记中哀叹时想到的："人生只有回顾才能理解，但生活必须向前看。"正如《汉密尔顿》中的一句名言所暗示的，遗产并不总是我们可以随心所欲书写的美好结局，而是最终掌握在"讲述你故事的人"手中。

对于自己的故事，查德似乎比较务实，并不空言未来："跟我一起工作的人都非常明确想要达成什么目标。他们正在艰苦奋斗，或者正在努力达成目标。反观我自己，我觉得一路走来，总是磕磕绊绊的……我喜欢音乐、诗歌和其他东西，觉得它们似乎有点互不搭界。这就好比它们凑在一起构成一个整体……每个部分彼此互补，所以，我把它看成一个整体。但确实有时候，我看着它们，退后一步再看，不知道自己是怎么走到今天，干上了这事的，因为这真的不是我事先规划好的。"

## 未经审视的工作不值得做

哲学家罗伯特·诺齐克（Robert Nozick）指出，在苏格拉底和圣女贞德等著名人物的生平故事中，他们的死亡与其不朽的生命印记是密不可分。苏格拉底有句名言："未经审视的生活不值得过"，我们愿意相信他也会同意"未经审视的工作是不值得干的"。从各个方面来看，判处苏格拉底死刑是不应该的，甚至那些判他死刑的人也这样认为,这位西方哲学之父是有机会逃走的,但他拒绝了。雅克-路易·大卫(Jacque-Louis David)的名画《苏格拉底之死》再现了这样一个场景:肌肉发达、正义凛然的苏格拉底还在说着什么,悲痛欲绝的弟子们围在他身边。苏格拉底正用我们现在所说的苏格拉底方法,努力说服他们,使之接受违抗对他的判决会比判决本身更不公正,并让他们思考灵魂不朽的问题。年仅17岁的圣女贞德被派往奥尔良,增援被围困的法国军队。她高举爱国旗帜,声称受到了神的启示,最终促成了英国人的撤退和查理国王的加冕。仅仅两年后,忠于英国的人出卖了她,指控她男扮女装亵渎上帝,并因其宗教幻觉而犯下异端邪说,将她烧死在火刑柱上。后来,罗马天主教会追封她为圣徒,她被公认为法国的殉道者和守护神。诺齐克写道:"死亡并不总是标志着一个人走到了生命的边界,它会以某种重要的方式延续着生命的叙事。"正如小说家村上春树在《挪威的森林》中所说:"死亡并非生命的对立面,它就是生命的一部分。"

　　为什么如此多关于遗产的故事也涉及死亡?我们关注遗产的一个重要原因是为了克服对于死亡的天生的恐惧。威廉·詹姆斯称不朽是"(人类)最大的精神需求之一"。作为独一无二的动物,虽然时刻意识到自己有一天会告别人世,人类还是必须继续生活下去。根据恐惧管理理论(Terror Management Theory,TMT),我们可用几种机制来应对进化过程中对湮没无闻的担忧。有些人希望通过生儿育女延续生命;其他人则转向信仰,尤其是那些承诺来世会永生的信仰。我们会设法用一种超越时空的事业表明自己曾经来到世间走过一遭,比如努力写一本名著,或创作一件永恒的艺术作品。这些应对机制并不是我们从事这些行为的唯一原因，它们也不是相互排斥的。

就工作而言，这些机制可以解释家族企业的所有者希望将所有权和组织价值观世代相传的动机所在。这些机制还可以解释为什么宗教机构经常成为遗赠的接受者，以及为什么较大的遗赠往往与建筑物或其他半永久性固定设施的命名权有关。它们可能有助于解释雇主为何倾向于阐明员工认同且引以为豪的企业宗旨。它们似乎意味着所谓的毕生事业的重要性，甚至可能与本书的存在以及我们希望这不是我们写的最后一本书有关。对遗产的关注并不需要出于对个人遗产的自我迷恋。事实上，《纽约时报》之所以撰写《悲恸的群像》，就是出于对那些受害者的考虑，因为他们再也没有机会创造可以传世的遗产，再也不能为自己树碑立传，它们全都被恐袭事件突然而过早地夺走了。

杜克大学代际行为研究者金·韦德-本佐尼（Kim Wade-Benzoni）曾在纽约大学从事"9·11"事件的研究，她认为，袭击发生后，人们预测会出现一个"小婴儿潮"，其动机可能是为了遗产，也可能是家庭生活暂时重于工作。韦德-本佐尼的研究将人们在实验或体验条件下考虑死亡的一般可能性甚至死亡风险更高时的两种反应区分开来。死亡焦虑（Death anxiety）是对死亡意识的一种情绪反应，可导致恐慌和恐惧。死亡反思（Death reflection）是对死亡意识的一种认知反应，它引导我们将自己的生命置于更广阔的背景中，思考生命的意义。在韦德-本佐尼和亚当·格兰特撰写的一篇论文中，作者研究了"工作中的死亡意识"的影响。他们发现，死亡焦虑会导致迟到、旷工和其他有损绩效的行为。另一方面，死亡反思则会促进亲社会行为，例如指导他人、为了服务他人而改变工作，甚至参与或从事造福后代的工作。

我们的工作能够直接造福子孙后代的一种方式是通过工作本身改善社会、保护环境和创造就业机会。一些后果论哲学家主张，后人拥有或有权利[1]，而当代人有责任尊重这些权利，犹如北美原住民思想中的第七代原则[2]敦促我们要预先考虑到我们今天的决定将如何有助于后代的福祉一样。但是，工作造福下一代的最常见方式可能就是为自己子女的福祉提供支持。有些书从头到尾都在讨论工作与家庭的平衡，他们几乎都承认职业发展有可能以牺牲与子女和其他受抚养人在一起的时间为代价。相反，照顾孩子不仅会影响你的职业发展，甚至会影响你选择的工作时间和薪酬。

作为父母，如果你选择外出工作主要是为了养家糊口，那没有比你的孩子更有价值的"遗产"了。但是，当你不得不在对事业和家庭的承诺之间做出权衡时，也许换一种思考工作的方式不但不会减损你的遗产，反倒与之密不可分。也就是说，你今天做的一些选择，比如做什么工作、什么时候做、做多少以及目的为何，等到你的孩子遇到同样事情时，它们就会影响他们的选择。此外，你留给他们的世界也会影响到他们还需要做哪些工作。你现在为下一代树立的工作上的榜样将如何积极影响他们未来对什么工作值得做的选

---

1 或有权利（contingent rights）指将来利用资源形成资产和获得收入的权利。
2 第七代原则（seventh-generation principle）是北美原住民共有的处事方式和原则，也是地球上最古老的法则之一。一般指一代人所做的决定和举动会影响之后的七代人，他们必须为这些后代负起责任。它与可持续性发展的观念是一致的，即在满足我们现今需求的同时，不损害子孙后代的利益。

择？当他们还是孩子，以及以后成为职场中的一员时，你现在所做的工作如何使他们今天和明天的生活更加美好？

## 你如何衡量自己的人生

无论如何衡量，克莱顿·克里斯坦森（Clayton Christensen）都是一位成功的职业人士。在获得哈佛商学院工商管理硕士学位后，他当过一段时间的管理顾问，后来成为首席执行官。他回到哈佛大学攻读博士学位，然后成为该大学的教师，教授"建立和维持成功企业"的热门战略课程。1997 年，他出版了《创新者的窘境》(*The Innovator's Dilemma*)，该书被《经济学家》评为有史以来最重要的六本商业书籍之一，书中提出了他的破坏性创新理论，破坏性创新指创造新市场或颠覆既有秩序的变革性发明。2011 年，在一项商业领袖调查中，他被评为全球最具影响力的商业思想家。

2010 年，克里斯坦森被诊断出癌症，随后又中风，他的成功故事因而中断。作为一名虔诚的耶稣基督后期圣徒教会成员，他与人合著并于 2012 年出版了一本新书，名为《你要如何衡量你的人生？》(*How Will You Measure Your Life?*)。这本书总结了他在战略课程中提出的观点，包括他通常在最后一天的课堂上提出的建议，目的是实现以下三个目标：在事业中寻找快乐，在人际关系中寻找快乐，以及远离监狱。《创新者的窘境》可能会成为克里斯坦森作为商业专家的职业遗产。然而，《你要如何衡量你的人生？》可能是他教师生涯的最恰当的遗产，它展示了如何将有关规划和衡量商业成功的研究应用于规划和衡量人生的成功。

关于第一个目标，克里斯坦森借鉴了激励理论，指出金钱和其他物质奖励仅此而已，无法满足我们最重要的需求；我们真正需要的是工作的意义，有了它才会在工作中获得快乐。他认为，为了从人际关系中获得快乐，我们需要思考什么对他人而非仅仅对自己是重要的，这一点跟我们需要同理心来理解客户的问题是一样的。关于第三个目标，他警告说：" '仅此一次' 的边际成本似乎总是可以忽略不计，但全部成本通常要高得多。" 他以前的一些同学都忽视了 "边际思维陷阱"[1]，其中就有名誉扫地的安然公司首席执行官杰弗里·斯基林（Jeffrey Skilling）。

但是，如果认为我们可以用规划和衡量商业成功的方式规划和衡量人生的成功，视时间为 "资源"，人际关系为 "投资"，生命为可 "衡量" 的东西，可能也是一个陷阱。在当代职场中，这种思维方式并不陌生。在这样的职场，我们记录资产和负债，得到资产净值，以判断成功的大小。它采用了成本效益分析法，即好决策是那些预期净效益最大的决策。

然而，这种功利主义思维至少存在两个我们熟悉的问题。其一，它要求我们用同样的尺度衡量一切。但是，价值是多元的，并非所有形式的价值都可以使用简化为经济或其他量化的标准加以衡量。正如哲学家玛莎·努斯鲍姆（Martha Nussbaum）所说，这种有价值事物之间的不可比性或许有助于解释这一现象产生的原因：

---

1 通常，大公司在做投资决策时会面临两个选择：考虑全部成本，打造一个全新的产品或业务模式；考虑边际成本，利用好自己已经掌握的资源。实际决策时，边际成本方式总能压倒全部成本方式。因此，大公司往往会失去市场竞争力。而作为市场革新者的新创企业，虽没有多少钱，反倒更能直接地解决问题。

从事自己喜欢的工作能赚钱更多，但有时，我们干的事赚钱较少，却仍然愿意努力工作。

这也是尼尔·希尔（Neil Hill）离开报酬相对丰厚的餐饮管理职业，转而成为一名经常需要一周工作七天的青少年网球教练的原因之一。尼尔从其父亲悲剧性的命运中吸取了教训。尼尔的父亲曾经是一名美国职业棒球小联盟的棒球运动员，在品尝到这一职业的自由后不久受伤了，只好回到家乡，在他哥哥们工作的那家令人不快的宾夕法尼亚州钢铁厂当了一名电工，结果酗酒成性，抑郁成疾。一家之主去世后，希尔家收到了一份人寿保险的赔付，对人寿保险公司来说，尼尔父亲的生命就值这么多钱。这事仿佛更加强化了"有些东西是无法用金钱衡量的"观点，因为对于尼尔和他的家人来说，再多的钱也无法体现他父亲生命的价值。但这笔钱带给希尔家前所未有的经济保障，让尼尔和他的哥哥能够去读更好的学校，从而避免将来进入钢铁厂打工的命运。他们父亲的工作可能是害死他自己的间接凶手，但结果使他的家人从此过上了好日子。不过，没有人认为保险公司的"死亡保险金"值得让人付出生命的代价。

所谓后果主义思维（consequentialist thinking）的另一个问题是，我们无法对未来做出确定的规划和预测。有个例子很有说服力。克丽丝汀·埃内亚从事法律工作，不过是"一再重复做同样的事情"，其职业生涯遇到了"瓶颈"，她在竞选县长的22名候选人中排在第9位，却不知道下一步该做什么。她偶然读到一篇关于活体器官捐献的文章，决定将肾脏捐献给一个陌生人，"这纯粹是做好事，我一定会成功的"。此后不久，她开始学习医科大学预科课程，57岁时获得了医学学位，她走了一条迂回的道路。也许有人会想，如果那时她可以留给后人的"印记"已经形成，即使她在那之前所做的一切工作没有多大价值，捐献肾脏也会使其净值为正，甚至还将克丽丝汀的"遗产"植入另一个人的生命。但是，如果肾脏接受者的身体排斥她的肾脏呢？她的捐赠价值会降低吗？

金融市场通常以可量化的结果来衡量首席执行官的业绩，而企业高管会受到金融市场后果主义思维的制约。在普华永道工作期间，正值该公司全球首席执行官调查十周年之际，克里斯托弗成为该调查团队的管理成员之一，他们请首席执行官们明确表达他们希望留给世人什么样的不朽的遗产。即便如此，仍有1/3的受访者将市场表现放在首位，即"长期的财务成功、市场主导地位、捍卫现有地位"，这不禁让人产生疑问：如果他们无法控制的情况导致财务业绩不佳，会对他们留给世人的形象造成什么影响？这是否意味着他们的形象因此垮掉？

坦白说，我们俩谁都不认识克莱顿·克里斯坦森，但当然知道他，而认识的人谈到他时也只有溢美之词。然而，我们认为他的书名叫《你要如何衡量自己的人生？》，而不是《如何衡量你的人生？》，就很能说明问题，因为前者鼓励我们追问人生的价值何在，而后者等于承认人生价值是可以衡量的。最后，克里斯坦森在后记中谈到了目的的重要性，并回顾了自己的成就。他当时不可能知道，他早期参与构思的另一个想法如何在所谓以目的为导向的一代中流行起来，这些人就是在以目的为导向的经济中经营的未来商业领袖。他可能没有预见到，在这个世界上，富裕的年轻工人在精神上更认同工作，而不是传统宗教。他也不可能预料到，在百年一遇的极具破坏性的新冠疫情大暴发前不久,他会死于白血病的并发症。《你要如何衡量自己的人生?》一书未曾言明的讽刺意味在于,当克里斯坦森反思自己的人生时,他认识到自己无法计划何时"与上帝面谈",并意识到生命的价值是无法衡量的,"与我们相比,上帝不需要统计学家或会计师的工具"。最后,他说道:"虽然很多人可能会默认用概括性统计数据来衡量我们的人生,比如主持过多少人的会议、获得了多少奖项或在银行里攒了多少美元等,但对我的人生来说,真正重要的衡量标准只有一个,那就是我能够帮助一个又一个人变得更加优秀。"

## 工作与死亡

担任克里斯托弗的博士答辩委员会成员时,俄语语言和文学教授加里·扬(Gary Jahn)刚刚开始可能是其职业生涯最后一项重要的研究工作,那就是全面注释《伊万·伊利奇之死》(*The Death of Ivan Ilych*)的电子版。这是列夫·托尔斯泰的一部短篇小说,加里认为它堪称艺术作品中的完美之作,却一直未受到世人的欣赏,因为谁会愿意读有这样一个书名的书呢?该书讲述了一个对事业孜孜以求的垂死之人的故事,深刻探讨了当代老生常谈的问题之一,即我们是否应该通过工作来追求我们的遗产:"有没有人躺在床上等待死亡时还希望自己要是在工作上花更多时间就好了?"

当然,结局令人伤心,因为主人公死了,也是发人深省的。但尽管主题如此,它也是有趣的和令人愉悦的,这或许有助于解释为什么加里在20年的职业生涯里致力于研究一个两万字的小说了。

加里的职业生涯简直就是美苏（俄）关系史的一个缩影，也证明了我们无法控制的环境如何影响我们一生的工作和遗产。古巴导弹危机期间，他是俄语专业的本科生。在他获得硕士学位的那一年，苏联入侵捷克斯洛伐克，引发东欧的动荡，并在加里获得俄罗斯文学博士学位的那一年，导致超级大国之间在1972年莫斯科峰会上达成了和平协议，只是这种和平十分脆弱，难以维系。当他受聘于明尼苏达大学时，斯拉夫语系的发展得到了某个国家部门的资助，因为该部门急于聘用精通敌国方言和文化的特工。苏联解体和冷战结束后，对俄罗斯历史和文化的资助和兴趣锐降，该领域的教师职位大约缩减到低于当初的1/10。坐在大学办公室里，加里告诉克里斯托弗，等他完成对伊万·伊利奇的研究后，他的研究也就结束了，而他的办公室旁就有一尊托尔斯泰的半身像。他说这位伟大作家的遗产意义非凡，但有关他的一切能写的都已经写完了。克里斯托弗没有接受他这个说法，而是当成了一次挑战，努力研究，先后发表了三篇新的学术论文，不过不是讨论文学，而是论述商业道德的，主要内容是我们可以从托尔斯泰的"工作和最可怕的生活"中学到什么，而这也正是他关于伊万·伊利奇的那篇论文的标题，[1]读者往后读，很快就能理解作者的论文题目是何意了。

加里的注释版在细节方面可谓下足了功夫，比如，第一页的第十行就已经到了第七个脚注。脚注中包含一个链接，指向那个时

---

[1] 克里斯托弗的论文题目就是"工作和最可怕的生活"。据述，伊万·伊利奇工作的主要目的是为了"声望和报酬"。托尔斯泰称他的生活"最简单，最平凡，因此也最可怕"，这表明大多数人工作的原因和伊万·伊利奇的一样，都是错误的。

代典型的俄罗斯讣告，故事中称它的"周围有黑色的边框"。读到伊万的讣告后，他的同事们最初感到惊讶，"在那间私人房间里的每一位先生首先想到的是：这会不会引起他们自己或熟人职位的变化和晋升"，毕竟他们的同事已经永久地离开了法院的职位。尽管小说讲述者让我们相信伊万确实"很受人喜欢"，但在谈论他的死亡时，人们的第二个不能说出来的想法是好在"死的是他，而不是我"。后来，在伊万家守灵时，其中一个人注意到伊万的遗孀普拉斯科维娅·费多罗芙娜（Praskovya Fedorovna）可比伊万明白多了，因为她可以期待政府向她支付亡夫抚恤金了。在脚注中，加里说道，"在某种程度上可以说，故事的读者必须判断的主要问题是：'伊万·伊利奇是如何被人用一段如此短小的文字加以概述的？'"这似乎是只有学者才会研究的小微问题之一，我们考虑的则是：把我们为之生活和工作的一切缩减为寥寥数语，变成一张小小的讣告，而且一个人的离世被其同事视为晋升的机会，被其配偶视为有钱可拿了，这些对于任何人来说意义何在？！

　　黑色的边框只是对死者生活和工作的最后限制。那本小说的开头场景过后，叙事回到了过去。在加里为其注释版所作的导言中，有一节名为"文本的比例"。他仔细地数过每一章的文字行数，这事只有学者才会这样做，观察到各章之间"长度递减的一般模式"，这与故事的"时间框架的平行递减"和"空间维度的平行递减"相对应。伊万·伊利奇是那种在工作方面做了所有正确的事情（进入正确的职业，结交正确的人，寻求正确的职位，晋升到高位），而动机却都是错的（财富、虚荣、别人的认可以及远离令他烦恼的家庭），这就是托尔斯泰将其一生描述为"最简单，最平凡，因此也最可怕"的原因。当克里斯托弗与他的工商管理硕士生回顾伊万的生活经历时，发现他觉得薪水不够，似乎总是"少500卢布"，他的家什么都好，"就是缺少一个房间"，却装修得和那些"经济条件中等但想摆阔的人住的宅子一般"。学生们对这些似曾相识的现象报以苦笑。他们不可避免地会在自己的工作场所和社区中找出和伊万一样的人，甚至很不自在地承认他们辨识出的那个人可能就是他们自己。

正如加里观察到的那样，描述伊万事业上升期的章节篇幅很长，随着工作的变化，他的家也从一个城市搬到另一个城市。等到他在家中挂窗帘时，从梯子上跌落，竟致其去世。显然这是一个错误的选择，似乎失去了上帝的恩典（fall from grace）。摔伤之后，他先是只能在家和工作地点之间往返，等到无法上下班，就只能在家中各个房间之间走动，最后，屋里走动也成了奢望，他就只能躺在床上，面对一堵墙，痛苦地等死。克里斯托弗记得加里曾在课堂上讲过这段难熬的日子，说至此，加里笑出声来，但听起来凄然，他是既可怜，又无奈，可怜的是伊万死得不值，无奈的是还会有人以这种方式离世。虽然人终归一死，读此小说却可以让人长个心眼，避免如此不堪地死去。当然，有可能什么也悟不到。当伊万发现自己病入膏肓时，感觉自己死得太荒唐了，竟然是从梯子上摔下这样的小事造成的，而不是死于某场英勇的战斗。当还是一名法官时，他认真敬业，似在表明自己的工作值得为之奋斗，为了提高声望和专业地位，他也不惜牺牲家庭生活。可是，一次家居装饰竟然要了他的命，他无法接受。

也许故事的另一个更乐观的寓意是救赎的可能性，伊万的缓慢死亡使其在最后时刻选择如何活得更好，从而在一定程度上控制了自己的遗产。该小说并没有最终回答伊万应该在办公室多花还是少花时间。但是，它会引导我们思考他一直以来应该如何生活和工作，思考那些我们可以控制但会影响别人如何书写我们遗产的选择，并让我们理解为什么一本小说值得加里牺牲如此多的生活进行大量研究。

### 谁来讲述你的故事？

亚历山大是美国的一位开国元勋，但未得到正确的评价。尽管林-曼纽尔·米兰达的说唱音乐剧表面上是以比伊丽莎更为著名的丈夫亚历山大的遗产为蓝本，但在《汉密尔顿》的结尾，舞台属于伊丽莎·汉密尔顿。

在丈夫死于一场并不光彩的决斗后[1]，她又活了五十年。剧中，她一直在唱自己为继承丈夫的遗产所做的努力。这其中包括她作为孤儿遗孀最引以为豪的成就：创办了一家私人孤儿院，在这家孤儿院里，从她帮助的孩子们眼中，她看到了亚历山大的影子。她在歌曲"谁生谁死，谁讲述你的故事"中表达了这种情感，这首歌探讨了两种叙述方式及其讲述者如何塑造和重塑历史，比如，《汉密尔顿》歌剧如何重新唤起了国民对亚历山大·汉密尔顿的认识，美国

---

1 当副总统托马斯·杰斐逊与阿龙·伯尔角逐总统时，汉密尔顿因为私人恩怨帮助杰斐逊击败伯尔，使杰斐逊当选总统，伯尔当选副总统。1804年，副总统阿龙·伯尔竞选纽约州州长，汉密尔顿表示反对。7月11日，伯尔向汉密尔顿发起决斗，汉密尔顿受重伤，隔天去世。

第三任副总统阿龙·伯尔（Aaron Burr）如何主要是因为杀害亚历山大而被人记住的，以及《汉密尔顿》最后如何变成几乎被人遗忘的伊丽莎的故事。尽管《汉密尔顿》口碑不好，演职人员却名利双收，但它所传达的信息似乎是不争的事实：身后之事与名利无关，而在于"由谁讲你的故事"。

人是"会讲故事的动物"，文学学者乔纳森·歌德夏写了一本与此同名的著作[1]。我们通过将信息编成故事来理解经验，这些故事不仅让我们理解世界是怎样的，而且让我们理解世界应该是怎样的。当提及故事的寓意时，我们会从所期待的事物中得出我们对行为的理想，而讲述人生故事让我们能够理解什么是高质量的人生。生活故事化有助于解释为什么克莱顿·克里斯坦森用个人际遇而非统计记录来衡量美好生活，为什么戴维·布鲁克斯认为我们的悼词美德最终比我们简历上列出的技能和成就更重要，以及为什么价值多元主义者伊丽莎白·安德森认为价值不能只用单一的衡量单位来概括。

我们生命的价值最好借助故事来传达，这一观点至少跟亚里士多德的伦理学一样古老。在亚里士多德的伦理学中，良好品格是无数行为模式的函数，而不是可数值化的善行（犹如资产）与恶行（犹如负债）相比较的正负结果。亚里士多德认为，在一个人的故事结束之前，我们无法充分判断他的品格特征，这一点很像他称赞的诗歌和其他有开头、中间和结尾的故事，他认为它们比告诉我

---

1 乔纳森·歌德夏（Jonathan Gottschall）的书名是《讲故事的动物：故事造就人类社会》(*The Storytelling Animal: How Stories Make Us Human*)。

们实际发生了什么的历史事实更能指导我们的道德想象力[1]。当代的实证研究更加证实了亚里士多德的说法,即故事具有培养品格的潜力。研究人员试图证明,故事能够培养同理心、情商、道德升华[2]、与他人相处的能力和合作,甚至有利于长寿,并对值得书写的遗产做出其他积极的贡献。这并非暗示故事会自动让我们变得更好,也不是否认在不道德的讲故事人的手中,故事可以操纵和歪曲历史。而是说,故事承载着我们的价值观和遗产,正如历史的发展会向正义倾斜一样,故事的发展也向真理倾斜。

## 没有为什么

世贸中心遇袭后的故事充满了戏剧性的可能性。这种有形的壮观场面始于双子塔倒塌的悲剧,延续于在归零地的救援和恢复工作中显现的英雄主义,不仅有幸存者和其他当地人,还有来自全国各地的志愿者,他们在燃烧的废墟上神情肃穆地工作着。它涉及纽约市警察局和纽约市消防局之间关于谁拥有管辖权的暗斗,在发现他们自己人的遗骸时更是如此。这关系到家属的悲痛,他们坚持认为双子塔的原址是神圣的土地,再也不能在其上建楼。人们认为大楼的租赁者拉里·西尔弗斯坦(Larry Silverstein)非常贪婪,为了应

---

1 道德想象力指的是能够运用自己的创造性想象力考虑各种行动选择的重要性,设想新的和有创造性的替代方案,超越金钱对决策的影响,既满足道德的需求,又能取得成功。
2 道德升华与社会厌恶相对。作为一种重要的积极情绪,道德升华指当人们目睹道德美或美德行为时,内心会产生温暖、美好的感动体验,从而受到激励和鼓舞,想在道德上变得更好,并且想与他人或更大的集体建立联结的道德情绪。

该获得多少保险赔偿,不惜打起了官司。它引起了纽约人对一场建筑设计竞赛的好奇,这场竞赛的目的是设计围绕塔楼原址进行重建的总体规划,这启发了丹尼尔·里伯斯金(Daniel Libeskind)的灵感,他的设计体现了"生命的胜利",得以最后胜出。这引发了西尔弗斯坦的建筑师戴维·蔡尔兹(David Childs)和里伯斯金之间的争吵,争论谁才有资格设计里伯斯金规划中的中心摩天大楼,最终达成了妥协,但没有人认为这样的妥协令人愉快。人们从在纪念馆附近拟建伊斯兰文化中心的反对者眼中看到了恐慌。为了实现迈克尔·阿拉德(Michael Arad)提出的"反映缺失"这一纪念馆的构想,既要纪念亡魂,又要成为城市生活的一部分,工程和设计都要创造奇迹。这需要就如何在纪念碑上排列受害者的名字进行协商,使其能够"有意义地相邻",以确认他们所在的位置以及他们与其他受害者的关系。随着时间的推移,悲剧再次上演,因为归零地周围的有毒粉尘导致的健康问题又夺走了许多人的生命。

也许,为了给这些建筑的生命和遗产故事提供一个最圆满的结局,我们需要回到起点,甚至在它们完工之前。1974年夏天的一个早晨,高空走钢丝艺术家菲利普·帕特(Philippe Petit)冒着生命危险进行了一次不计后果的特技表演:在双子塔之间的钢索上行走。他回忆说:"我必须决定,把我的重心从踩在大楼上的那只脚转移到踩在钢索上的那只脚。踏上那根钢丝绳有可能,是我生命的终结,我不确定;另一方面,这是我无法抗拒的东西,我没有做任何的抗拒,它召唤我踏上那根钢索。"

帕特的壮举鲜有照片留存。从四百多米的下方仰望,表演者就像一粒尘埃。工人们走在人行道上,正奔赴各自平凡的工作岗位,走着走着，他们停下了脚步，对发生在他们头顶上的这一幕惊奇不已。

在纪录片《走钢丝的人》(*Man on Wire*)中，他的"同谋"回忆起那天的情景，这是对他取得的非凡成就的最好证明。据他的朋友让-路易（Jean-Louis）回忆，当时"真的很害怕"，直到帕特双脚踩到钢索上才好些。就在那一刻，让-路易想"就这样了。他是安全的"。他哽咽着说不下去，停了一会儿才继续回忆。另一位合作者总结说："超乎你的想象，难以置信。对这一事件的敬畏之情及其巨大的影响力，让我真的不再那么担心他了。这真是太神奇了。"帕特当时的女友是安妮·阿利克斯（Annie Allix），但在演出后，亢奋之下的他跟一位追星族上了床。多年以后，安妮仍然流着崇拜的泪水用法语回忆起当时的情景，话语中充满了一种宗教般的崇敬和想象："我看到菲利普在上面；真是异乎寻常。这也太美了，太美了。他就像是在云中行走……菲利普躺在钢索上面的画面让我们激动不已。"

当有人问他为什么要这么做时，跟他回避在钢索尽头等着逮捕他的警察时一样，帕特闪烁其词。他说："不为什么。"有意无意地，他引用了哲学家尼采对虚无主义的定义："找不到'为什么'的答案。"

虚无主义者认为生命毫无意义，因此关心自己的遗产也毫无意义。尼采的遗产常常被错误地与虚无主义混为一谈，因为他曾说过一句名言："上帝死了。"对他这句话含义的曲解导致他的一些疯狂追随者犯下谋杀罪，以证明他们优于社会规范，信奉不折不扣的利己主义，并为法西斯主义辩护。然而，研究尼采的学者坚持认为，尼采的意思可不是没有上帝，社会就没有规则，生活就失去意义。正相反，当我们有能力选择如何生活时，就不应该完全依赖超自然的力量来赋予我们生活以目的和意义，无论是否存在一个更高的力量，我们都渴望过一种有意义的生活。到44岁精神崩溃并在生命的最后十年被视为精神失常时，尼采的思想遗产已基本完成，但他留给世人的深刻的思想遗产被人曲解和误解。对尼采遗产的合理解释可能是，过分关注我们的遗产可能是以自我为中心的，不关心则是虚无主义，而只活在当下的快乐中是享乐主义。因此，我们应该在当下的生活中对未来的遗产表现出适度的关注，因为这是向他人传递如下信号的机会，即生命是有意义的，在我们离世后，它仍将继续重要。

## 持久的和失去的遗产

本着这种精神，前面各章中分享的故事令人充满希望。它们让我们看到持久的遗产可以包括有价值的工作。

比如，当被问及"你希望自己留下什么遗产"时，大卫·鲍伊曾经回答说："我希望人们认为我的发型真的很棒。"当然，他的脸皮太厚，但真的如他所说？是的，他确实有一些很棒的发型，也有一些非常难看的发型，这些都是这位从不想"只做一个摇滚明星"的时尚偶像持久遗产的一部分。

王氏家族三代人最后一次也是最盛大的一次团聚是在里约热内卢庆祝王枕洲的90岁寿诞。大家制作了T恤衫，前面印着"生日快乐"之类的字样，背面则印着一棵家谱树，每根树枝代表他的一个子女或孙子女。在全家福照片中，老家长将 T 恤反穿，将遗产放在胸前，他认为这样穿才是正确的。

在纽约法医的"9·11"伤亡人员名单上，第一个名字就是迈查尔·贾奇（Mychal Judge）神父，不过，他并不是第一个在袭击中丧生的人。南楼倒塌时，他正在北楼大厅为遇难者做临终圣事，并为急救人员祈祷。出乎意料的是，他不是被坠落的碎片砸死的，而是死于心脏病。事后，人们才知道他是一位同性恋，而且正在戒酒。在他去世 20 年后，他在罗马天主教会内外的崇拜者仍在为他的遗产而奔走，包括追封他为圣徒。

米歇尔·奥巴马的部分遗产将永远是美国第一位非裔第一夫人。但是，如此评价她是否过多地关注了她的种族和婚姻身份，而对她自身的成就关注得不够呢？要知道，她既是普林斯顿大学和哈佛大学法学院的学生、职业律师、非营利组织的执行官、两个女儿的母亲、不文明时代的文明倡导者、多部著作的作者和时装模特，也是很多人希望她能争取总统候选人提名的政治人物，等等。入主白宫时，她 45 岁，离开白宫时年仅 53 岁，这意味着她还有很多事情可以完成。

还是四大会计事务所合伙人时，凯瑟琳·格卢克曾患上了严重的抑郁，当时她有理由相信，自己可以像成功应对其他危机一样应对抑郁症。然而，增加药量和尝试其他药物治疗都未能带来持久的疗效。于是，在下一个感恩节前，她坐下来为自己写讣告。她没有把结束自己的生命作为自己的遗产，而是在获准休假期间，开始积累自己活着时的遗产，公开分享自己的经历，"希望也许有人会读（她的故事），觉得他们也可以寻求更多的帮助"。

毛姆的小说《月亮与六便士》是根据保罗·高更的生平和传奇故事而写的，书中的主人公名为查尔斯·斯特里克兰，在小说的结尾，这位画家死于麻风病。在双目失明期间，据说他在自己小屋的墙上画下了他的杰作，并恳求他在塔希提的未婚妻子阿塔等他死后将其烧毁。再说回到伦敦。受益于他死后的名声，那位被他疏远的合法妻子终于过上了舒适的物质生活。看到她的周围全是他的某些画作的复制品，小说的讲述者（即第一人称的"我"）暗示她认为它们只是装饰品，仍然没有意识到他最大的遗产所遭受的无法估量的损失。这个故事提出了一些当代哲学家非常感兴趣的有关审美价值的问题，比如谁有资格评判一幅画的价值，以及它的市场价值与作为艺术品的价值之间的关系。此外，它也会让我们思考无人意识到的遗产是否重要。有一个古老的哲学问题，说的是"假如一棵树在森林里倒下，它是否发出了声音？"借用这个问题，不妨这样问：在热带森林中烧一幅画是否会留下痕迹？或许，这正是我们在担心自己的遗产时会产生的忧虑。如果有一天，没有人记得我们，我们的生命还有意义吗？

乔治·弗洛伊德对邻里的年轻人说："我有我的缺点和不足，并不比别人强。"他恳求这些年轻人"把枪放下"。弗洛伊德的家人和朋友都很钦佩他，虽然他曾经入狱几次，也曾滥用有害物质[1]，但这些经历反而让他学会了对各个阶层的人报以同情，并努力帮助他人避免麻烦。在被警察拘留时，他说了20多次"我无法呼吸"，最后窒息而死，他的话和他作为黑人死于白人警察膝下成了他遗产的

---

1 有害物质不仅包括毒品，还有药物和酒精等。

一部分。世界各地的人们从疫情封控中走出来,"说出他的名字",为种族正义和执法改革而集会游行。

21世纪被模仿最多的企业宗旨声明或许根本不是什么声明,而是一项经营战略:百事可乐公司的"目的明确的绩效"。在成为第一位领导财富50强公司的南亚女性之后,现已退休的董事长兼首席执行官英德拉·努伊制订了一项战略计划,以回应华尔街的期望和对消费者负责。认识到公司的大部分增长潜力都在新兴市场,包括她的故乡印度,她努力扩大和发展公司的产品组合,摒弃"垃圾食品"和"废弃塑料和包装纸",并"将对公司业务有利的东西与对世界有利的东西结合起来"。在给员工的退休信中,她表达了对公司成功实施这一战略的自豪,但她也敦促员工"认真考虑时间问题",并感叹自己的工作艰巨,因此错过了很多女儿的童年时光。在她的自传《我的完整人生:工作、家庭和我们的未来》(*My Life in Full: Work, Family, and Our Future*)中,她预计自己未来要做的将包括照顾年迈的母亲和未来的孙辈。

沃尔特·迪士尼最初的设想是将艾波卡特公园打造成一个名副其实的"明日实验原型社区",一个能解决他眼中城市生活问题的乌托邦城市。在迪士尼看来,美国的技术创新将一如既往地拯救城市。人们将不再使用汽车,而是乘坐单轨列车出行。家庭将拥有可以轻松升级到最先进水平的智能电器。在沃尔特眼里,这个社区将"永远是未来的蓝图"。然而,这一遗产还没来得及实现,他就去世了。今天的艾波卡特公园是为了向其愿景致敬,向游客展示了很多不同的理念,比如全球和谐,通信技术的进步,以及利用想象力应对生活中的巨大挑战,但显然与其愿景预言的完全实现的宜居社区相比相去甚远。然而，迪士尼公司在其他方面也在不断进步，以继承沃尔特的遗产，为过去的种族主义承担责任，抵制佛罗里达州州长的反对性少数群体（LGBTQ+）议题，当然，在动画制作和主题公园方面也在不断进步。

在舞台灯光熄灭前，伊丽莎·汉密尔顿最后的表演是喘息，这引起了人们对其含义无休无止的争论。她的喘息被解释为她的去世和与上帝的相遇；她的去世和与亚历山大的重逢；以及用林-曼纽尔·米兰达的话说，她发现自己作为"讲述那时美国故事的当代美国人"仍然活着。在百老汇舞台上最早扮演伊丽莎的菲利帕·苏（Philippa Soo）认为，喘息不仅仅意味着这些。在她演出时的想象中，喘息声"每晚"都有不同的含义，这或许意味着伊丽莎的遗产会被继续书写。

你会留下什么遗产？在结束职业生涯之前，你可能还没有想好如何回答这个问题，但我们希望本书能帮助你思考如何度过一生，以及工作在确定你的遗产中扮演什么样的角色。我们希望这本书能让你更全面地思考什么是工作，你为了什么而工作，以及什么时候你做得已经足够多。我们希望它能让你思考你喜欢做的事情跟你认为社会必不可少的工作是不是一回事，以及它们在市场上是否被公平定价。我们希望它能启发你思考更高的追求、更美好的未来以及你的永恒遗产。在这个世界上，需要做的工作无穷无尽；做对自己或对社会有价值的工作，不管它有没有报酬，无论它是非常重要的或是娱乐性的，它都可能是我们一生中为这个世界做出有价值贡献的最重要的机会之一。

# 致 谢

"9·11"事件和新冠疫情提高了整个社会对工作为生活增值抑或减值的认识。我们不会忘记在这些悲剧中丧生的家人、朋友、同事和陌生人，特别感谢那些为了他人的生命而冲向危险的急救人员和其他必要工作者。

这些事件和典型启发了我们对工作的研究，但我们也受益于诸多学者的见解和专业知识，他们的研究影响了我们的研究。这些学者包括我们学术机构的同事，特别是圣托马斯大学和巴布森学院的同事，他们给予我们学术休假，极大地促进了本书的写作，以及纽约大学的同事。还要感谢我们积极参与的学术团体，他们给了我们很多回报，尤其是五月意义会议[1]，特别感谢埃米·弗尔泽斯涅夫斯

---

[1] 意义微社区（Meaning Microcommunity）中对工作和组织的意义感兴趣的学者决定聚在一起讨论他们的研究，以便更好地了解员工如何在工作中体验意义。2004年5月，第一届五月意义会议（May Meaning Meeting）在密歇根大学举行，此后每年都举行一次会议。

基、梅尔罗斯和托罗公司恪守原则的领导力中心[1]、管理学院职业与管理的社会问题系、欧洲组织研究小组、国际有意义工作研讨会和商业伦理学会。

有太多的同事和朋友对我们的研究产生影响，在此无法一一列举，但以下人士以各种方式对本书做出了正式贡献，他们审阅了本书的许多段落，提出了研究建议，并提供了知识和实践资源：凯蒂·贝利（Katie Bailey）、拉克希米·巴拉钱德拉（Lakshmi Balachandra）、布鲁斯·布坎南（Bruce Buchanan）、沙萨·多布罗（Bruce Buchanan）、克丽丝汀·埃内亚、丹娜·格林伯格（Danna Greenberg）、乔恩·海特（Jon Haidt）、加里·扬恩（Gary Jahn）、金泰万（Tae Wan Kim）、鲍比·基普（Bobby Kipp）、亚当·科尔伯（Adam Kolber）、梅丽莎·曼沃林（Melissa Manwaring）、弗雷德·普莱斯（Fred Price）、劳拉·桑黛（Laura Sonday）、汉娜·韦斯曼（Hannah Weisman）和妮可·茨维格·戴利（Nicole Zwieg Daly）。

我们还感谢与以下人士的交谈，无论他们是否知情，都为本书做出了贡献：米歇尔·安特比（Michel Anteby）、多莉·丘格（Dolly Chugh）、乔安妮·丘拉、帕蒂·达姆（Patty Dahm）、艾米·芬尼根（Amy Finnegan）、罗布·福尔（Rob Foehl）、汤姆·福利蒂（Tom Forliti）、埃德·弗里曼（Ed Freeman）、克里·吉布

---

[1] 托罗公司和霍夫曼家族基金会向圣托马斯大学慷慨捐赠 300 万美元，用于创建梅尔罗斯和托罗公司恪守原则的领导力中心。恪守原则的领导力指的是指导组织实践、行为和决策的基本信念和价值观。相比有勇气或有道德的领导者，恪守原则的领导者以身作则，努力使自己的价值观和目标与组织保持一致。

森（Kerry Gibson）、阿尼·罗斯·格拉布（Ani Ross Grubb）、卢克·海登（Luke Hedden）、曼纽拉·希尔-穆尼奥斯（Manuela Hill-Muñoz）、李·豪威尔（Lee Howell）、劳拉·黄（Laura Huang）、乔恩·贾奇莫维茨（Jon Jachimowicz）、米歇尔·克里根（Michele Kerrigan）、玛丽娜·金（Marina Kim）、N. R. 克莱因菲尔德（N.R. "Sonny" Kleinfield）、索菲·兰宾（Sophie Lambin）、埃里克·兰姆（Eric Lamm）、路易丝·洛森（Louise Lawson）、道格·勒皮斯托（Doug Lepisto）、朱莉·莱文森（Julie Levinson）、叶夫根尼亚·莱索娃（Evgenia Lysova）、莎莉·梅里斯（Sally Maitlis）、圣地亚哥·梅贾（Santiago Mejia）、安迪·莫林斯基（Andy Molinsky）、温迪·墨菲（Wendy Murphy）、斯泰西·佩尔特（Stacy Pervall）、迈克·普拉特（Mike Pratt）、珀蒂·普罗温斯基（Pati Provinske）、胡安·普贾达斯（Juan Pujadas）、特丽莎·里克-凯利（Theresa Ricke-Kiely）、特雷莎·罗思柴尔德（Teresa Rothausen）、娜奥米·罗思曼（Naomi Rothman）、基拉·沙布拉姆（Kira Schabram）、马丁·施拉克神父（Father Martin Schlag）、珍妮·斯科特（Janny Scott）、哈里·范布伦（Harry Van Buren）、莫莉·温斯坦（Molly Weinstein）、尤胡鲁·威廉斯（Yohuru Williams）、布赖恩·威克里夫（Brian Wycliff）、拉里·余（Larry Yu）和杰基·津斯（Jackie Zins）。

学生不仅启发了我们的工作，还激励我们为他们写作，让他们在有价值的生活中追求有价值的工作。有几位学生为本书的编写或书中讨论的研究的进展提供了帮助，他们是拉瓦亚·阿肖克（Lavanya Ashok）、乔尔·加德纳（Joel Gardner）、科迪·哈里斯

（Kody Harris）和李晨溪（Chenkay Li）。

撰写本书最大的意外收获之一是与数十人畅谈了他们工作中的成功、失败及其适应，很多故事被我们写进了书中。他们在自己的汽车、办公室和家中，通过视频和面对面，与我们畅谈了他们繁忙工作生活中的风险和回报。我们感谢丹尼斯·柯利、林内亚·孔巴·达尔（化名）、克丽丝汀·埃内亚（再次提到）、凯思琳·格卢克（化名）、罗伯特·格斯特（化名）、贝丝·哈格里夫斯（化名）、尼尔·希尔、贾斯廷·琼斯、劳伦·梅杰斯、索耶·迈克尔森、穆里西库·雷福、查德·索科尔、肖恩·王和玛西娅·齐默尔曼拉比，感谢他们慷慨地允许我们分享关于他们工作的故事和智慧。

如果克里斯托弗没有在纽约大学的楼梯间偶遇乔恩·海特（Jon Haidt），乔恩可能永远不会慷慨地把我们介绍给未来的经纪人埃斯蒙德·哈姆斯沃斯（Esmond Harmsworth），他耐心地与我们一起起草出版提案，不断修改，先后提出过四个有关本书主旨的概念和三个可能的书名，历经近两年的新冠疫情，最终得到了一个完善的出版提案。如果没有埃斯蒙德，我们可能永远都不会遇到我们的编辑科琳·劳瑞（Colleen Lawrie）。她第一次与我们谈及本书时，就让我们陷入了"沉思"，并在每次沟通时支持和理清我们的愿景。我们与埃斯蒙德和他在 Aevitas Creative 的团队合作，还与科琳和她在 Hachette/PublicAffairs 的团队合作（包括但不限于林赛·弗拉德科夫［Lindsay Fradkoff］、皮特·加尔索［Pete Garceau］、凯莉·连克维奇［Kelly Lenkevich］、奥利维亚·洛佩尔菲多［Olivia Loperfido］、凯特·米勒［Kate Mueller］和乔斯琳·佩德罗［Jocelynn Pedro］），他们的付出与你手中拿着的这本书密不可分。

　　克里斯托弗很幸运,他有一个大家庭,因而得以了解工作。他有四个姨和三个舅,他们让克里斯托弗知道,在写完家族传奇之前,任何一本书对他们来说都是不够好的。米歇尔·迈克尔森(Michele Michaelson)表明从第二职业也能找到满足感,而罗恩·迈克尔森(Ron Michaelson)和多尔卡丝·迈克尔森(Dorcas Michaelson)已经退休,过上了平静的生活,因为他们从没以工作为乐。阿琳·温尼克(Arlene Winnick)为这个研究项目加油鼓劲,史蒂夫·温尼克(Steve Winnick)则对各种想法提出疑问。马特·戈德曼(Matt Goldman)在出版上给予指导,乔希·卡普兰(Josh Kaplan)则在合同方面提供了建议。玛格丽特·王(Margaret Wang,王昭华)将她父亲的职业道德和她自己致力于有意义工作的精神传给了克里斯托弗,沃尔特·格拉夫(Walter Graff)在我们完成本书之前去世,但他留下的文字和智慧仍在延续。

　　贝丝·温尼克(Beth Winnick)比任何人都重要,是她让我这个心事重重的哲学家找到了一份职业,在我们约会时帮我找到了第一份实习工作,结婚后又帮我确立了自己的事业,每当我写完草稿、有了初步的想法、想要庆祝、遇到挫折和其他一切事情时,她是我首先要找的人。索耶(Sawyer)不仅同意接受采访,还从他这一代人的角度提出了一个充满希望的观点。里斯(Reese)在引导我就本书的风格和主旨再三思考的同时,还对营销和设计提出了自己的想法。埃丝米(Esme)是我的家人中第一个知道我跟出版商签订出书合同的人,她经常是我每天早上开始工作前最后一个交谈的人。家人对我工作的影响以及我这样做的原因可能比他们自己知道的还要多。

让珍妮弗感到幸运的是,她身边的人不仅能接受不断听到有关本书的最新消息,而且还对这个主题报以真正的热情和智慧。我由衷地感谢他们的集体智慧,只是名单很不完整:肖恩和克里斯蒂·巴里(Sean and Kristie Barry)、布鲁克·卡德尔(Brooke Cader)、伊莫金和保罗·德兰斯菲尔德(Imogen and Paul Dransfield)、埃丽卡·加廖托(Erica Galioto)、汉娜·吉尔伯特(Hannah Gilbert)、吉尔·戈登齐尔(Jill Goldenziel)、克雷格和海瑟·霍维(Craig and Heather Hovey)、埃里克和安德烈·(沃恩)·约翰逊(Eric and Andrea [Vaughn] Johnson)、昵称为 AJ 的安德烈·约翰逊(Andrea Johnson)、安奈塔·卡萨达(Anaita Kasad)、黛勃拉·克罗嫩伯格(Deborah Kronenberg)、安迪·利普曼(Andi Lipman)、特蕾西·马奥尼(Tracy Mahoney)、皮特和安德烈·摩根(Pete and Andrea Morgan)、赫斯和马克斯·诺尔曼(Hess and Max Norman)、杰米·碧娜(Jamie Pina)、罗伊·罗伯茨(Roy Roberts)、杰西·苏德(Jessie Souder)、帕特里克·斯特恩(Patrick Stern)和艾比·惠特贝克(Abby Whitbeck)。

格雷格·哈拉斯(Greg)和塞西莉娅·哈拉斯(Cecilya Kharas)是各种形式美好生活的榜样。迈克尔·哈拉斯(Michael Kharas)和婷婷·哈拉斯-张(Tingting Zhang-Kharas)从他们寻找治疗方法和养育凯莉(Kelly)和凯文(Kevin)的工作中抽出时间,与我讨论各种想法。鲍勃(Bob)和莎莉·托斯蒂(Sally Tosti)总是谈论他们所从事的工作、工作中的乐趣和挑战,同时将精神生活放在首位。没有他们,这一切都不可能实现。最后,但肯定不是最不重要的是，露西（Lucy）和西奥（Theo）为本书做出的贡献似乎超出了 11 岁和 9 岁孩子的能力所及。我知道他们仍坚持他们最初选择的书名《工作值得做吗？》(*Is Work Worth the Work?*)，我希望有一天他们会觉得自己的工作是值得做的。戴夫·哈拉斯（Dave Kharas）是我能想象到的最支持我的伙伴，尽管我知道他希望这本书以及每本书中能有更多有关项目管理和半导体的内容。我的家人每天都在提醒我这一切都是为了什么。

克里斯托弗和珍妮弗希望人们知道的是，我们自认为在为家人工作的同时，获得了他们的支持，连累他们做出了牺牲。毋庸讳言，这一点不无讽刺之意。我们希望这对他们每个人来说都是值得的。

# 参考资料

## 前言

Bowie, David. "About—David Bowie." Bowie personal website. https://www.davidbowie.com/about.

Brown, Mick. "David Bowie, 25 years ago: 'I've done just about everything that it's possible to do'." *Telegraph* (London), January 10, 2021. https://www.telegraph.co.uk/music/interviews/david-bowie-25-years-ago-done-just-everything-possible-do.

Walters, Barry. "Review: David Bowie's 'Blackstar' Is Adventurous to the End." Review of *Blackstar*, by David Bowie. NPR, January 11, 2016. https://www.npr.org/sections/therecord/2016/01/11/462660569/review-david-bowies-blackstar-is-adventurous-to-the-end.

Whately, Francis, dir. *David Bowie: The Last Five Years*. Santa Monica, CA: HBO, 2017. https://www.hbo.com/movies/david-bowie-the-last-five-years.

## 引言　你的工作值得做吗?

BBC News. "*New Yorker* Fires Jeffrey Toobin for Exposing Himself on Zoom." November 11, 2020. https://www.bbc.com/news/world-us-canada-54912610.

Blanchflower, David G., and Andrew J. Oswald. "Is Well-Being U-Shaped over the Life Cycle?" *Social Science & Medicine* 66, no. 8 (April 2008): 1733–1749, https://doi.org/10.1016/j.socscimed.2008.01.030.

Brower, Tracy. "What the Generations Want from Work: New Data Offers Surprises." *Forbes*, August 28, 2022. https://www.forbes.com/sites/tracybrower/2022/08/28/what-the-generations-want-from-work-new-data-offers-surprises/?sh=28581d393f32.

Burns, Ric, dir. "Mario M. Cuomo, New York Governor." Transcript of 3:47 min. clip, from *The Center of the World: New York, a Documentary Film*. Arlington, VA: PBS, September 8, 2003. https://www.pbs.org/wgbh/americanexperience/features/newyork-cuomo/.

Conference Board, The. "Job Satisfaction 2023." https://www.conference-board.org/research/job-satisfaction/US-worker-satisfaction-continues-to-increase.

Empson, Laura. *Leading Professionals: Power, Politics, and Prima Donnas*. Oxford, UK: Oxford University Press, 2022.

Gallup. "State of the Global Workplace 2023 Report." https://www.gallup.com/workplace/349484/state-of-the-global-workplace.aspx.

Ghebreyesus, Tedros Adhanom. "WHO Director-General's opening remarks at the media briefing on COVID-19." World Health Organization, March 11, 2020. https://www.who.int/director-general/speeches/detail/who-director-general-s-opening-remarks-at-the-media-briefing-on-covid-19—11-march-2020.

Goldmacher, Shane. "The Imperious Rise and Accelerating Fall of Andrew Cuomo." *New York Times*, November 10, 2021. https://www.nytimes.com/2021/03/13/us/politics/andrew-cuomo-scandals.html.

Greene, Kelly, and Carlos Tejada. "Workers Deeply Affected by Attacks Decide to Make Changes in Their Lives." *Wall Street Journal*, December 26, 2001. https://www.wsj.com/articles/SB1009236905886354560.

James, William. *Is Life Worth Living?* Philadelphia: S. Burns Weston, 1896.

Karlamangla, Soumya. "A Nurse Without an N95 Mask Raced in to Treat a 'Code Blue' Patient. She Died 14 Days Later." *Los Angeles Times*, May 10, 2020. https://www.latimes.com/california/story/2020-05-10/nurse-death-n95-covid-19-patients-coronavirus-hollywood-presbyterian.

Knoll, Corina, Ali Watkins, and Michael Rothfield. "'I Couldn't Do Anything: The Virus and an E.R. Doctor's Suicide." *New York Times*, July 11, 2020. https://www.nytimes.com/2020/07/11/nyregion/lorna-breen-suicide-coronavirus.html.

Lussenhop, Jessica. "Coronavirus at Smithfield Pork Plant: The Untold Story of America's Biggest Outbreak." BBC News, April 17, 2020. https://www.bbc.com/news/world-us-canada-52311877.

Michaelson, Christopher. "A Novel Approach to Business Ethics Education: Exploring How to Live and Work in the 21st Century." *Academy of Management Learning & Education* 15, no. 3 (2016): 588–606.

*New York Times*. "Portraits of Grief." 2001. https://www.nytimes.com/interactive/us/sept-11-reckoning/portraits-of-grief.html.

Victor, Daniel. "'I'm Not a Cat,' Says Lawyer Having Zoom Difficulties." *New York Times*, February 9, 2021. https://www.nytimes.com/2021/02/09/style/cat-lawyer-zoom.html.

## 第一章　何为工作？

Angelou, Maya. *And Still I Rise*. New York: Random House, 1978.

Anonymous. "Why I'm Planning to Leave My Ph.D. Program." *Chronicle of Higher Education*, August 22, 2022. https://www.chronicle.com/article/why-im-planning-to-leave-my-ph-d-program.

Barber, Lynn. "Bleeding Art." *Guardian* (Manchester, UK), April 20, 2003. https://www.theguardian.com/artanddesign/2003/apr/20/thesaatchigallery.art6.

Bloom, Nicholas, James Liang, John Roberts, and Zhichun Jenny Ying. "Does Working from Home Work? Evidence from a Chinese Experiment." *Quarterly Journal of Economics* 130, no. 1 (2015): 165–218. https://doi.org/10.1093/qje/qju032.

Boren, Cindy. "How Joey Chestnut Preps for a Stomachful of Hot Dogs." ESPN, July 3, 2018. https://www.espn.com/espn/story/_/id/23977424/how-joey-chestnut-preps-stomach-full-hot-dogs-nathan-famous-international-hot-dog-eating-contest.

Carney, Scott. *The Red Market: On the Trail of the World's Organ Brokers, Bone Thieves, Blood Farmers, and Child Traffickers*. New York: HarperCollins, 2011.

Centers for Disease Control and Prevention. "Ergonomics and Musculoskeletal Disorders." CDC, March 28, 2013. https://www.cdc.gov/niosh/updates/ergprs.html.

Ciulla, Joanne B. *The Working Life: The Promise and Betrayal of Modern Work*. New York: Currency, 2001.

Crawford, Matthew B. *Shop Class as Soulcraft: An Inquiry into the Value of Work*. New York: Penguin, 2009.

DealBook. "Blankfein Says He's Just Doing 'God's Work'." *New York Times*, November 9, 2009. https://dealbook.nytimes.com/2009/11/09/goldman-chief-says-he-is-just-doing-gods-work/.

Dickens, Charles. *Hard Times*. 4th ed. Edited by Fred Kaplan. New York: W. W. Norton, 2016.

Eurostat. "International Standard Classification of Occupations." Accessed September 18, 2023. https://ec.europa.eu/eurostat/ramon/documents/isco_88/isco_88_intro.pdf.

Evans, James A., Gideon Kunda, and Stephen R. Barley. "Beach Time, Bridge Time, and Billable Hours: The Temporal Structure of Technical Contracting." *Administrative Science Quarterly* 49, no. 1 (2004): 1–38. https://doi.org/10.2307/4131454.

Gladwell, Malcolm. *Outliers: The Story of Success*. New York: Little, Brown, 2008.

Government of India, Ministry of Labour & Employment. "National Classification of Occupations—2015." National Career Service, 2015. https://www.ncs.gov.in/Documents/National%20Classification%20of%20Occupations%20_Vol%20I-%202015.pdf.

Graeber, David. "Bullshit Jobs and the Yoke of Managerial Feudalism." *Economist*, June 29, 2018. https://www.economist.com/open-future/2018/06/29/bullshit-jobs-and-the-yoke-of-managerial-feudalism.

Hochschild, Arlie Russell, and Anne Machung. *The Second Shift: Working Parents and the Revolution at Home.* New York: Penguin, 2012.

Hustvedt, Siri. "A Woman in the Men's Room: When Will the Art World Recognise the Real Artist Behind Duchamp's Fountain?" *Guardian* (Manchester, UK), March 29, 2019. https://www.theguardian.com/books/2019/mar/29/marcel-duchamp-fountain-women-art-history.

Kawasaki, Guy. "It's Called Work for a Reason." *New York Times,* September 8, 2015. https://www.nytimes.com/roomfordebate/2015/09/08/can-companies-excel-without-making-workers-miserable/its-called-work-for-a-reason.

Krogstad, Jens Manuel, Mark Hugo Lopez, and Jeffrey S. Passel. "A Majority of Americans Say Immigrants Mostly Fill Jobs U.S. Citizens Do Not Want." Pew Research Center, June 10, 2020. https://www.pewresearch.org/fact-tank/2020/06/10/a-majority-of-americans-say-immigrants-mostly-fill-jobs-u-s-citizens-do-not-want/.

Levin, Annie. "How NYU's Grad Student Union Went on Strike—and Won." *Progressive Magazine,* June 2, 2021. https://progressive.org/latest/nyu-grad-student-union-strike-won-levin-210602/.

Lussenhop, Jessica. "Coronavirus at Smithfield Pork Plant: The Untold Story of America's Biggest Outbreak." BBC News, April 17, 2020. https://www.bbc.com/news/world-us-canada-52311877.

Meyer, David, and Oumou Fofana. "Joey Chestnut Manhandles Protester Before Record 15th Nathan's Hot Dog Eating Contest Win." *New York Post,* July 4, 2022. https://nypost.com/2022/07/04/joey-chestnut-wins-15th-nathans-hot-dog-eating-contest/.

Miller, Claire Cain. "How Society Pays When Women's Work Is Unpaid." *New York Times,* February 23, 2016. https://www.nytimes.com/2016/02/23/upshot/how-society-pays-when-womens-work-is-unpaid.html.

———. "Same-Sex Couples Divide Chores Much More Evenly, Until They Become Parents." *New York Times,* May 16, 2018. https://www.nytimes.com/2018/05/16/upshot/same-sex-couples-divide-chores-much-more-evenly-until-they-become-parents.html.

Moses, Edwin. "Interview: Edwin Moses." Interview by Paul Schienberg. *Psyched Online,* 2002. https://www.psychedonline.com/interview-edwin-moses/.

Nettuno, Tyler. "52 Major League Eating Records That Belong to Joey Chestnut." *USA Today,* July 4, 2023. https://ftw.usatoday.com/lists/joey-chestnut-major-league-eating-records-hot-dog-competition.

Perfume Society, The. "Estée Lauder." Accessed June 27, 2023. https://perfumesociety.org/perfume-house/estee-lauder/.

Pew Research Center. "The State of American Jobs." October 6, 2016. https://www.pewresearch.org/social-trends/2016/10/06/the-state-of-american-jobs/.

Pieper, Josef. *Leisure: The Basis of Culture.* San Francisco: Ignatius Press, 2009.

Piercy, Marge. *To Be of Use.* New York: Doubleday, 1973.

Ransome, Paul. *The Work Paradigm: A Theoretical Investigation of Concepts of Work*. Aldershot, Hants, UK: Avebury, 1996.

Smith, Adam. *An Inquiry into the Nature and Causes of the Wealth of Nations*. New York: Bantam Dell, 2003.

Spar, Debora L. *The Baby Business: How Money, Science, and Politics Drive the Commerce of Conception*. Cambridge, MA: Harvard Business Review Press, 2006.

Suzman, James. *Work: A Deep History, from the Stone Age to the Age of Robots*. New York: Penguin, 2021.

Tagore, Rabindranath. 1931. *The Religion of Man*. New York: Macmillan.

Tate Modern. "Fountain, Marcel Duchamp, 1917, replica 1964." Accessed June 27, 2023. https://www.tate.org.uk/art/artworks/duchamp-fountain-t07573.

Twain, Mark. *The Adventures of Tom Sawyer*. Berkeley: University of California Press, 1980.

US Census Bureau. "The Changing Economics and Demographics of Young Adulthood from 1975 to 2016." April 19, 2017. https://www.census.gov/newsroom/press-releases/2017/cb17-tps36-young-adulthood.html.

US Department of Labor. "O*NET OnLine." Accessed June 27, 2023. https://www.onetonline.org/.

Wallace, David Foster. *The Pale King*. Edited by Michael Pietsch. New York: Little, Brown, 2011.

Weber, Max. *The Protestant Ethic and the Spirit of Capitalism*. New York: Dover, 2003.

## 第二章　为何工作？

Adams, J. Stacy. "Inequity in Social Exchange." *Advances in Experimental Social Psychology* 2 (1965): 267–299. https://www.sciencedirect.com/science/article/abs/pii/S0065260108601082.

Amire, Roula, and Great Place to Work. "The Best Workplaces for Millennials Offer Meaning and Purpose." *Fortune*, July 18, 2022. https://fortune.com/2022/07/18/best-workplaces-millennials-2022-purpose-meaning/.

Argyris, Chris. *Understanding Organizational Behavior*. Homewood, IL: Dorsey, 1960.

Bellah, Robert N., Richard Madsen, William M. Sullivan, Ann Swidler, and Steven M. Tipton. *Habits of the Heart: Individualism and Commitment in American Life*. New York: Harper & Row, 1985.

Boova, Laura, Michael G. Pratt, and Douglas A. Lepisto. "Exploring Work Orientations and Cultural Accounts of Work." In *The Oxford Handbook of Meaningful Work*, edited by Ruth Yeoman, Catherine Bailey, Adrian Madden, and Marc Thompson, 186–207. Oxford, UK: Oxford University Press, 2019.

Brickman, Philip, Dan Coates, and Ronnie Janoff-Bulman. "Lottery Winners and Accident Victims: Is Happiness Relative?" *Journal of Personality and Social Psychology* 36, no. 8 (1978): 917–927.

Brickman, Philip, and Donald T. Campbell. "Hedonic Relativism and Planning the Good Society." In *Adaptation Level Theory: A Symposium*, edited by Mortimer H. Appley, 287–392. New York: Academic Press, 1971.

Bridgman, Todd, Stephen Cummings, and John Ballard. "Who Built Maslow's Pyramid? A History of the Creation of Management Studies' Most Famous Symbol and Its Implications for Management Education." *Academy of Management Learning & Education* 18, no. 1, (2019): 81–98. https://doi.org/10.5465/amle.2017.0351.

Bush, George W. "Statement by the President in His Address to the Nation." The White House Archives, September 11, 2001. https://georgewbush-whitehouse.archives.gov/news/releases/2001/09/20010911-16.html.

Cho, Yuna, and Winnie Y. Jiang. "How Work Orientation Impacts Objective Career Outcomes via Managerial (Mis)perceptions." *Academy of Management Journal* 65, no. 4 (2022): 1353–1382. https://doi.org/10.5465/amj.2020.0841.

Ferriss, Timothy. *The 4-Hour Workweek: Escape 9-5, Live Anywhere, and Join the New Rich.* New York: Harmony, 2009.

Fiorillo, Damiano. "Do Monetary Rewards Crowd Out the Intrinsic Motivation of Volunteers? Some Empirical Evidence for Italian Volunteers." *Annals of Public and Cooperative Economics* 82, no. 2 (2011): 139–165. https://doi.org/10.1111/j.1467-8292.2011.00434.x.

Forkish, Ken. *Flour Water Salt Yeast: The Fundamentals of Artisan Bread and Pizza.* Berkeley, CA: Ten Speed Press, 2012.

Frankl, Viktor E. *Man's Search for Meaning.* New York: Pocket Books, 1985.

Furaker, Bengt, and Anna Hedenus. "Gambling Windfall Decisions: Lottery Winners and Employment Behavior." *UNLV Gaming Research & Review Journal* 13, no. 2 (2009): 1–15.

Gneezy, Uri, and Aldo Rustichini. "Pay Enough or Don't Pay at All." *Quarterly Journal of Economics* 115, no. 3 (2000): 791–810. https://doi.org/10.1162/003355300554917.

Goleman, Daniel. "Millennials: The Purpose Generation." Korn Ferry. Accessed September 22, 2023. https://www.kornferry.com/insights/this-week-in-leadership/millennials-purpose-generation.

Herzberg, Frederick, Bernard Mausner, and Barbara Bloch Snyderman. *The Motivation to Work.* New York: John Wiley, 1960.

Higher Education Research Institute. "The American Freshman: Fifty-Year Trends, 1966–2015." UCLA, July 30, 2016. https://heri.ucla.edu/the-american-freshman-fifty-year-trends-1966-2015/.

Hume, Janice. "'Portraits of Grief,' Reflectors of Values: The New York Times Remembers Victims of September 11." *Journalism & Mass Communication Quarterly* 80, no. 1 (2003): 166–182. https://doi.org/10.1177/107769900308000111.

James, Harvey S., Jr. "Why Did You Do That? An Economic Examination of the Effect of Extrinsic Compensation on Intrinsic Motivation and Performance." *Journal of Economic Psychology* 26, no. 4 (2005): 549–566. https://doi.org/10.1016/j.joep.2004.11.002.

King, Barbara J. "Feeling Down? Watching This Will Help." NPR, 2014. https://www.npr.org/sections/13.7/2014/02/27/283348422/that-s-unfair-you-say-this-monkey-can-relate.

Lam, Bouree. "What Becomes of Lottery Winners?" *Atlantic*, January 12, 2016. https://www.theatlantic.com/business/archive/2016/01/lottery-winners-research/423543/.

Maslow, Abraham H. "A Theory of Human Motivation." *Psychological Review* 50, no. 4 (1943): 370–396. https://doi.org/10.1037/h0054346.

Michaelson, Christopher, and Jennifer Tosti-Kharas. "Serving Self or Serving Others? Close Relations' Perspectives on Ethics and Calling." *Journal of Vocational Behavior* 114 (2019): 19–30. https://doi.org/10.1016/j.jvb.2019.02.005.

———. "Work Worth Dying For?" HuffPost, September 9, 2016. https://www.huffpost.com/entry/work-worth-dying-for_b_11939748.

*New York Times*. "Portraits of Grief." 2001. https://www.nytimes.com/interactive/us/sept-11-reckoning/portraits-of-grief.html.

*New York Times. Portraits: 9/11/01: The Collected "Portraits of Grief" from The New York Times*. New York: Times Books, 2002.

Niza, Claudia, Burcu Tung, and Theresa M. Marteau. 2013. "Incentivizing Blood Donation: Systematic Review and Meta-Analysis to Test Titmuss' Hypotheses." *Health Psychology* 32, no. 9 (2013): 941–949. https://psycnet.apa.org/doi/10.1037/hea0000035.

Osterman, Paul, ed. *Broken Ladders: Managerial Careers in the New Economy*. Oxford, UK: Oxford University Press, 1996.

Robinson, Sandra L., and Denise M. Rousseau. "Violating the Psychological Contract: Not the Exception but the Norm." *Journal of Organizational Behavior* 15, no. 3 (1994): 245–259. https://doi.org/10.1002/job.4030150306.

Saval, Nikil. *Cubed: A Secret History of the Workplace*. New York: Anchor, 2015.

Schabram, Kira, Jordan Nielsen, and Jeffery Thompson. "The Dynamics of Work Orientations: An Updated Typology and Agenda for the Study of Jobs, Careers, and Callings." *Academy of Management Annals* 17, no. 2 (2023): 405–438. https://doi.org/10.5465/annals.2021.0153.

Titmuss, Richard. *The Gift Relationship: From Human Blood to Social Policy*. Crows Nest, New South Wales, Australia: George Allen and Unwin, 1970.

Tosti-Kharas, Jennifer, and Eric Lamm. "What Really Motivates You? A Data-Driven Exercise and Discussion." *Management Teaching Review* 8, no. 2 (2023): 180–196. https://doi.org/10.1177/2379298121104100.

US Bureau of Labor Statistics. "Characteristics of Minimum Wage Workers, 2020." BLS Reports, February 2021. https://www.bls.gov/opub/reports/minimum-wage/2020/home.htm.

Whyte, William H., Jr. *The Organization Man*. New York: Simon & Schuster, 1956.

Wrzesniewski, Amy. "'It's Not Just a Job': Shifting Meanings of Work in the Wake of 9/11." *Journal of Management Inquiry* 11, no. 3 (2002): 230–234. https://doi.org/10.1177/1056492602113003.

Wrzesniewski, Amy, Clark McCauley, Paul Rozin, and Barry Schwartz. "Jobs, Careers, and Callings: People's Relations to Their Work." *Journal of Research in Personality* 31, no. 1 (1997): 21–33. https://doi.org/10.1006/jrpe.1997.2162.

## 第三章　何时工作，工作多久？

Abend, Lisa. "Why 2023 Could Finally Be the Year of the 4-Day Workweek." *Time*, January 19, 2023. https://time.com/6248369/4-day-work-week-2023/.

Case, Anne, and Angus Deaton. *Deaths of Despair and the Future of Capitalism*. Princeton, NJ: Princeton University Press, 2020.

Chernow, Ron. *Alexander Hamilton*. New York, Penguin, 2005.

Ciulla, Joanne B. *The Working Life: The Promise and Betrayal of Modern Work*. New York: Currency, 2001.

Dickler, Jessica. "41% of Americans Say It's 'Going to Take a Miracle' to Be Ready for Retirement, Report Finds." *CNBC*, September 14, 2021. https://www.cnbc.com/2021/09/14/36percent-of-americans-say-they-wont-have-enough-to-retire-report-finds.html.

Dua, André, Kweilin Ellingrud, Phil Kirschner, Adrian Kwok, Ryan Luby, Rob Palter, and Sarah Pemberton. "Americans Are Embracing Flexible Work—and They Want More of It." McKinsey & Company, July 23, 2022. https://www.mckinsey.com/industries/real-estate/our-insights/americans-are-embracing-flexible-work-and-they-want-more-of-it.

Dyer, Geoff. *The Last Days of Roger Federer and Other Endings*. New York: Farrar, Straus and Giroux, 2022.

Ehrenreich, Barbara. *Nickel and Dimed: On (Not) Getting By in America*. London: Picador, 2011.

Fein, Esther B. "Book Notes," *New York Times*, November 20, 1991. https://www.nytimes.com/1991/11/20/books/book-notes-059091.html.

Griffith, Erin. "Why Are Young People Pretending to Love Work?" *New York Times*, January 26, 2019. https://www.nytimes.com/2019/01/26/business/against-hustle-culture-rise-and-grind-tgim.html.

Hautala, Laura. "Amazon Deaths Under Investigation as Warehouse Conditions Draw Scrutiny." *CNET*, September 2, 2022. https://www.cnet.com/tech/services-and-software/amazon-under-investigation-for-string-of-warehouse-deaths-as-scrutiny-grows/.

参考资料

Hunnicutt, Benjamin Kline. *Kellogg's Six-Hour Day*. Philadelphia: Temple University Press, 1996.
International Labour Organization. "Statistics on Working Time." Accessed July 13, 2023. https://ilostat.ilo.org/topics/working-time/.
Jamieson, Dave. "The Life and Death of an Amazon Warehouse Temp." HuffPost, October 17, 2018. https://highline.huffingtonpost.com/articles/en/life-and-death-amazon-temp/.
Kirn, Walter. *Up in the Air*. New York, Anchor, 2002.
Konnikova, Maria. "Snoozers Are, in Fact, Losers." *New Yorker*, December 10, 2013. https://www.newyorker.com/tech/annals-of-technology/snoozers-are-in-fact-losers.
Kurutz, Steven. "How to Retire in Your 30s With $1 Million in the Bank." *New York Times*, September 1, 2018. https://www.nytimes.com/2018/09/01/style/fire-financial-independence-retire-early.html.
Lepore, Jill. "What's Wrong with the Way We Work." *New Yorker*, January 11, 2021. https://www.newyorker.com/magazine/2021/01/18/whats-wrong-with-the-way-we-work.
Leroy, Sophie. "Why Is It So Hard to Do My Work? The Challenge of Attention Residue When Switching Between Work Tasks." *Organizational Behavior and Human Decision Processes* 109, no. 2 (2009): 168–181. https://doi.org/10.1016/j.obhdp.2009.04.002.
Malesic, Jonathan. *The End of Burnout: Why Work Drains Us and How to Build Better Lives*. Berkeley: University of California Press, 2022.
Miranda, Lin Manuel. *Hamilton: An American Musical*. Atlantic Records, 2015, MP3.
Mr. Money Mustache. "Start Here." Accessed July 13, 2023. https://www.mrmoneymustache.com/.
Murillo, Ana Lucia. "It's Confirmed: The Workweek Is Indeed Longer Now That You're WFH." *Money*, September 20, 2021. https://money.com/work-from-home-longer-hours/.
Ng, Thomas W. H., Kelly L. Sorensen, and Daniel C. Feldman. "Dimensions, Antecedents, and Consequences of Workaholism: A Conceptual Integration and Extension." *Journal of Organizational Behavior* 28, no. 1 (2007): 111–136. https://doi.org/10.1002/job.424.
Northcote, James. *One Hundred Fables: Original and Selected*. London: J. & D.A. Darling, 1850.
Nozick, Robert. *The Examined Life: Philosophical Meditations*. New York: Simon & Schuster, 1990.
Nussbaum, Martha C., and Saul Levmore. *Aging Thoughtfully: Conversations About Retirement, Romance, Wrinkles, and Regret*. Oxford, UK: Oxford University Press, 2017. https://global.oup.com/academic/product/aging-thoughtfully-9780190600235?cc=us&lang=en&.
Obama, Michelle. *Becoming*. New York: Crown, 2018.

Pandey, Erica. "Axios-Ipsos Poll: Retirement Out of Reach." Axios, July 20, 2023. https://www.axios.com/2023/07/20/retirement-savings-planning.

Pantic, Nina. "The Top Players Who Won Slams After Having Children." Tennis, April 20, 2017. https://www.tennis.com/baseline/articles/the-top-players-who-won-slams-after-having-children.

Pastuovic, Michael. "The NFL Running Back Age Cliff." Northwestern Sports Analytics Group, December 29, 2020. https://sites.northwestern.edu/nusportsanalytics/2020/12/29/the-nfl-running-back-age-cliff/.

Reddit. "f/financialindependence." Reddit thread. Accessed July 13, 2023. https://www.reddit.com/r/financialindependence/.

Robin, Vicki, and Joe Dominguez. *Your Money or Your Life: 9 Steps to Transforming Your Relationship with Money and Achieving Financial Independence.* New York: Penguin Books, 2018.

Rosario, Isabella. "When the 'Hustle' Isn't Enough." NPR, April 3, 2020. https://www.npr.org/sections/codeswitch/2020/04/03/826015780/when-the-hustle-isnt-enough.

Sainato, Michael. "'Lack of Respect': Outcry over Amazon Employee's Death on Warehouse Floor." *Guardian* (Manchester, UK), January 9, 2023. https://www.theguardian.com/technology/2023/jan/09/amazon-employee-death-warehouse-floor-colorado.

Schabram, Kira, Matt Bloom, and D. J. Didonna. "Recover, Explore, Practice: The Transformative Potential of Sabbaticals." Academy of Management Discoveries, November 4, 2022. https://doi.org/10.5465/amd.2021.0100.

Schor, Juliet B. *The Overworked American: The Unexpected Decline of Leisure.* New York: Basic Books, 1993.

Schor, Juliet B., Wen Fan, Orla Kelly, Guolin Gu, Tatiana Bezdenezhnykh, and Niamh Bridson-Hubbard. *The Four Day Week: Assessing Global Trials of Reduced Work Time with No Reduction in Pay.* Auckland, New Zealand: Four Day Week Global, 2022.

Shakespeare, William. *As You Like It.* In *The Complete Works of William Shakespeare.* Project Gutenberg, release date 1994. https://www.gutenberg.org/cache/epub/100/pg100-images.html#chap04.

Shamai, Orit, Itzhak Harpaz, and Raphael Snir. "Towards Advancing Well-Being in Organizations: An Examination of Happiness Underlying Overwork." *Academy of Management Proceedings* 2018, no. 1 (2018): 14443. https://doi.org/10.5465/AMBPP.2018.14443abstract.

Sheehy, Gail. *New Passages: Mapping Your Life Across Time.* New York: Ballantine Books, 1996.

———. *Passages: Predictable Crises of Adult Life.* New York: Bantam, 1977.

Shell, Ellen Ruppel. *The Job: Work and Its Future in a Time of Radical Change.* New York, Penguin, 2018.

Slaughter, Anne-Marie. "Why Women Still Can't Have It All." *Atlantic*, July–August 2012. Accessed July 27, 2023. https://www.theatlantic.com/magazine/archive/2012/07/why-women-still-cant-have-it-all/309020/.

Sonday, Laura. "Examining the Economic Tether and the Meaning of Work." PhD diss., University of Michigan, 2021. https://dx.doi.org/10.7302/3048.

Taylor, Margaret. "The Perfect Number of Hours to Work Every Day? Five." Wired UK, June 15, 2021. https://www.wired.co.uk/article/working-day-time-five-hours.

US Bureau of Labor Statistics. "Labor Force Statistics from the Current Population Survey." Accessed September 22, 2023. https://www.bls.gov/cps/cpsaat36.htm.

US Census Bureau. "National Poverty in America Awareness Month: January 2023." Press release, January 2023. https://www.census.gov/newsroom/stories/poverty-awareness-month.html.

Wilson, Timothy D., and Daniel T. Gilbert. "Affective Forecasting." *Advances in Experimental Social Psychology* 35 (2003): 345–411. https://doi.org/10.1016/S0065-2601(03)01006-2.

Ziebelman, Alexis. "Peaking at 16: The Reality of Female Gymnasts." *Daily Pennsylvanian*, March 13, 2013. http://www.thedp.com/article/2013/03/peaking-at-16-the-reality-of-female-gymnasts.

## 第四章　为爱，还是为钱？

ABC News. "A Sweet Solution to the Sticky Wage Disparity Problem." August 10, 2013. https://abcnews.go.com/Business/companies-follow-ben-jerrys-lead-wages/story?id=19920634.

Anderson, Elizabeth. *Private Government: How Employers Rule Our Lives (and Why We Don't Talk About It)*. Princeton, NJ: Princeton University Press, 2017.

Andresky Fraser, Jill. *White Collar Sweatshop: The Deterioration of Work and Its Rewards in Corporate America*. New York: W. W. Norton, 2001.

Aragão, Carolina. "Gender Pay Gap in U.S. Hasn't Changed Much in Two Decades." Pew Research Center, March 1, 2023. https://www.pewresearch.org/short-reads/2023/03/01/gender-pay-gap-facts/.

Baker, Michael, Yosh Halberstam, Kory Kroft, Alexandre Mas, and Derek Messacar. "Pay Transparency and the Gender Gap." *American Economic Journal: Applied Economics* 15, no. 2 (2023): 157–183.

Batuman, Elif. *Either/Or*. New York: Penguin, 2022.

Berkeley, George. *A Treatise Concerning Principles of Human Knowledge*. Indianapolis, IN: Hackett, 1982.

Bhattacharjee, Yudhijit. "Women Say Stopping Tenure Clock Isn't Enough." *Science*, December 17, 2004. https://www.science.org/content/article/women-say-stopping-tenure-clock-isnt-enough.

Blau, Francine D., and Lawrence M. Khan. "The Gender Wage Gap: Extent, Trends, and Explanations." *Journal of Economic Literature* 55, no. 3 (2017): 789–865.

Bloomberg. "Bloomberg Billionaires Index." Accessed September 22, 2023. https://www.bloomberg.com/billionaires/.

Davis, Pamela B., Emma A. Meagher, Claire Pomeroy, William L. Lowe Jr., Arthur H. Rubenstein, Joy Y. Wu, Anne B. Curtis, and Rebecca D. Jackson. "Pandemic-Related Barriers to the Success of Women in Research: A Framework for Action." *Nature Medicine* 28 (2002): 436–438. https://doi.org/10.1038/s41591-022-01692-8.

Diener, Ed, and Robert Biswas-Diener. "Will Money Increase Subjective Well-Being?" *Social Indicators Research* 57 (2002): 119–169.

Edmonds, Charlotte. "Here's How Much Money the Average NFL Player Makes in 2002." NBC Sports Philadelphia, July 29, 2002. https://www.nbcsportsphiladelphia.com/nfl/philadelphia-eagles/heres-how-much-money-the-average-nfl-player-makes-in-2022/250699/.

Frank, Robert H., and Philip J. Cook. *The Winner-Take-All Society: Why the Few at the Top Get So Much More Than the Rest of Us.* New York: Penguin, 1996.

Fry, Richard. "Some Gender Disparities Widened in the U.S. Workforce During the Pandemic." Pew Research Center, January 14, 2022. https://www.pewresearch.org/short-reads/2022/01/14/some-gender-disparities-widened-in-the-u-s-workforce-during-the-pandemic/.

Fry, Richard, Brian Kennedy, and Cary Funk. "STEM Jobs See Uneven Progress in Increasing Gender, Racial and Ethnic Diversity." Pew Research Center, April 1, 2021. https://www.pewresearch.org/science/2021/04/01/stem-jobs-see-uneven-progress-in-increasing-gender-racial-and-ethnic-diversity/.

Heidary, Fatemeh, Abolfazl Rahimi, and Reza Gharebaghi. "Poverty as a Risk Factor in Human Cancers." *Iranian Journal of Public Health* 42, no. 3 (2013): 341–343.

Jost, John T., Sally Blount, Jeffrey Pfeffer, and Geörgy Hunyady. "Fair Market Ideology: Its Cognitive-Motivational Underpinnings." *Research in Organizational Behavior* 25 (2003): 53–91. https://doi.org/10.1016/S0191-3085(03)25002-4.

Kahneman, Daniel, and Angus Deaton. "High Income Improves Evaluation of Life but Not Emotional Well-Being." *Proceedings of the National Academy of Sciences* 107, no. 38 (2010): 16489–16493. https://doi.org/10.1073/pnas.1011492107.

Killingsworth, Matthew A. "Experienced Well-Being Rises with Income, Even Above $75,000 per Year." *Proceedings of the National Academy of Sciences* 118, no. 4 (2021): e2016976118. https://doi.org/10.1073/pnas.2016976118.

Killingsworth, Matthew A., Daniel Kahneman, and Barbara Mellers. "Income and Emotional Well-Being: A Conflict Resolved." *Proceedings of the National Academy of Sciences* 120, no. 10 (2023): e2208661120. https://doi.org/10.1073/pnas.2208661120.

Latu, Ioana M., Marianne Schmid Mast, Joris Lammers, and Dario Bombari. "Successful Female Leaders Empower Women's Behavior in Leadership Tasks."

*Journal of Experimental Social Psychology* 49, no. 3 (2013): 444–448. https://doi.org/10.1016/j.jesp.2013.01.003.

Leete, Laura. "Wage Equity and Employee Motivation in Nonprofit and For-Profit Organizations." *Journal of Economic Behavior & Organization* 43, no. 4 (2000): 423–446. https://doi.org/10.1016/S0167-2681(00)00129-3.

Madgavkar, Anu, Olivia White, Mekala Krishnan, Deepa Mahajan, and Xavier Azcue. "COVID-19 and Gender Equality: Countering the Regressive Effects." McKinsey Global Institute, July 15, 2020. https://www.mckinsey.com/featured-insights/future-of-work/covid-19-and-gender-equality-countering-the-regressive-effects.

Marcal, Katrine. "Paid or Not, Women Have Always Contributed to the Wealth of Nations." *Guardian* (Manchester, UK), October 11, 2015. https://www.theguardian.com/commentisfree/2015/oct/11/women-have-always-contributed-to-wealth-of-nations.

Maupassant, Guy de. "The Necklace." In *Fiction 100: An Anthology of Short Stories*, 4th ed., edited by James H. Pickering. New York: Macmillan, 1985.

Michaelson, Christopher. "Literature and the Canonical Values of Capitalism." In *Aesthetics and Business Ethics*, edited by Daryl Koehn and Dawn Elm, 37–50. Dordrecht, Netherlands: Springer, 2014.

———. "Values and Capitalism." In *Normative Theory and Business Ethics*, edited by Jeffery Smith, 195–208. Lanham, MD: Rowman & Littlefield, 2009.

Miller, Claire Cain. "Stay-at-Home Parents Work Hard. Should They Be Paid?" *New York Times*, October 3, 2019. https://www.nytimes.com/2019/10/03/upshot/paying-for-parenting.html.

Murugananthan, Arunachalam. "India's Pad Man." *Undertold Stories*, April 18, 2017. https://www.undertoldstories.org/2017/04/18/breaking-the-taboo-how-one-man-is-trying-to-make-sanitary-pads-affordable-for-women-in-india/.

Nussbaum, Martha C. *Creating Capabilities: The Human Development Approach*. Cambridge, MA: Belknap Press, 2013.

PayScale. "The Most and Least Meaningful Jobs." Accessed September 22, 2023. https://www.payscale.com/data-packages/most-and-least-meaningful-jobs/most-meaningful-jobs.

Pruitt-Young, Sharon. "A Banksy Piece Was Shredded at Auction in 2018. Now, It May Sell for Millions More." NPR, September 7, 2021. https://www.npr.org/2021/09/07/1034962331/banksy-shredder-girl-with-balloon-love-is-in-the-bin-auction-sothebys.

PwC. "Championing Gender Equity." Accessed September 22, 2023. https://www.pwc.com/gx/en/about/diversity/gender-equity.html.

———. "Understanding a Financial Statement Audit." May 2017.

Rainey, Clint. "The Age of 'Greedflation' Is Here: See How Obscene CEO-to-Worker Pay Ratios Are Right Now." *Fast Company*, July 18, 2022. https://www.fastcompany.com/90770163/the-age-of-greedflation-is-here-see-how-obscene-ceo-to-worker-pay-ratios-are-right-now.

Ryan, Richard M., and Edward L. Deci. "On Happiness and Human Potentials: A Review of Research on Hedonic and Eudaimonic Well-Being." *Annual Review of Psychology* 52, no. 1 (2001): 141–166. https://doi.org/10.1146/annurev.psych.52.1.141.

Salles, Arghavan. "COVID Has Worsened Gender Disparities, Especially for Women of Color. Here's What We Can Do Now to Turn the Tide." The Clayman Institute for Gender Research, Stanford University, January 21, 2021. https://gender.stanford.edu/news/covid-has-worsened-gender-disparities-especially-women-color-heres-what-we-can-do-now-turn.

Schneider, Michael, and Joe Otterson. "TV's $1 Million Salary Club: Kevin Costner, Sylvester Stallone, Mahershala Ali and More See Huge Paydays." *Variety*, 2002. https://variety.com/2022/tv/features/tv-salaries-kevin-costner-sylveter-stallone-millions-1235320075/.

Smith, Adam. *An Inquiry into the Nature and Causes of the Wealth of Nations*. New York: Bantam Dell, 2003.

Tiberius, Valerie. *The Reflective Life: Living Wisely with Our Limits*. Oxford, UK: Oxford University Press, 2010.

UN Women. "UN Women Reveals Concerning Regression in Attitudes Towards Gender Roles During Pandemic in New Study." June 22, 2022. https://www.unwomen.org/en/news-stories/press-release/2022/06/un-women-reveals-concerning-regression-in-attitudes-towards-gender-roles-during-pandemic-in-new-study.

Yunus, Muhammad. *Banker to the Poor: Micro-Lending and the Battle Against World Poverty*. New York: PublicAffairs, 2008.

Zelizer, Viviana. *Pricing the Priceless Child: The Changing Social Value of Children*. Princeton, NJ: Princeton University Press, 1994.

## 第五章　热爱工作就够了吗？

Antique Sound Workshop. "Music-Making in America: Recent Gallup Poll Contradicts Conventional Wisdom." Accessed September 23, 2023. https://aswltd.com/gallup.htm.

BBC News. "Was Steve Jobs' Genius Also a Fatal Flaw?" March 8, 2012. https://www.bbc.com/news/technology-16157142.

Berg, Justin M., Adam M. Grant, and Victoria Johnson. "When Callings Are Calling: Crafting Work and Leisure in Pursuit of Unanswered Occupational Callings." *Organization Science* 21, no. 5 (2010): 973–994. https://doi.org/10.1287/orsc.1090.0497.

Bloom, Matt, Amy E. Colbert, and Jordan D. Nielsen. "Stories of Calling: How Called Professionals Construct Narrative Identities." *Administrative Science Quarterly* 66, no. 2 (2021): 298–338. https://doi.org/10.1177/0001839220949502.

Bunderson, J. Stuart, and Jeffrey A. Thompson. "The Call of the Wild: Zookeepers, Callings, and the Double-Edged Sword of Deeply Meaningful Work." *Administrative Science Quarterly 54, no. 1 (2009): 32–57. https://doi.org/10.2189/asqu.2009.54.1.32.

Cech, Erin A. *The Trouble with Passion: How Searching for Fulfillment at Work Fosters Inequality.* Berkeley: University of California Press, 2021.

Chan, Kelvin. "Google Axes 12,000 Jobs as Layoffs Spread Across Tech Sector." Associated Press, January 20, 2023. https://apnews.com/article/technology-business-sundar-pichai-covid-pandemics-c85c45231712709582b1d3fe46be5ffe.

Cheryan, Sapna, and Therese Anne Mortejo. "The Most Common Graduation Advice Tends to Backfire." *New York Times*, May 22, 2023. https://www.nytimes.com/2023/05/22/opinion/stem-women-gender-disparity.html.

Cho, Yuna, and Winnie Y. Jiang. "How Work Orientation Impacts Objective Career Outcomes via Managerial (Mis)perceptions." *Academy of Management Journal* 65, no. 4 (2022): 1353–1382. https://doi.org/10.5465/amj.2020.0841.

Clinton, Michael E., Neil Conway, and Jane Sturges. "'It's Tough Hanging-Up a Call': The Relationships Between Calling and Work Hours, Psychological Detachment, Sleep Quality, and Morning Vigor." *Journal of Occupational Health Psychology* 22, no. 1 (2017): 28–39. https://doi.org/10.1037/ocp0000025.

Didion, Joan. *The Year of Magical Thinking.* New York: Alfred A. Knopf, 2005.

Dobrow, Shoshana R., and Daniel Heller. "Follow Your Heart or Your Head? A Longitudinal Study of the Facilitating Role of Calling and Ability in the Pursuit of a Challenging Career." *Journal of Applied Psychology* 100, no. 3 (2015): 695–712. https://doi.org/10.1037/a0038011.

Dobrow, Shoshana R., Hannah Weisman, Daniel Heller, and Jennifer Tosti-Kharas. "Calling and the Good Life: A Meta-Analysis and Theoretical Extension. *Administrative Science Quarterly* 68, no. 2 (2023): 508–550. https://doi.org/10.1177/00018392231159641.

———. "Calling Attention to 20 Years of Research: A Comprehensive Meta-Analysis of Calling." *Academy of Management Proceedings* 2019, no. 1 (2019). https://doi.org/10.5465/AMBPP.2019.199.

Dobrow, Shoshana R., and Jennifer Tosti-Kharas. "Calling: The Development of a Scale Measure." *Personnel Psychology* 64, no. 4 (2011): 1001–1049. https://doi.org/10.1111/j.1744-6570.2011.01234.x.

———. "Listen to Your Heart? Calling and Receptivity to Career Advice." *Journal of Career Assessment* 20, no. 3 (2012): 264–280. https://doi.org/10.1177/1069072711434412.

Finney, Martha, and Deborah Dasch. *Find Your Calling, Love Your Life: Paths to Your Truest Self in Life and Work.* New York: Simon & Schuster, 1998.

Foderaro, Lisa W. "City Cracking Down on Performers in Washington Square Park." *New York Times*, December 4, 2011. https://www.nytimes.com/2011/12/05/nyregion/city-cracks-down-on-washington-square-park-performers.html.

Fuller, Joseph, and William Kerr. "The Great Resignation Didn't Start with the Pandemic." *Harvard Business Review*, March 23, 2022. https://hbr.org/2022/03/the-great-resignation-didnt-start-with-the-pandemic.

Gerken, Tom. "Meta Lay-Offs: Facebook Owner to Cut 10,000 Staff." BBC News, March 14, 2023. https://www.bbc.com/news/technology-64954124.

Goldwater, Robert. *Gauguin*. New York: Harry N. Abrams, 2004.

Google Books Ngram Viewer. "Find your calling." Google search, accessed September 22, 2023. https://books.google.com/ngrams/graph?content=find+your+calling&year_start=1800&year_end=2019&corpus=en-2019&smoothing=3.

Isay, David. *Callings: The Purpose and Passion of Work*. New York: Penguin Books, 2017.

Jaffe, Sarah. *Work Won't Love You Back: How Devotion to Our Jobs Keeps Us Exploited, Exhausted, and Alone*. New York: Bold Type Books, 2021.

Jobs, Steve. "You've Got to Find What You Love." Transcript of speech delivered at Stanford University, June 12, 2005. https://news.stanford.edu/2005/06/12/youve-got-find-love-jobs-says/.

Kurutz, Steven. "The Real Piano Man." *New York Times*. August 30, 2008. https://www.nytimes.com/2008/08/31/nyregion/thecity/31pian.html.

Maugham, W. Somerset. *The Moon and Sixpence*. London: William Heinemann, 1919.

Michaelson, Christopher. "The Importance of Meaningful Work." *MIT Sloan Management Review* 51, no. 2 (2010): 12–13.

Monster.com. "Your Calling Is Calling." YouTube video, 1 min., August 12, 2008. Posted by Bestadvertising Channel. https://youtu.be/Xam7Dws_UfU?si=Yw32Q2gRibJuUwBg.

Nellie Bowles. "In 'Small Fry,' Steve Jobs Comes Across as a Jerk. His Daughter Forgives Him. Should We?" *New York Times*, August 23, 2018. https://www.nytimes.com/2018/08/23/books/steve-jobs-lisa-brennan-jobs-small-fry.html.

Nooyi, Indra. "Farewell Letter to PepsiCo Associates." Electronic letter, October 2, 2018. https://www.indranooyi.com/farewell-letter-to-pepsico-associates.

Obadaru, Otilia. "Forgone, but Not Forgotten: Toward a Theory of Forgone Professional Identities." *Academy of Management Journal* 60, no. 2 (2017): 523–553. https://doi.org/10.5465/amj.2013.0432.

Proust, Marcel. *In Search of Lost Time*. Translated by C. K. Scott Moncrieff and Terence Kilmartin. Revised by D. J. Enright. New York: Modern Library, 1992.

Robb, Alice. "If Your Name Is Dennis, You're More Likely to Become a Dentist." *New Republic*, January 8, 2014. https://newrepublic.com/article/116140/psychologists-say-our-names-affect-what-careers-we-choose.

Sinetar, Marsha. *Do What You Love, the Money Will Follow: Discovering Your Right Livelihood*. New York: Dell, 1987.

Siy, John Oliver, Adriana L. Germano, Laura Vianna, Jovani Azpeitia, Shaoxiong Yan, Amanda K. Montoya, and Sapna Cheryan. "Does the Follow-Your-Passions Ideology Cause Greater Academic and Occupational Gender Disparities Than Other Cultural Ideologies?" *Journal of Personality and Social Psychology* 125, no. 3 (2023): 548–570. https://doi.org/10.1037/pspi0000421.

Slote, Michael. "Admirable Immorality." In *Goods and Virtues*, 77–107. Oxford, UK: Clarendon Press, 1989.

Spangler, Todd. "Elon Musk Plans to Lay Off Nearly 75% of Twitter Employees, or 5,500 Staffers." *Variety*, October 20, 2022. https://variety.com/2022/digital/news/elon-musk-twitter-layoffs-75-percent-1235410335/.

Terkel, Studs. *Working: What People Do All Day and How They Feel About What They Do*. New York: Pantheon Books, 1974.

Thompson, Jeffery A., and J. Stuart Bunderson. "Research on Work as a Calling . . . and How to Make It Matter." *Annual Review of Organizational Psychology and Organizational Behavior* 6 (2019): 421–443. https://doi.org/10.1146/annurev-orgpsych-012218-015140.

Tokumitsu, Miya. *Do What You Love: And Other Lies About Success and Happiness*. New York: Regan Arts, 2015.

Tosti-Kharas, Jennifer, and Dobrow, Shoshana R. "When the Stars Align: Career and Life Consequences of Calling." *Academy of Management Proceedings* 2021 (1). Proceedings of the 81st Annual Meeting of the Academy of Management, Boston, August 2021. https://doi.org/10.5465/AMBPP.2021.230.

Tosti-Kharas, Jennifer, Shoshana R. Dobrow, and Hannah Weisman. "Amateur vs Professional Pursuit: The Impact of Pursuing a Calling (Un)Professionally." Paper presented at "What's New on Calling: Multi-Method Insights on Its Predictors and Outcomes," symposium by Anna Dallas Rosa, Michelangelo Vianello, and Evgenia Lysova. *Academy of Management Proceedings* 2023 (1). Proceedings of the 83rd Annual Meeting of the Academy of Management, Boston, August 2023. https://doi.org/10.5465/AMPROC.2023.11774symposium.

Vadukul, Alex. "It's a Tough Time to Be a Street Musician with a 900-Pound Piano." *New York Times*, July 16, 2020. https://www.nytimes.com/2020/07/16/nyregion/coronavirus-pianist-washington-square-nyc.html.

Van Dam, Andrew. "Why Are These Groups So Much More Likely to Wear Glasses Than Any Others?" *Washington Post*, May 5, 2023. https://www.washingtonpost.com/business/2023/05/05/glasses-eyes-use-rising/.

Vargas Llosa, Mario. *The Way to Paradise*. Translated by Natasha Wimmer. London: Faber & Faber, 2004.

Voss, Zannie Giraud, Glenn B. Voss, and Karen Yair, with Kristen Lega. "Orchestra Facts: 2006–2014: A Study of Orchestra Finances and Operations." League of American Orchestras, 2016. https://www.arts.gov/sites/default/files/Research-Art-Works-League.pdf.

Williams, Bernard. "Moral Luck." In *Moral Luck: Philosophical Papers 1973–1980*, 20–39. Cambridge: Cambridge University Press, 1981. https://doi.org/10.1017/CBO9781139165860.

Woodie, Maria. "Is This Gauguin Painting Really the Most Expensive in the World?" Artists Network, July 18, 2017. https://www.artistsnetwork.com/art-history/paul-gauguin-painting-lawsuit/.

Wrzesniewski, Amy, and Jane E. Dutton. "Crafting a Job: Revisioning Employees as Active Crafters of Their Work." *Academy of Management Review* 26, no. 2 (2001): 179–201. https://doi.org/10.5465/amr.2001.4378011.

Zhang, Fangfang, and Sharon K. Parker. "Reorienting Job Crafting Research: A Hierarchical Structure of Job Crafting Concepts and Integrative Review." *Journal of Organizational Behavior* 40, no. 2 (2019): 126–146. https://doi.org/10.1002/job.2332.

## 第六章　什么工作是社会不可或缺的？

Ashforth, Blake E., and Glen E. Kreiner. "'How Can You Do It?': Dirty Work and the Challenge of Constructing a Positive Identity." *Academy of Management Review* 24, no. 3 (1999): 413–434.

BBC News. "Twitter Ends Covid Misinformation Policy Under Musk." November 20, 2022. https://www.bbc.com/news/technology-63796832.

Brooks, David. *The Road to Character*. New York: Random House, 2016.

Business Roundtable. "Business Roundtable Redefines the Purpose of a Corporation to Promote 'An Economy That Serves All Americans'." August 19, 2019. https://www.businessroundtable.org/business-roundtable-redefines-the-purpose-of-a-corporation-to-promote-an-economy-that-serves-all-americans.

Cantor Fitzgerald, L. P. "Submission of Cantor Fitzgerald, L.P., eSpeed, Inc., and Tradespark L.P. to the Special Master of the September 11 Victim Compensation Fund of 2001 and to the Department of Justice." September 12, 2002.

Care, Norman S. "Career Choice." *Ethics* 94, no. 2 (1984): 283–302.

Centers for Disease Control and Prevention. "CDC Museum COVID-19 Timeline." Accessed September 24, 2023. https://www.cdc.gov/museum/timeline/covid19.html.

Ciulla, Joanne B. *The Working Life: The Promise and Betrayal of Modern Work*. New York: Currency, 2001.

Dechter, Aimée R., and Glen H. Elder Jr. "World War II Mobilization in Men's Work Lives: Continuity or Disruption for the Middle Class?" *American Journal of Sociology* 110, no. 3 (2004): 761–793.

Echikson, Julia, and Patricia Mazzei. "No Trading Floor? No Problem. A Financial Firm Quarantines at the Four Seasons." *New York Times*, April 7, 2020. https://www.nytimes.com/2020/04/07/us/coronavirus-citadel-securities-four-seasons-florida.html.

Feinberg, Kenneth R. *What Is Life Worth? The Unprecedented Effort to Compensate the Victims of 9/11*. New York: PublicAffairs, 2005.

Feinberg, Kenneth R., Camille S. Biros, Jordana Harris Feldman, Deborah E. Greenspan, and Jacqueline E. Zins. "Final Report of the Special Master for the September 11th Victim Compensation Fund of 2001. Vol. 1." US Department of Justice, 2004. https://www.ojp.gov/pdffiles1/Archive/208388NCJRS.pdf.

Fernandez, Manny, and David Montgomery. "Businesses Chafing Under Covid-19 Lockdowns Turn to Armed Defiance." *New York Times*, May 13, 2020. https://www.nytimes.com/2020/05/13/us/coronavirus-businesses-lockdown-guns.html.

Forbes Staff. "Forbes Releases 37th Annual Forbes 200 Ranking of the Richest Americans." *Forbes*, October 3, 2018. https://www.forbes.com/sites/forbespr/2018/10/03/forbes-releases-37th-annual-forbes-400-ranking-of-the-richest-americans/?sh=1d7058c85cb1.

———. "The 400 Richest People in America." *Forbes*. Accessed September 24, 2023. https://www.forbes.com/forbes-400/.

Freeman, R. Edward. "The New Story of Business: Towards a More Responsible Capitalism." *Business and Society Review* 122, no. 3 (Fall 2017): 449–465. https://doi.org/10.1111/basr.12123.

Gallie, Walter Bryce. "Essentially Contested Concepts." *Proceedings of the Aristotelian Society* 56 (1955–1956): 167–198.

Gates, Bill. "About Bill." GatesNotes, the Blog of Bill Gates. Accessed September 24, 2023. https://www.gatesnotes.com/Bio.

Grant, Adam. *Give and Take: Why Helping Others Drives Our Success*. New York: Penguin, 2014.

———. "How Customers Can Rally Your Troops." *Harvard Business Review* 89, no. 6 (2011): 96.

Grant, Adam M., and Justin M. Berg. "Prosocial Motivation at Work: When, Why, and How Making a Difference Makes a Difference." In *The Oxford Handbook of Positive Organizational Scholarship*, edited by Kim Cameron and Gretchen Spreitzer, 28–44. Oxford, UK: Oxford University Press, 2012.

Hamilton, Gabrielle. "My Restaurant Was My Life for 20 Years. Does the World Need It Anymore?" *New York Times Magazine*, April 23, 2020. https://www.nytimes.com/2020/04/23/magazine/closing-prune-restaurant-covid.html.

Hernandez, Daisy, and Manasee Wagh. "These 19 Items Are in Short Supply Due to COVID-Related Supply Chain Issues." *Popular Mechanics*, September 23, 2022. https://www.popularmechanics.com/culture/g38674719/covid-shortages/.

Hiltzik, Michael. "Column: The Bezos-Branson-Musk Space Race Is a Huge Waste of Money and Scientifically Useless." *Los Angeles Times*, July 6, 2021. https://www.latimes.com/business/story/2021-07-06/jeff-bezos-richard-branson-elon-musk-space-race.

Hobbes, Thomas. *Leviathan*. London: Routledge, 1894.

Huggett, Thomas D., Elizabeth L. Tung, Megan Cunningham, Isaac Ghinai, Heather L. Duncan, Maura E. McCauley, and Wayne M. Detmer. "Assessment of a Hotel-Based Protective Housing Program for Incidence of SARS-CoV-2 Infection and Management of Chronic Illness Among Persons Experiencing Homelessness." *JAMA Network Open* 4, no. 12 (2021): e2138464-e2138464. doi:10.1001/jamanetworkopen.2021.38464.

Kim, Marina. "Rethinking the Impact Spectrum." Ashoka, May 8, 2015. https://www
.ashoka.org/en-us/story/rethinking-impact-spectrum.

Knibbs, Kate. "As Toilet Paper Flies off Shelves, Bidet Sales Go Boom-Boom."
*Wired*, March 17, 2020. https://www.wired.com/story/toilet-paper-shortage
-bidet-sales-boom/.

Kulish, Nicholas. "FTX's Collapse Casts a Pall on a Philanthropy Movement." *New
York Times*, November 13, 2022. https://www.nytimes.com/2022/11/13
/business/ftx-effective-altruism.html.

———. "How a Scottish Moral Philosopher Got Elon Musk's Number." *New York
Times*, October 8, 2022. https://www.nytimes.com/2022/10/08/business
/effective-altruism-elon-musk.html.

Lewis, Michael. *Liar's Poker*. New York: W. W. Norton, 2010.

Michaelson, Christopher, and Jennifer Tosti-Kharas. "Serving Self or Serving
Others? Close Relations' Perspectives on Ethics and Calling." *Journal of Vocational Behavior* 114 (2019): 19–30. https://doi.org/10.1016/j.jvb.2019.02.005.

Neate, Rupert. "Super-Rich Buying Up 'Downton Abbey Estates' to Escape Pandemic." *Guardian* (Manchester, UK), November 14, 2020. https://www
.theguardian.com/news/2020/nov/14/super-rich-downton-abbey-estates
-england-country-coronavirus.

Nicas, Jack. "He Has 17,700 Bottles of Hand Sanitizer and Nowhere to Sell Them."
*New York Times*, March 14, 2020. https://www.nytimes.com/2020/03/14
/technology/coronavirus-purell-wipes-amazon-sellers.html.

Nicholas, Tom, and Vasiliki Fouka. "John D. Rockefeller: The Richest Man in
the World." Harvard Business School Case 815-008, December 2014, revised
March 2018.

Padilla, Alex. "Citizenship for Essential Workers Act." Congress.gov, March 15,
2021. https://www.congress.gov/bill/117th-congress/senate-bill/747.

Paine, Lynn Sharp. *Value Shift: Why Companies Must Merge Social and Financial Imperatives to Achieve Superior Performance*. New York: McGraw-Hill,
2004.

Playbill staff. "Broadway Goes Dark Amid Coronavirus Concerns." *Playbill*, March
12, 2020. https://playbill.com/article/broadway-goes-dark-amid-coronavirus
-concerns.

Porter, Michael E., and Mark R. Kramer. "Creating Shared Value." *Harvard Business Review* 89, no. 1/2 (2011): 62–77. https://hbr.org/2011/01/the-big-idea
-creating-shared-value.

Rand, Ayn. *Atlas Shrugged*. New York: Random House, 1957.

Rangan, Subramanian, ed. *Performance & Progress: Essays on Capitalism, Business, and Society*. Oxford, UK: Oxford University Press, 2015.

Schwab, Klaus, with Peter Vanham. *Stakeholder Capitalism: A Global Economy
That Works for Progress, People and Planet*. Hoboken, NJ: John Wiley, 2021.

Scott, MacKenzie. "Pledge Letter." *The Giving Pledge*, May 25, 2019. https://
givingpledge.org/pledger?pledgerId=393.

Shanafelt, Tait D., Colin P. West, Lotte N. Dyrbye, Mickey Trockel, Michael Tutty, Hanhan Wang, Lindsey E. Carlasare, and Christine Sinsky. "Changes in Burnout and Satisfaction with Work-Life Integration in Physicians During the First 2 Years of the COVID-19 Pandemic." *Mayo Clinic Proceedings* 97, no. 12 (2022): 2248–2258. https://doi.org/10.1016/j.mayocp.2022.09.002.

Siddiqui, Faiz. "How Elon Musk Knocked Tesla's 'Full Self-Driving' Off Course." *Washington Post*, March 29, 2023. https://www.washingtonpost.com/technology/2023/03/19/elon-musk-tesla-driving/.

Stanley, Alessandra. "After the Attacks: The Chairman; Wall Street's Driven Steward Presses for Business as Usual." *New York Times*, September 17, 2001. https://www.nytimes.com/2001/09/17/business/after-attacks-chairman-wall-street-s-driven-steward-presses-for-business-usual.html.

Swanson, Ana, and David Yaffe-Bellany. "Trump Declares Meat Supply 'Critical,' Aiming to Reopen Plants." *New York Times*, April 28, 2020. https://www.nytimes.com/2020/04/28/business/economy/coronavirus-trump-meat-food-supply.html.

Szalai, Jennifer. "How Sam Bankman-Fried Put Effective Altruism on the Defensive." *New York Times*, December 9, 2022. https://www.nytimes.com/2022/12/09/books/review/effective-altruism-sam-bankman-fried-crypto.html.

Thomas, Landon, Jr. "The Man Behind Grasso's Payday." *New York Times*, March 14, 2004. https://www.nytimes.com/2004/03/14/business/the-man-behind-grasso-s-payday.html.

Tolstoy, Leo. *War and Peace*. Translated by Ann Dunnigan. New York: Signet Classics, 1968.

US Department of Justice. "September 11th Victim Compensation Fund of 2001." Accessed September 24, 2023. https://www.justice.gov/archive/victimcompensation/payments_deceased.html.

Voytko, Lisette. "The Richest Women in America." *Forbes*, October 5, 2021. https://www.forbes.com/sites/lisettevoytko/2021/10/05/the-richest-women-in-america-2021-forbes-400/?sh=50444e5b1b23.

Warren, Elizabeth. "Elizabeth Warren and Ro Khanna Unveil Essential Workers Bill of Rights." Elizabeth Warren, Newsroom, Press Releases, April 13, 2020. https://www.warren.senate.gov/newsroom/press-releases/elizabeth-warren-and-ro-khanna-unveil-essential-workers-bill-of-rights.

Washburn, Gary. "How the NBA Created a COVID-Free Bubble and Made It the Safest Place on Earth." *Boston Globe*, November 2, 2020. https://www.bostonglobe.com/2020/11/02/sports/with-careful-planning-total-commitment-nba-constructed-safest-place-earth/?event=event12.

Wieczner, Jen. "The Case of the Missing Toilet Paper: How the Coronavirus Exposed U.S. Supply Chain Flaws." *Fortune*, May 18, 2020. https://fortune.com/2020/05/18/toilet-paper-sales-surge-shortage-coronavirus-pandemic-supply-chain-cpg-panic-buying/.

Will, Madeline. "Deemed 'Essential Workers,' Some Teachers Told to Skip Quarantine After COVID-19 Exposure." *EducationWeek*, August 21, 2020. https://

www.edweek.org/leadership/deemed-essential-workers-some-teachers-told-to-skip-quarantine-after-covid-19-exposure/2020/08.

Williams, Bernard. *Ethics and the Limits of Philosophy*. Cambridge, MA: Harvard University Press, 1985.

Wolfe, Tom. *The Bonfire of the Vanities*. London: Picador, 2008.

World Economic Forum. "Reading Leaders' Minds—Session Summary." World Economic Forum Annual Meeting, Davos-Klosters, Switzerland, January 27–31, 2010.

Young, Ryan. "Rudy Gobert Reflects on Last Season's COVID-19 Microphone Incident: 'I Was Trying to Liven the Mood'." Yahoo! Sports, December 24, 2020. https://sports.yahoo.com/utah-jazz-rudy-gobert-microphone-incident-coronavirus-covid19-pandemic-015904350.html?soc_src=social-sh&soc_trk=ma.

Zaveri, Mihir. "The WWE Is Now Considered an 'Essential Service' in Florida." *New York Times*, April 14, 2020. https://www.nytimes.com/2020/04/14/us/wwe-essential-business-florida-coronavirus.html.

## 第七章　你的工作有更高的追求吗？

Allison, Scott T., George R. Goethals, and Roderick M. Kramer, eds. "Introduction: Setting the Scene; The Rise and Coalescence of Heroism Science." In *Handbook of Heroism and Heroic Leadership*, 23–38. London: Routledge, 2016.

Berlin, Gretchen, Meredith Lapointe, Mhoire Murphy, and Joanna Wexler. "Assessing the Lingering Impact of COVID-19 on the Nursing Workforce." McKinsey & Company, May 11, 2022. https://www.mckinsey.com/industries/healthcare/our-insights/assessing-the-lingering-impact-of-covid-19-on-the-nursing-workforce.

Brower, Tracy. "New Data: The Most Respected Jobs and 5 Ways to Gain Respect No Matter What Your Work." *Forbes*, May 30, 2022. https://www.forbes.com/sites/tracybrower/2022/05/30/new-data-the-most-respected-jobs-and-5-ways-to-gain-respect-no-matter-what-your-work/?sh=627d46c441c1.

Camus, Albert. *The Myth of Sisyphus*. Translated by Justin O'Brien. New York: Vintage Books.

Cheng, Michelle. "Nearly Half of All College Students Are Now Considering Careers in Health or Science." *Quartz*, June 4, 2021. https://qz.com/2017005/the-pandemic-is-leading-students-to-consider-jobs-in-healthcare.

Chin, Frank, Jeffrey Paul Chan, Lawson Fusao Inada, and Shawn Wong. *Aiiieeeee!: An Anthology of Asian American Writers*. Washington, DC: Howard University Press, 1974.

DeSimone, Danielle. "Why 9/11 Inspired These Service Members to Join the Military." United Service Organizations, September 7, 2021. https://www.uso.org/stories/2849-why-9-11-inspired-these-patriots-to-join-the-military.

Duffy, Ryan D., Blake A. Allan, Elizabeth M. Bott, and Bryan J. Dik. "Does the Source of a Calling Matter? External Summons, Destiny, and Perfect Fit." *Journal of Career Assessment* 22, no. 4 (2014): 562–574.

Frankl, Viktor E. *Man's Search for Meaning.* New York: Pocket Books, 1985.

Freeman, R. Edward, Kirsten E. Martin, and Bidhan L. Parmar. *The Power of And: Responsible Business Without Trade-Offs.* New York: Columbia Business School Publishing, 2020.

French, Rachel, Linda H. Aiken, Kathleen E. Fitzpatrick Rosenbaum, and Karen B. Lasater. "Conditions of Nursing Practice in Hospitals and Nursing Homes Before COVID-19: Implications for Policy Action." *Journal of Nursing Regulation* 13, no. 1 (2022): 45–53. https://doi.org/10.1016/S2155-8256(22)00033-3.

Friedman, Milton. "A Friedman Doctrine: The Social Responsibility of Business Is to Increase Its Profits." *New York Times*, September 13, 1970. https://www.nytimes.com/1970/09/13/archives/a-friedman-doctrine-the-social-responsibility-of-business-is-to.html.

García, Héctor, and Francesc Miralles. *Ikigai: The Japanese Secret to a Long and Happy Life.* New York: Penguin Life, 2017.

Goleman, Daniel. "Millennials: The Purpose Generation." Korn Ferry. Accessed September 22, 2023. https://www.kornferry.com/insights/this-week-in-leadership/millennials-purpose-generation.

Hurst, Aaron. *The Purpose Economy: How Your Desire for Impact, Personal Growth and Community Is Changing the World.* 2nd ed. Boise, ID: Elevate, 2016.

McGurran, Brianna. "Average Salaries of College Graduates 2023." *Forbes Advisor.* Accessed September 22, 2023. https://www.forbes.com/advisor/student-loans/average-salary-college-graduates/.

Meminger, Dean. "How 9/11 Changed the Police and Fire Departments." NY1, September 9, 2021. https://ny1.com/nyc/all-boroughs/news/2021/09/09/how-9-11-changed-the-police-and-fire-departments.

Metz, Thaddeus. "The Meaningful and the Worthwhile: Clarifying the Relationships." *Philosophical Forum* 43, no. 4 (2012): 435–448. https://doi.org/10.1111/j.1467-9191.2012.00436.x.

Oelberger, Carrie R. "The Dark Side of Deeply Meaningful Work: Work-Relationship Turmoil and the Moderating Role of Occupational Value Homophily." *Journal of Management Studies* 56, no. 3 (2019): 558–588.

Parker, Kim, and Juliana Menasce Horowitz. "Majority of Workers Who Quit a Job in 2021 Cite Low Pay, No Opportunities for Advancement, Feeling Disrespected." Pew Research Center, March 9, 2022. https://www.pewresearch.org/short-reads/2022/03/09/majority-of-workers-who-quit-a-job-in-2021-cite-low-pay-no-opportunities-for-advancement-feeling-disrespected/.

Pat Tillman Foundation. "Pat's Story." Accessed September 22, 2023. https://pattillmanfoundation.org/the-foundation/pats-story/.

Peace Corps. "9/11 Drives Americans to Answer Peace Corps Call to Service." Press release, September 11, 2006. https://www.peacecorps.gov/news/library/911-drives-americans-to-answer-peace-corps-call-to-service/.

Pew Research Center. "Two Decades Later, the Enduring Legacy of 9/11." September 2, 2021. https://www.pewresearch.org/politics/2021/09/02/two-decades-later-the-enduring-legacy-of-9-11/.

Pfau, Bruce N. "How an Accounting Firm Convinced Its Employees They Could Change the World." *Harvard Business Review*, October 6, 2015. https://hbr.org/2015/10/how-an-accounting-firm-convinced-its-employees-they-could-change-the-world.

Pratt, Michael G., Douglas A. Lepisto, and Erik Dane. "The Hidden Side of Trust: Supporting and Sustaining Leaps of Faith Among Firefighters." *Administrative Science Quarterly* 64, no. 2 (2019): 398–434.

Saley, Chad. "Survey: Nearly Half of Physicians Changed Jobs During the Pandemic." CHG Healthcare, June 27, 2022. https://chghealthcare.com/blog/physicians-changed-jobs-survey/.

Sparks, Sarah D. "Student Interest in Health-Care Careers Takes Off During Pandemic." Education Week, March 2, 2021. https://www.edweek.org/teaching-learning/student-interest-in-health-care-careers-takes-off-during-pandemic/2021/03.

Terkel, Studs. *Working: What People Do All Day and How They Feel About What They Do*. New York: Pantheon Books, 1974.

Warren, Rick. *The Purpose Driven Life: What on Earth Am I Here For?* Grand Rapids, MI: Zondervan, 2013.

Weiss, Matthew J., dir. *Man in Red Bandana*. Fort Myers, FL: Rodriguez Productions, 2017. https://www.maninredbandana.com/.

Wolf, Susan. *Meaning in Life and Why It Matters*. Princeton, NJ: Princeton University Press, 2010.

Wong, Shawn. *American Knees*. Seattle: University of Washington Press, 2005.

———. *Homebase: A Novel*. Seattle: University of Washington Press, 2008.

Wood, Johnny. "10 Most Respected Professions in the World." World Economic Forum, January 15, 2019. https://www.weforum.org/agenda/2019/01/most-respected-professions-in-the-world/.

## 第八章　不工作如何还能活出价值？

Adema, Willem, Jonas Fluchtmann, Alexandre Lloyd, and Valentina Patrini. "Paid Parental Leave: Big Differences for Mothers and Fathers." OECD Statistics Blog, January 12, 2023. https://oecdstatistics.blog/2023/01/12/paid-parental-leave-big-differences-for-mothers-and-fathers/.

Anderson, Monica, Colleen McClain, Michelle Faverio, and Risa Gelles-Watnick. "The State of Gig Work in 2021." Pew Research Center, December 8, 2021.

https://www.pewresearch.org/internet/2021/12/08/the-state-of-gig-work-in-2021/.

Anthony, Scott D., and Mark Johnson. "What a Good Moonshot Is Really For." *Harvard Business Review*, May 14, 2013. https://hbr.org/2013/05/what-a-good-moonshot-is-really-2.

Benatar, David, ed. *Life, Death, and Meaning: Key Philosophical Readings on the Big Questions*. 3rd ed. Lanham, MD: Rowman and Littlefield.

Blacknell, Sean, and Wayne Walsh, dirs. *The Future of Work and Death*. Surrey, UK: Journeyman Pictures, 2016.

Capra, Frank, dir. *You Can't Take It with You*. Culver City, CA: Columbia Pictures, 1938.

Chuah, Lay Lian, Norman V. Loayza, and Achim D. Schmillen. "The Future of Work: Race with—not Against—the Machine." Research and Policy Briefs: From the World Bank Malaysia Hub, no. 16, August 2018. https://documents1.worldbank.org/curated/en/626651535636984152/pdf/129680-BRI-PUBLIC-The-Future-of-Work-final.pdf.

Ciulla, Joanne B. *The Working Life: The Promise and Betrayal of Modern Work*. New York: Currency, 2001.

Future of Life Institute. "Pause Giant AI Experiments: An Open Letter." March 22, 2023. https://futureoflife.org/open-letter/pause-giant-ai-experiments/.

Harter, Jim. "Is Quiet Quitting Real?" Gallup, May 17, 2023. https://www.gallup.com/workplace/398306/quiet-quitting-real.aspx.

Hobson, Charles J., Linda Delunas, and Dawn Kesic. "Compelling Evidence of the Need for Corporate Work/Life Balance Initiatives: Results from a National Survey of Life Events." *Journal of Employment Counseling* 38, no. 1 (2001): 38–44. https://doi.org/10.1002/j.2161-1920.2001.tb00491.x.

Hyman, Louis. "It's Not the End of Work. It's the End of Boring Work." *New York Times*, April 22, 2023. https://www.nytimes.com/2023/04/22/opinion/jobs-ai-chatgpt.html.

Jahoda, Marie, Paul F. Lazarsfeld, and Hans Zeisel. *Marienthal: The Sociography of an Unemployed Community*. London: Taylor & Francis, 2017.

Judge, Mike, dir. *Office Space*. Los Angeles: 20th Century Studios, 1999.

Kachor, Kate. "Former JetBlue Flight Attendant Living the Quiet Life After Quitting His Job During Public Meltdown." 9News, April 30, 2017. https://www.9news.com.au/9stories/former-jetblue-flight-attendant-living-the-quiet-life-after-quitting-his-job-during-public-meltdown/dcdee44b-5195-4981-add8-5d08c8151291.

Kelly, Jack. "U.S. Lost Over 60 Million Jobs—Now Robots, Tech and Artificial Intelligence Will Take Millions More." *Forbes*, October 27, 2020. https://www.forbes.com/sites/jackkelly/2020/10/27/us-lost-over-60-million-jobs-now-robots-tech-and-artificial-intelligence-will-take-millions-more/?sh=24077ebb1a52.

Klemko, Robert. "As Coronavirus Took Jobs or Workers Fell Ill, Teen Children Have Toiled Full-Time, Becoming Lifelines." *Washington Post*, June 3, 2020.

https://www.washingtonpost.com/national/coronavirus-teens-working /2020/06/03/ff689b28-9c73-11ea-ad09-8da7ec214672_story.html.

Konrath, Sara H. "The Younger Generation Isn't Lazy; They're Burned Out." *Greater Good Magazine*, October 21, 2022. https://greatergood.berkeley.edu /article/item/the_younger_generation_isnt_lazy_theyre_burned_out.

Leana, Carrie R., and Daniel C. Feldman. "Finding New Jobs After a Plant Closing: Antecedents and Outcomes of the Occurrence and Quality of Reemployment." *Human Relations* 48, no. 12 (1995): 1381–1401. https://doi.org /10.1177/001872679504801201.

Leswing, Kif. "Google Ends Enterprise Sales of Google Glass, Its Augmented Reality Smartglasses." CNBC, March 15, 2023. https://www.cnbc.com/2023/03/15 /google-discontinues-google-glass-enterprise-end-to-early-ar-project.html.

Lutz, Tom. *Doing Nothing: A History of Loafers, Loungers, Slackers, and Bums in America*. New York: Farrar, Straus and Giroux, 2007.

Lynxwiler, J. Eric. "Imagineering the Future: Walt Disney's Obsession with Building a Better Tomorrow." *Vice*, January 29, 2016. https://www.vice.com/en /article/dp59xq/imagineering-the-future-walt-disneys-obsession-with-building -a-better-tomorrow.

Manyika, James, Susan Lund, Michael Chui, Jacques Bughin, Jonathan Woetzel, Parul Batra, Ryan Ko, and Saurabh Sanghvi. "Jobs Lost, Jobs Gained: What the Future of Work Will Mean for Jobs, Skills, and Wages." McKinsey Global Institute, November 28, 2017. https://www.mckinsey.com/featured-insights /future-of-work/jobs-lost-jobs-gained-what-the-future-of-work-will-mean-for -jobs-skills-and-wages.

Marchese, David. "What If Instead of Trying to Manage Your Time, You Set It Free?" *New York Times Magazine*, May 14, 2023. https://www.nytimes.com /interactive/2023/05/15/magazine/jenny-odell-interview.html.

McKee-Ryan, Frances M., and Jaron Harvey. "'I Have a Job, But . . .': A Review of Underemployment." *Journal of Management* 37, no. 4 (2011): 962–996. https://doi.org/10.1177/0149206311398134.

McKee-Ryan, Frances M., Zhaoli Song, Connie R. Wanberg, and Angelo J. Kinicki. "Psychological and Physical Well-Being During Unemployment: A Meta-Analytic Study." *Journal of Applied Psychology* 90, no. 1 (2005): 53–76. https://doi.org/10.1037/0021-9010.90.1.53.

Metz, Cade. "'The Godfather of A.I.' Leaves Google and Warns of Danger Ahead." *New York Times*, May 1, 2023. https://www.nytimes.com/2023/05/01/technology /ai-google-chatbot-engineer-quits-hinton.html.

Milestone, Lewis, dir. *Hallelujah, I'm a Bum*. Los Angeles: United Artists, 1933.

Miller, Claire Cain. "The Pandemic Created a Child-Care Crisis. Mothers Bore the Burden." *New York Times*, May 17, 2021. https://www.nytimes.com /interactive/2021/05/17/upshot/women-workforce-employment-covid.html.

Morris, Chris. "Microsoft's New Bing Chatbot Is Already Insulting and Gaslighting Users." *Fast Company*, February 14, 2023. https://www.fastcompany .com/90850277/bing-new-chatgpt-ai-chatbot-insulting-gaslighting-users.

Mullaney, Tim. "Is the Uber, Lyft, and Gig Economy Battle over Workers Nearing Its End Game?" CNBC, October 16, 2022. https://www.cnbc.com/2022/10/16/how-the-uber-lyft-gig-economy-battle-over-drivers-ends.html.

Pope, Hugh. "St. Augustine on Death." *Blackfriars* 21, no. 248 (November 1940): 623–631.

Roose, Kevin. "Bing's A.I. Chat: 'I Want to Be Alive.'" *New York Times*, February 16, 2023. https://www.nytimes.com/2023/02/16/technology/bing-chatbot-transcript.html.

———. "A Conversation with Bing's Chatbot Left Me Deeply Unsettled." *New York Times*, February 16, 2023. https://www.nytimes.com/2023/02/16/technology/bing-chatbot-microsoft-chatgpt.html.

Schor, Juliet B. *After the Gig: How the Sharing Economy Got Hijacked and How to Win It Back*. Berkeley: University of California Press, 2020.

Sherman, Richard, Robert Sherman, and Walt Disney. "Carousel of Progress (Magic Kingdom)—Current Version (1994–Present)." Disney Park Scripts Central, Walt Disney World, 2015. https://www.disneyparkscripts.com/carousel-of-progress-magic-kingdom-1994-version/.

Sloan, Robin. *Sourdough*. New York: MCD, Farrar, Straus and Giroux, 2017.

Smith, Kevin, dir. *Clerks*. Los Angeles: Miramax Films, 1994.

Smith, Linda K., and Caroline Osborn. "Why Parents with Multiple Young Kids Opt Out of Formal Child Care." Bipartisan Policy Center, August 15, 2022. https://bipartisanpolicy.org/blog/why-parents-opt-out-of-formal-child-care/.

Stein, Joe. "The Me Me Me Generation: Millennials are Lazy, Entitled Narcissists Who Still Live with Their Parents: Why They'll Save Us All." *Time*, May 20, 2013. https://time.com/247/millennials-the-me-me-me-generation/.

Stone, Pamela. *Opting Out? Why Women Really Quit Careers and Head Home*. Berkeley: University of California Press, 2007.

Sutin, Angelina R., Paul T. Costa Jr., Elaine Wethington, and William Eaton. "Turning Points and Lessons Learned: Stressful Life Events and Personality Trait Development Across Middle Adulthood." *Psychology and Aging* 25, no. 3 (2010): 524–533. https://doi.org/10.1037/a0018751.

Suzman, James. *Work: A Deep History, from the Stone Age to the Age of Robots*. New York: Penguin, 2021.

Taylor, Richard. "The Meaning of Life." In *Good and Evil*, 319–334. Amherst, NY: Prometheus Books, 2000.

Wanberg, Connie R., Ruth Kanfer, and Maria Rotundo. "Unemployed Individuals: Motives, Job-Search Competencies, and Job-Search Constraints as Predictors of Job Seeking and Reemployment." *Journal of Applied Psychology* 84, no. 6 (December 1999): 897–910. https://doi.org/10.1037/0021-9010.84.6.897.

Weaver, Caity. "I Lived the #VanLife. It Wasn't Pretty." *New York Times*, April 20, 2022. https://www.nytimes.com/2022/04/20/magazine/van-life-dwelling.html.

Wells, H. G. *The History of Mr. Polly*. New York: Penguin Classics, 2005.

Westerman, Ashley. "New Zealand Prime Minister Jacinda Ardern Plans to Leave Office." NPR, January 19, 2023. https://www.npr.org/2023/01/18/1149903191/jacinda-ardern-resignation-new-zealand-prime-minister.

Williams, Serena, with Rob Haskell. "Serena Williams Says Farewell to Tennis on Her Own Terms—and in Her Own Words." *Vogue*, August 9, 2022. https://www.vogue.com/article/serena-williams-retirement-in-her-own-words.

World Economic Forum. *Future of Jobs Report 2023*. WEC, 2023. https://www3.weforum.org/docs/WEF_Future_of_Jobs_2023.pdf.

Wu, Yan, and Sergio Peçanha. "Type in Your Job to See How Much AI Will Affect It." *Washington Post*, May 9, 2023. https://www.washingtonpost.com/opinions/interactive/2023/ai-artificial-intelligence-jobs-impact-research/.

Yuan, Li. "No Job, No Marriage, No Kid: Chinese Workers and the Curse of 35." *New York Times*, June 28, 2023. https://www.nytimes.com/2023/06/28/business/china-jobs-age-discrimination-35.html.

Zikic, Jelena, and Ute-Christine Klehe. "Job Loss as a Blessing in Disguise: The Role of Career Exploration and Career Planning in Predicting Reemployment Quality." *Journal of Vocational Behavior* 69, no. 3 (2006): 391–409. https://doi.org/10.1016/j.jvb.2006.05.007.

## 第九章 你的工作会留下什么遗产？

ABC News. "Ground Zero Mosque Opponents, Supporters Turn Out to Demonstrate." August 19, 2010. https://abcnews.go.com/US/Politics/ground-mosque-opponents-supporters-turn-demonstrate/story?id=11455698.

Algoe, Sara B., and Jonathan Haidt. "Witnessing Excellence in Action: The 'Other-Praising' Emotions of Elevation, Gratitude, and Admiration." *Journal of Positive Psychology* 4, no. 2 (2009): 105–127.

Arad, Michael. "Reflecting Absence: An Interview with Michael Arad." Interviewed by Harel Shapira. Public Books, August 20, 2013. https://www.publicbooks.org/reflecting-absence-an-interviewwith-michael-arad/.

Aristotle. *The Nicomachean Ethics of Aristotle*. Translated by D. P. Chase. Project Gutenberg, 2003. https://www.gutenberg.org/files/8438/8438-h/8438-h.htm.

———. *Poetics*. Translated by S. H. Butcher. Project Gutenberg, 2013. https://www.gutenberg.org/files/1974/1974-h/1974-h.htm.

Baatz, Simon. "Leopold and Loeb's Criminal Minds." *Smithsonian Magazine*, August 2008. https://www.smithsonianmag.com/history/leopold-and-loebs-criminal-minds-996498/.

Banvisien, Anvi, Martin D. Slade, and Becca R. Levy. "A Chapter a Day: Association of Book Reading with Longevity." *Social Science & Medicine* 164 (2016): 44–48.

Chernow, Ron. *Alexander Hamilton*. New York: Penguin, 2005.

Christensen, Clayton M. *The Innovator's Dilemma: The Revolutionary Book That Will Change the Way You Do Business*. New York: HarperBusiness, 2011.

Christensen, Clayton M., James Allworth, and Karen Dillon. *How Will You Measure Your Life?* New York: HarperBusiness, 2012.

Countryman, Eli. "'Hamilton' Star Phillipa Soo Explains Eliza's Gasp in the Ending." *Variety*, July 29, 2020. https://variety.com/2020/film/news/hamilton-ending-explained-eliza-gasp-1234720560/.

Dodson, Cy, dir. *Say His Name: Five Days for George Floyd*. PBS, 2021. https://www.pbs.org/show/say-his-name-five-days-george-floyd/.

Dunlap, David W. "Architects' Clashing Visions Threaten to Delay World Trade Center Tower." *New York Times*, October 23, 2003. https://www.nytimes.com/2003/10/23/nyregion/architects-clashing-visions-threaten-to-delay-world-trade-center-tower.html.

Feiler, Daniel C., and Wade-Benzoni, Kimberly A. "Death and Intergenerational Behavior: A Tale of Power and Immortality." In *The Impact of 9/11 on Psychology and Education: The Day That Changed Everything?*, edited by Matthew J. Morgan, 187–200. New York: Palgrave Macmillan, 2010.

Forliti, Amy. "Medical Experts: Floyd's Speech Didn't Mean He Could Breathe." Associated Press, July 9, 2020. https://apnews.com/article/a4300f189d906609560e15caa361566b.

Francescani, Chris. "Anniversary of 9/11 Marked Under Cloud of Health Problems, Funding Fights." Reuters, September 9, 2012. https://www.reuters.com/article/usa-sept11-idCNL2E8K901020120909.

Goleman, Daniel. "Millennials: The Purpose Generation." Korn Ferry. Accessed September 22, 2023. https://www.kornferry.com/insights/this-week-in-leadership/millennials-purpose-generation.

Gottschall, Jonathan. *The Storytelling Animal: How Stories Make Us Human*. New York: Houghton Mifflin Harcourt, 2012.

Grant, Adam M., and Kimberly A. Wade-Benzoni. "The Hot and Cool of Death Awareness at Work: Mortality Cues, Aging, and Self-Protective and Prosocial Motivations." *Academy of Management Review* 34, no. 4 (October 2009): 600–622. https://doi.org/10.5465/amr.34.4.zok600.

Henao, Luis Andres, Nomaan Merchant, Juan Lozano, and Adam Geller. "A Long Look at the Complicated Life of George Floyd." *Chicago Tribune*, June 11, 2020. https://www.chicagotribune.com/nation-world/ct-nw-life-of-george-floyd-biography-20200611-cxmlynpyvjczpbe6izfduzwv54-story.html.

Homans, Charles. "Man vs. Mouse: Ron DeSantis Finds Taking on Disney Is a Dicey Business." *New York Times*, April 26, 2023. https://www.nytimes.com/2023/04/26/us/politics/desantis-disney-republicans.html.

Hurst, Aaron. *The Purpose Economy: How Your Desire for Impact, Personal Growth and Community Is Changing the World*. 2nd ed. Boise, ID: Elevate, 2016.

James, William. *Is Life Worth Living?* Philadelphia: S. Burns Weston, 1896.

Kelly, Mike. "9/11's First Casualty Mychal Judge Is a Legend—Can He Be a Saint?" NorthJersey.com, September 10, 2021. https://www.northjersey.com/in-depth

/news/columnists/mike-kelly/2021/09/10/father-mychal-judge-911-attacks-fdny-catholic-saint/4939813001/.

Kierkegaard, Søren. *Papers and Journals: A Selection*. Translated by Alastair Hannay. New York: Penguin, 1996.

Langewiesche, William. "American Ground: Unbuilding the World Trade Center." *Atlantic*, July–August 2002. https://www.theatlantic.com/magazine/archive/2002/07/excerpts-from-american-ground-unbuilding-the-world-trade-center/302542/.

Lynxwiler, J. Eric. "Imagineering the Future: Walt Disney's Obsession with Building a Better Tomorrow." *Vice*, January 29, 2016. https://www.vice.com/en/article/dp59xq/imagineering-the-future-walt-disneys-obsession-with-building-a-better-tomorrow.

Mar, Raymond A. "The Neural Bases of Social Cognition and Story Comprehension." *Annual Review of Psychology* 62 (2011): 103–134.

Marsh, James, dir. *Man on Wire*. New York: Magnolia Pictures, 2008. https://www.magpictures.com/manonwire/.

Maugham, W. Somerset. *The Moon and Sixpence*. London: William Heinemann, 1919.

Meisler, Stanley. "Daniel Libeskind: Architect at Ground Zero." *Smithsonian Magazine*, March 2003. https://www.smithsonianmag.com/history/daniel-libeskind-architect-at-ground-zero-77003660/.

Miranda, Lin Manuel. *Hamilton: An American Musical*. Atlantic Records, 2015, MP3.

Murakami, Haruki. *Norwegian Wood*. New York: Vintage, 2000.

Nietzsche, Friedrich. *The Gay Science*. Translated by Thomas Common. Mineola, NY: Dover, 2006.

———. *The Will to Power*. Translated by Walter Kaufmann and R. J. Hollingdale. New York: Vintage Books.

9/11 Memorial & Museum. "The Meaning Behind Arrangement of the 9/11 Memorial Names." Accessed September 24, 2023. https://www.911memorial.org/connect/blog/meaning-behind-arrangement-911-memorial-names.

Nooyi, Indra. *My Life in Full: Work, Family, and Our Future*. New York: Portfolio, 2021.

Nozick, Robert. *The Examined Life: Philosophical Meditations*. New York: Simon & Schuster, 1990.

Nussbaum, Martha C. *Love's Knowledge: Essays on Philosophy and Literature*. New York: Oxford University Press, 1990.

———. *Upheavals of Thought: The Intelligence of Emotions*. Cambridge, UK: Cambridge University Press, 2001.

Oxner, Reese. "Disney Warns Viewers of Racism in Some Classic Movies with Strengthened Label." NPR, October 16, 2020. https://www.npr.org/sections/live-updates-protests-for-racial-justice/2020/10/16/924540535/disney-warns-viewers-of-racism-in-some-classic-movies-with-strengthened-label.

Pfeifer, Joseph. "Chief Joseph Pfeifer of Battalion 1." Interview by Thomas J. McCourt, *New York Times*, July 5, 2002. https://www.nytimes.com/2002/07/05/nyregion/nyregionspecial/chief-joseph-pfeifer-of-battalion-1.html.

Pierson, Brendan. "World Trade Center Developer Loses Final 9/11 Lawsuit Against Insurer." Reuters, August 2, 2018. https://www.reuters.com/article/us-usa-sept11-insurance/world-trade-center-developer-loses-final-9-11-lawsuit-against-insurer-idUSKBN1KN2OL.

Rifkin, Glenn. "Clayton Christensen, Guru of 'Disruptive Innovation,' Dies at 67." *New York Times*, January 25, 2020. https://www.nytimes.com/2020/01/25/business/clayton-christensen-dead.html.

Sagalyn, Lynne B. "We'll Never Forget 9/11. How Should We Remember Ground Zero?" *Washington Post*, September 9, 2016. https://www.washingtonpost.com/posteverything/wp/2016/09/09/well-never-forget-911-how-should-we-remember-ground-zero/.

Sokolovsky, Chad. *Prophecy Mechanic*. Modesto, CA: Quercus Review Press, 2017.

Solomon, Robert C., and Kathleen M. Higgins. *What Nietzsche Really Said*. New York: Pantheon, 2000.

Solomon, Sheldon, Jeff Greenberg, and Tom Pyszczynski. "The Cultural Animal: Twenty Years of Terror Management Theory and Research." In *Handbook of Experimental Existential Psychology*, edited by Jeff Greenberg, Sander L. Koole, and Tom Pyszczynski, 13–34. New York: Guilford Press, 2004.

Tolstoy, Leo. *"The Death of Ivan Ilich": An Electronic Study Edition of the Russian Text*. Edited and annotated by Gary R. Jahn. Minneapolis: University of Minnesota, M Libraries Publishing, 2020. First published 1886. https://open.lib.umn.edu/ivanilich/.

Wade-Benzoni, Kimberly A. "Too Tough to Die: September 11, Mortality Salience, and Intergenerational Behavior." *Journal of Management Inquiry* 11, no. 3 (September 2002): 235–239. https://doi.org/10.1177/105649260211300.

Whately, Francis, dir. *David Bowie: The Last Five Years*. Santa Monica, CA: HBO, 2017. https://www.hbo.com/movies/david-bowie-the-last-five-years.

Zak, Paul J. "How Stories Change the Brain." *Greater Good Magazine*, December 17, 2013. https://greatergood.berkeley.edu/article/item/how_stories_change_brain.

图书在版编目(CIP)数据

工作何求？：如何追求有意义的工作／（美）麦庆谊,（美）珍妮弗·托斯蒂-哈拉斯著；黄延峰译. 上海：上海社会科学院出版社, 2025. -- ISBN 978-7-5520-2437-1

Ⅰ. C913.2

中国国家版本馆 CIP 数据核字第 2025D7E491 号

IS YOUR WORK WORTH IT?: How to Think About Meaningful Work, by Jennifer Tosti-Kharas and Christopher Wong Michaelson.
Copyright © 2024 by Christopher Wong Michaelson and Jennifer Tosti-Kharas

This edition published by arrangement with **PublicAffairs**, an imprint of Perseus Books, LLC, a subsidiary of Hachette Book Group, Inc., New York, New York, USA. All rights reserved.

上海市版权局著作权合同登记号：图字 09-2024-0383

## 工作何求？：如何追求有意义的工作

著　　者：[美]麦庆谊　[美]珍妮弗·托斯蒂-哈拉斯
译　　者：黄延峰
责任编辑：叶　子
封面设计：杨晨安
出版发行：上海社会科学院出版社
　　　　　上海顺昌路 622 号　邮编 200025
　　　　　电话总机 021-63315947　销售热线 021-53063735
　　　　　https://cbs.sass.org.cn　E-mail: sassp@sassp.cn
照　　排：南京理工出版信息技术有限公司
印　　刷：上海颛辉印刷厂有限公司
开　　本：890 毫米×1240 毫米　1/32
印　　张：10
字　　数：230 千
版　　次：2025 年 5 月第 1 版　2025 年 5 月第 1 次印刷

ISBN 978-7-5520-2437-1/C·240　　　　　　　　　　定价：72.00 元

版权所有　翻印必究